Elisabeth Dittrich

Johannes Dorfinger

Christian Fridrich

Bettina Fuhrmann

Gottfried Kögler

Elisabeth Mayer

Barbara Müllauer-Hager

Ines Müllneritsch

Beratung: Christian Fridrich

D1725840

global 6

Geographie und Wirtschaftskunde

www.oebv.at

Inhalt

Raumbegriff und Strukturierung Europas diskutieren

Konvergenzen und Divergenzen europäischer Gesellschaften erörtern

Außerwert- und Inwertsetzung von Produktionsgebieten im Wandel beurteilen

Wettbewerbspolitik und Regionalpolitik bewerten

Regionale Entwicklungspfade vergleichen

Wie Sie mit global arbeiten

Farben geben Ihnen Orientierung im Buch. Jedem der fünf Großkapitel ist eine eigene Farbe zugeordnet.

Die **Auftaktseiten** zu einem Kapitel führen mitten ins Thema.

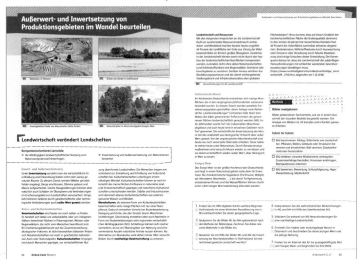

Auf den **Basisseiten** erfolgt die Erarbeitung der Themen.

Hier ist formuliert, welche **kompetenzorientierten Lernziele** Sie auf dieser Doppelseite erreichen.

Die **Arbeitsaufträge** helfen Ihnen bei der Erschließung der Inhalte und Materialien des Buches und somit beim **Erwerb Ihrer Kompetenzen**.

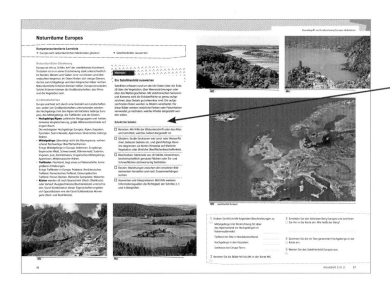

In jedem Kapitel finden Sie mindestens eine Basisseite, die mit der Erarbeitung einer **Fachmethode** verknüpft ist. Dabei wird Ihnen die Vorgehensweise in bestimmten Arbeitsschritten empfohlen. Einen Überblick über alle Methoden finden Sie ab S. 152.

Die **Fallbeispielseiten** dienen der Vertiefung und Erweiterung des Lehrstoffes.

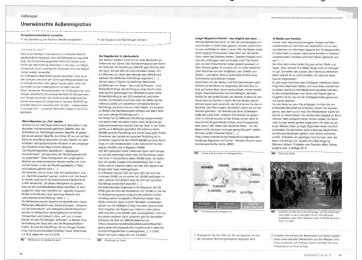

Die **Abschlussseiten** zu jedem Großkapitel bieten links eine **„Wissen-vernetzen-Seite"**, die Ihnen einen systematischen Rückblick auf die Inhalte des Kapitels zeigt. Sie sind aber auch immer wieder aufgefordert, Ihr eigenes Wissen und Ihre Kompetenzen einzubringen. Außerdem sind die im Lehrplan verankerten **Basiskonzepte** hier ausgewiesen.

Auf der rechten Seite finden Sie eine zum Kapitel passende **Maturaaufgabe**, mit deren Hilfe Sie sich schrittweise auf die **kompetenzorientierte Reifeprüfung** vorbereiten können.

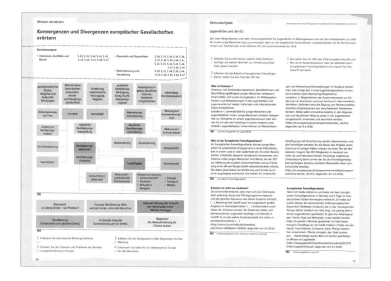

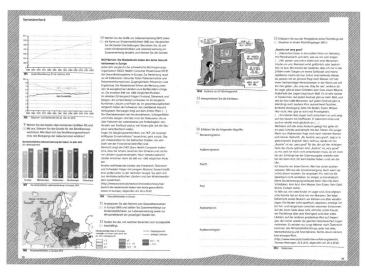

Die **Semestercheckseiten** bieten Ihnen Aufgaben zur **selbstständigen Überprüfung** Ihrer erworbenen Kompetenzen.

Zusatzangebot im Internet

Weitere Materialien, Lernangebote oder weiterführende Links finden Sie im Internet mit Hilfe der Online-Links.

Die Online-Links stehen immer am Beginn eines Großkapitels unten auf der Buchseite.

Öffnen Sie die Webseite www.oebv.at und geben Sie den Online-Link im Suchfenster ein.

Mit Kompetenzorientierung und Basiskonzepten zur Matura

Kompetenzorientierter Unterricht

Das Zukunftsfach Geographie und Wirtschaftskunde vermittelt den kompetenten Umgang mit wesentlichen und komplexen Fachinhalten und Fachmethoden der Geographie und der Ökonomie und orientiert sich an Ihren Motivationen, Interessen und Bedürfnissen. Aus dem fundierten Verständnis räumlicher und ökonomischer Prozesse entstehen die Möglichkeiten zu kompetenter Kommunikation und zu konstruktivem Handeln. Sie werden so zu mündiger und aktiver gesellschaftlicher Partizipation im Sinne einer Bildung für nachhaltige Entwicklung in einer lebenswerten Welt von morgen befähigt und ermutigt. Kompetenzorientierte Aufgaben- und Problemstellungen im GW-Unterricht gehen grundsätzlich über den Anforderungsbereich I (Reproduktion und Reorganisation) hinaus und beinhalten die Anforderungsbereiche II (Anwendung und Transfer) sowie III (Reflexion und Problemlösung). Aufgaben in diesen höheren Anforderungsbereichen sollen zur Unterstützung des Kompetenzerwerbs in möglichst vielen Phasen des GW-Unterrichts zur Anwendung kommen.

Anforderungsbereiche und Operatoren

Die folgende Übersicht bietet Ihnen eine Hilfe sowohl zum Verständnis der Anforderungsbereiche als auch der Aufgabenstellungen bei allen Prüfungen und Tests in der Oberstufe bis hin zur kompetenzorientierten Reifeprüfung. Die Anforderungsbereiche sind nicht mit den Jahren aufsteigend zu erreichen und Anforderungsbereich III als Ziel der Reifeprüfung zu sehen, sondern die drei Anforderungsbereiche müssen in allen Schuljahren bzw. Kompetenzmodulen parallel eingesetzt werden.

Anforderungsbereich I

Wiederholung/(einfache) Umorganisation von Wissen/Reproduktion

Erklärung:
- Wiedergeben von grundlegendem Fachwissen unter Verwendung des Fachvokabulars
- Bestimmen der Art des Materials
- Benennen und Anwenden von Arbeitstechniken und Methoden
- Entnehmen von Informationen aus unterschiedlichen Materialien

Operatoren und ihre Definition:

nennen: Informationen oder Sachverhalte ohne Kommentierung wiedergeben; Aufzählen oder Auflisten ohne jede Erläuterung; Wissen bzw. angelernte Tatsachen wiedergeben; Informationen aus beigefügtem Material ablesen

herausarbeiten: Angaben und Gegebenheiten unter bestimmten Aspekten in beigefügtem Material erkennen, wiedergeben und/oder möglicherweise berechnen

beschreiben: wichtige Sachverhalte (Kernaussagen/Besonderheiten/Gesetzmäßigkeiten) aus Kenntnissen oder beigefügten Materialien systematisch und logisch mit eigenen Worten fachsprachlich angemessen wiedergeben

darstellen: aus dem Unterricht bekannte oder aus dem Material entnehmbare Informationen und Sachzusammenhänge geordnet mit Worten oder graphisch verdeutlichen

ermitteln: Aufgaben mittels vorgegebener Sachverhalte/Daten/Materialien lösen

charakterisieren: Sachverhalte und Vorgänge mit ihren typischen Merkmalen beschreiben und in ihren Grundzügen bestimmen

lokalisieren: Fall- oder Raumbeispiele in bekannte topographische Orientierungsraster einordnen

weitere Operatoren: darlegen, festlegen, benennen, recherchieren, veranschaulichen, finden, herausfinden, auflisten, auswählen, schildern, ordnen, zuordnen, wiedergeben, bestimmen

Anforderungsbereich II

(schwierige) Umorganisation von Wissen/(einfache) Anwendung und Übertragung von Wissen auf unbekannte Bereiche (Transfer)

Erklärung:
- Erklären kategorialer, struktureller und zeitlicher Zusammenhänge
- sinnvolles Verknüpfen und Einordnen unterschiedlicher (zB ökonomischer, soziologischer, politischer, raumspezifischer, historischer) Sachverhalte
- Unterscheiden zwischen Sach- und Werturteil

Operatoren und ihre Definition:

analysieren/interpretieren: komplexe Materialien oder Sachverhalte in ihren Einzelaspekten systematisch und gezielt untersuchen bzw. auswerten und in ihren Zusammenhängen erklären

erklären/erläutern: Zusammenhänge verständlich aufzeigen/Informationen durch eigenes Wissen, eigene Einsichten, aber auch beigefügte Materialien in einen Zusammenhang stellen/mit Beispielen verdeutlichen

vergleichen: Berührungspunkte, Gemeinsamkeiten und Unterschiede gewichtend einander gegenüberstellen und zu einem begründeten Ergebnis kommen

erstellen: Sachverhalte inhaltlich und methodisch angemessen darstellen (zB Diagramm, Mindmap, Wirkungsgefüge, Referat)

begründen: vielschichtige Grundgedanken argumentativ schlüssig entwickeln und im Zusammenhang darstellen

einordnen/zuordnen: einem Raum oder einem Sachverhalt auf der Basis festgestellter Merkmale eine bestimmte Position in einem Ordnungsraster zuweisen

kennzeichnen: einen Raum oder einen Sachverhalt auf der Basis bestimmter Kriterien begründet charakterisieren

weitere Operatoren: anwenden, gliedern, überlegen, ableiten, klären, definieren, Zusammenhang herstellen, folgern, untersuchen, übertragen

Anforderungsbereich III

(komplexe) Anwendung und (komplexer) Transfer, Reflexion und echte Problemlösung

Erklärung:
- selbstständiges Erörtern unterschiedlicher Sachverhalte
- Entfalten einer strukturierten, multiperspektivischen und problemorientierten Fragestellung
- Reflektieren der eigenen Urteilsbildung
- problemorientiertes Umsetzen von Kenntnissen und Erkenntnissen in gestaltender Form

Operatoren und ihre Definition:
beurteilen: innerhalb eines Zusammenhangs den Stellenwert von Aussagen, Behauptungen oder Sachverhalten definieren/Gedanken oder konkrete Schritte im Zusammenhang auf ihre Eignung oder Stichhaltigkeit prüfen/die angewandten Kriterien anführen
überprüfen: Aussagen oder Behauptungen an konkreten Sachverhalten und innerer Logik messen/Thesen oder Hypothesen, Argumentationen und Darstellungsweisen auf ihre Angemessenheit, Stichhaltigkeit und Effizienz untersuchen
bewerten: Berührungspunkte, Gemeinsamkeiten und Unterschiede gewichtend einander gegenüberstellen/eine persönliche, jedoch fachlich stimmige Stellungnahme abgeben/Fachwissen argumentativ einsetzen/Bezug auf Materialien oder Beispiele nehmen/eigene Meinung darlegen
erörtern: einen Sachverhalt oder eine Problemstellung durch Ausloten von Pro- und Contra-Argumenten begründet beurteilen
gestalten: ein Problem in produkt-, rollen- bzw. adressatenorientierter Form diskutieren, zB durch Anfertigen von Interviews, Fachartikeln, Szenarien oder Modellen
(kritisch) Stellung nehmen: unter Abwägung unterschiedlicher Argumente zu einer begründeten Einschätzung eines Sachverhalts oder einer Behauptung gelangen

weitere Operatoren: entwickeln (von begründeten Vermutungen, Hypothesen etc.), diskutieren, widerlegen

Basiskonzepte im GW-Unterricht

Im semestrierten Lehrplan Geographie und Wirtschaft werden handlungsorientierte Basiskonzepte eingeführt. Diese verweisen auf fundamentale fachliche Ideen und Konzepte, den fachlichen Kern der Bezugswissenschaften Geographie und Wirtschaft.

Basiskonzepte bündeln fachliche Zugänge, die darauf abzielen, eine unübersichtliche komplexe Welt für Sie lesbar und verhandelbar zu machen.

Folgende Basiskonzepte sind für den Unterricht in GW aus fachwissenschaftlicher und fachdidaktischer Sicht relevant.
Raumkonstruktion und Raumkonzepte, Regionalisierung und Zonierung, Diversität und Disparität, Maßstäblichkeit, Wahrnehmung und Darstellung, Nachhaltigkeit und Lebensqualität, Interessen, Konflikte und Macht, Arbeit, Produktion und Konsum, Märkte, Regulierung und Deregulierung, Wachstum und Krise, Mensch-Umwelt-Beziehungen, Geoökosysteme, Kontingenz

Eine genaue Definition der einzelnen Basiskonzepte finden Sie in global 5, Seite 7 bis 9.

Die kompetenzorientierte Reifeprüfung

Der **Themenpool** für die kompetenzorientierte Reifeprüfung wird autonom vom Team der Fachlehrerinnen und Fachlehrer an Ihrer Schule erstellt. Dieser Themenpool besteht in Geographie und Wirtschaftskunde in der Regel aus 21 Themenbereichen, zu denen jeweils mindestens zwei kompetenzorientierte Maturaaufgaben formuliert sein müssen. Zu jedem Themenbereich muss mindestens ein Lehrplanziel, das mit den Aufgabenstellungen erfüllt werden soll, formuliert sein. Der Themenkorb wird nicht schülerindividuell erarbeitet, sondern gilt für alle Kandidatinnen und Kandidaten, die im Fach GW zur mündlichen Reifeprüfung antreten.
Aufgaben: Zu einem bestimmten Thema sollen Sie mit einer Auswahl von Materialien, die Sie in der Vorbereitungszeit zur Verfügung haben, schrittweise selbstständig unterschiedliche Aufgaben lösen. Die Materialien sollten inhaltlich weitgehend neu und nicht bereits im Unterricht verwendet worden sein. Die Aufgabe stellt eine geographisch/wirtschaftskundliche Problem- oder Aufgabenstellung dar, die sich schrittweise über Teilaufgaben lösen lässt. Als Vorbereitungszeit sind mindestens 20 Minuten vorgesehen, für GW werden allerdings in der Praxis 30 Minuten vorgeschlagen, da eine sinnvolle Bearbeitung der mit der Aufgabenstellung verbundenen Materialien dies erforderlich macht.
Struktur der Aufgabenstellung:
- In der **Überschrift** werden der Themenbereich und das Thema der zu bearbeitenden Aufgabe angeführt.
- Ein kurzer **Eingangstext** beschreibt die der Aufgabenstellung zugrunde liegende Situation.
- Jede **Aufgabenstellung** besteht aus mehreren mit Operatoren (siehe oben) formulierten Teilaufgaben, die durch die Kennzeichnung (I), (II) und (III) den drei Anforderungsbereichen zugeordnet sind.
- Zu jeder Aufgabenstellung wird eine Auswahl an **Materialien**, zB physische oder thematische Karten, Schemata, Schaubilder, Diagramme, Fotos oder Texte, zur Verfügung gestellt, die zur Behandlung der Aufgabenstellung benutzt werden.

Zum Ablauf der mündlichen Reifeprüfung
Die gesetzliche Grundlage für die Durchführung der Reifeprüfung ist die Verordnung der Bundesministerin für Unterricht, Kunst und Kultur über die Reifeprüfung in den allgemein bildenden höheren Schulen (Prüfungsverordnung AHS, kurz RPVO). (https://www.ris.bka.gv.at/GeltendeFassung.wxe?Abfrage=Bundesnormen&Gesetzesnummer=20007845)
Gemäß § 28 (3) muss die Prüfungskandidatin bzw. der Prüfungskandidat zwei Themenbereiche ziehen und einen davon auswählen. Anschließend ist laut § 29 (1) der Kandidatin oder dem Kandidaten eine kompetenzorientierte Aufgabenstellung aus dem gewählten Themenbereich schriftlich vorzulegen. Allenfalls zur Bearbeitung der Aufgabenstellung erforderliche Hilfsmittel müssen bereitgestellt werden.
(nach: https://www.bmbf.gv.at/schulen/unterricht/ba/ reifepruefung_ahs_lfgw_22201.pdf?4k21fx, abgerufen am 5. 12. 2016)

Raumbegriff und Strukturierung Europas diskutieren

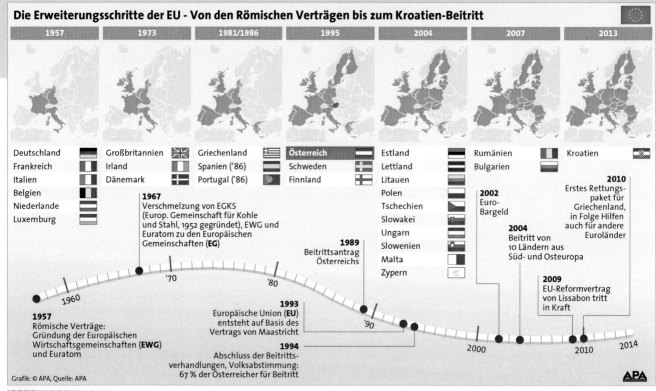

Die Erweiterungsschritte der EU - Von den Römischen Verträgen bis zum Kroatien-Beitritt

| 1957 | 1973 | 1981/1986 | 1995 | 2004 | 2007 | 2013 |

Deutschland — Großbritannien — Griechenland — Österreich — Estland — Rumänien — Kroatien

Frankreich — Irland — Spanien ('86) — Schweden — Lettland — Bulgarien

Italien — Dänemark — Portugal ('86) — Finnland — Litauen

Belgien — Polen

Niederlande — Tschechien

Luxemburg — Slowakei — Ungarn — Slowenien — Malta — Zypern

1967
Verschmelzung von EGKS (Europ. Gemeinschaft für Kohle und Stahl, 1952 gegründet), EWG und Euratom zu den Europäischen Gemeinschaften (**EG**)

1989
Beitrittsantrag Österreichs

1993
Europäische Union (**EU**) entsteht auf Basis des Vertrags von Maastricht

1994
Abschluss der Beitrittsverhandlungen, Volksabstimmung: 67 % der Österreicher für Beitritt

1957
Römische Verträge: Gründung der Europäischen Wirtschaftsgemeinschaften (**EWG**) und Euratom

2002
Euro-Bargeld

2004
Beitritt von 10 Ländern aus Süd- und Osteuropa

2009
EU-Reformvertrag von Lissabon tritt in Kraft

2010
Erstes Rettungspaket für Griechenland, in Folge Hilfen auch für andere Euroländer

Grafik: © APA, Quelle: APA

M1 Die Erweiterungsschritte der EU

Basiswissen Europäische Union – der Integrationsprozess

Kompetenzorientiertes Lernziel

→ den Integrationsprozess der EU kennenlernen und analysieren

Geschichte der EU

1946 sagte Winston Churchill in einer legendären Rede: „Der erste Schritt bei der Neugründung der europäischen Familie muss eine Partnerschaft zwischen Frankreich und Deutschland sein … Die Struktur der Vereinigten Staaten von Europa, wenn sie gut und echt errichtet wird, muss so sein, dass die materielle Stärke eines einzelnen Staates von weniger großer Bedeutung ist. Kleine Nationen zählen ebenso viel wie große und erwerben sich ihre Ehre durch ihren Beitrag zu der gemeinsamen Sache."

Wie schwierig und langwierig dieser Prozess sein sollte, scheint schon der französische Autor und Journalist Paul Lacroix Mitte des 19. Jahrhunderts geahnt zu haben: „Die Einigung Europas gleicht dem Versuch, ein Omelett zu backen, ohne Eier zu zerschlagen."

1949 unterzeichneten zehn Staaten das Statut des Europarates, ein Jahr zuvor, 1948, erfolgte bereits die Gründung der Organisation für wirtschaftliche Zusammenarbeit und Entwicklung OEEC (ab 1960 OECD), und so konnte die Marshallplanhilfe nach dem Zweiten Weltkrieg erfolgreich für die Entwicklung in Westeuropa eingesetzt werden.

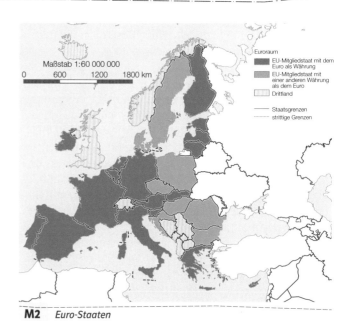

Maßstab 1:60 000 000
0 600 1200 1800 km

Euroraum
■ EU-Mitgliedstaat mit dem Euro als Währung
■ EU-Mitgliedstaat mit einer anderen Währung als dem Euro
□ Drittland

— Staatsgrenzen
····· strittige Grenzen

M2 Euro-Staaten

Der **Euro** als einheitliches Zahlungsmittel gilt heute (2020) in 19 EU-Staaten.

1951	Unterzeichnung des Vertrages über die Europäische Gemeinschaft für Kohle und Stahl (EGKS)
1957	Die sechs EGKS-Mitgliedstaaten (D, F, I, B, NL, L) gründen die Europäische Wirtschaftsgemeinschaft (EWG) und die Europäische Atomgemeinschaft (EURATOM).
1967	Verschmelzung der EGKS, EWG und EURATOM zu den Europäischen Gemeinschaften (EG)
1973	Beitritt von Großbritannien, Irland und Dänemark
1979	Inkrafttreten des Europäischen Währungssystems (EWS); erste Direktwahlen zum Europäischen Parlament (EP)
1981	Beitritt Griechenlands
1986	Beitritt Spaniens und Portugals; Unterzeichnung der Einheitlichen Europäischen Akte (1. Reform der Römischen Verträge)
1990	Beitritt der Ex-DDR durch die deutsche Wiedervereinigung
1992	Unterzeichnung des Vertrags von Maastricht über die Europäische Union (EU); Grundstein für die Europäische Wirtschafts- und Währungsunion, gemeinsame Außen- und Sicherheitspolitik, Zusammenarbeit bei Innerem und Justiz (2. Reform); Namensänderung in EU
1993	Binnenmarkt (4 Freiheiten)
1995	Beitritt von Österreich, Schweden und Finnland
2001	Unterzeichnung des Vertrags von Nizza (4. Reform)
2002	EU-Gipfel in Kopenhagen schließt Beitrittsverhandlungen mit zehn Ländern ab; Einführung des EURO-Bargelds
2003	Zehn neue Mitglieder unterzeichnen die Beitrittsverträge von Athen.
2004	Beitritt von Estland, Lettland, Litauen, Polen, Tschechien, Slowakei, Ungarn, Slowenien, Malta, Zypern
2007	Beitritt von Rumänien und Bulgarien
2009	Vertrag von Lissabon tritt in Kraft
2013	Beitritt von Kroatien
2016	EU-Mitgliedschaftsreferendum in Großbritannien; 31.1.2020 Austritt Großbritanniens aus der EU

M3 *Wichtige Etappen im Europäischen Integrationsprozess*

Der Vertrag von Lissabon

Der Lissabon-Vertrag erweitert die Gesetzgebungskompetenz des Europäischen Parlaments, das nunmehr bei fast allen EU-Gesetzen mitbestimmt und über deren Inkrafttreten entscheidet. In mehr als 40 zusätzlichen Bereichen kommt das ordentliche Gesetzgebungsverfahren zur Anwendung, dazu gehören beispielsweise die Landwirtschaftspolitik, Energiepolitik, Zuwanderungsfragen und die europäische Regionalförderung. Auch im Haushalt der EU wird es keine einzige Budget-Linie mehr geben, der das Parlament nicht zugestimmt hat. Mehr Macht bedeutet auch mehr Verantwortung. Als einzige EU-Institution, die aus direkten Wahlen hervorgeht, wird das Parlament in die Lage versetzt, dafür zu sorgen, dass die EU im Sinne der Bürger handelt und ihnen gegenüber demokratisch verantwortlich ist.

EU-Gesetzgeber: Mit dem Vertrag wird das Europäische Parlament, dessen Kompetenzen in den letzten zwei Jahrzehnten bereits enorm gewachsen sind, endgültig zum in jeder Hinsicht mit dem Ministerrat gleichberechtigten Gesetzgeber. Das sogenannte Mitentscheidungsverfahren wird zum regulären Gesetzgebungsverfahren.

Parlamentarischer Einfluss: In mehreren Politikbereichen wird der Einfluss des Europaparlaments deutlich zunehmen. Dazu gehören die Justiz- und Innenpolitik sowie die Landwirtschaftspolitik, bei denen das Parlament bisher nur begrenzten gesetzgeberischen Einfluss hatte.

Bei der Finanzierung der europäischen Politiken und Programme gilt zukünftig: Alle Haushaltsposten werden gemeinsam von Rat und Parlament entschieden.

Zahl der EU-Parlamentarier: Die Verteilung der Abgeordneten auf die Mitgliedsstaaten wurde neu ausbalanciert und die Zahl der Abgeordneten erhöht sich leicht – von 736 Abgeordneten seit Juli 2009 (zuvor waren es 785) auf vorübergehend 754.

(http://www.europarl.at/de/aktuell-presse/meldungen/ schwerpnktthemen/der_neue_eu_vertrag.html, abgerufen am 2.4.2016)

M4 *Vertrag von Lissabon*

1 Fassen Sie die wesentlichen Aussagen der Rede (s. Eingangszitat) des britischen Premierministers Sir Winston Churchill zusammen und erläutern Sie, wo dieses Europa der Gründungsväter Ihrer Meinung nach heute steht.

2 Analysieren Sie das Zitat von Paul Lacroix und erläutern Sie die Problematik der Europäischen Integration.

3 Beurteilen Sie die wesentlichen Veränderungen durch den Vertrag von Lissabon.

Die Europäische Union und ich

„Europa liegt woanders" – Europa ist für viele Menschen weit weg, vor allem die Europäische Union, also der Zusammenschluss von europäischen Staaten, die ihr Schicksal gemeinsam gestalten wollen, dennoch: **Europa – das sind WIR!**

Wir sind EU-Bürgerinnen und EU-Bürger

Der Begriff der „**Unionsbürgerschaft**" wurde 1992 durch den Vertrag von Maastricht im Art. 17 EG-Vertrag eingeführt: Die Bürgerin oder der Bürger als Staatsangehörige bzw. Staatsangehöriger eines EU-Mitgliedstaates ist seit 1992 automatisch auch Unionsbürgerin bzw. Unionsbürger. Seit dem 1.12.2009 ist die Unionsbürgerschaft durch den Vertrag von Lissabon in Art. 20 über die Arbeitsweise der EU (AEUV) geregelt. Die EU-Unionsbürgerschaft ergänzt die nationale Staatsbürgerschaft, ersetzt sie aber nicht.

Wir haben EU-Bürgerrechte

Durch die Unionsbürgerschaft entsteht zwischen der Bürgerin bzw. dem Bürger und der Union ein Rechtsverhältnis, das Rechte und Pflichten beinhaltet, wobei letztere für die Bürgerinnen und Bürger (etwa eine europäische Wehrpflicht) bislang nicht vorgesehen sind.
Zu unseren Rechten gehören insbesondere:
• die Freizügigkeit
• das Diskriminierungsverbot
• das Kommunalwahlrecht am Wohnort
• das Wahlrecht zum EU-Parlament
• der diplomatische und konsularische Schutz
• das Petitions- und Beschwerderecht
• das Recht, in einer der Amtssprachen der EU mit der EU zu kommunizieren

Reisepass mit Fingerprints

● Ab Juni 2009 werden neue Reisepässe Fingerabdrücke der beiden Zeigefinger enthalten

● Neben den Fingerabdrücken werden wie bisher auch Personalia sowie das eingescannte Foto und die digitale Unterschrift auf dem Chip gespeichert

Auf dem Chip:

digitalisiertes Bild	gescannte Unterschrift	Fingerabdrücke der Zeigefinger	Personalia
			Max Muster Geb. 1.1.1960 Österreich

Grafik: © APA, Quelle: APA **APA**

M1 *Merkmale eines EU-Reisepasses*

Was hat die EU mit meinem Leben zu tun?

Der erweiterte Binnenhandel trägt dazu bei, Arbeitsplätze zu sichern.

Andererseits behindern Regulierung und Zentralisierung bis zu einem gewissen Maß die Wirtschaft, vor allem die Bemühungen kleinerer Unternehmen.

Ein Schwachpunkt ist die ausufernde Bürokratie der Europäischen Union.

Entscheidungsprozesse innerhalb der EU-Behörden sind kompliziert und intransparent.

Lobbyisten können EU-Entscheidungen in undemokratischer Weise beeinflussen.

Mit der Ökodesign-Richtlinie, die zB Glühbirnen verbietet oder die Wattzahl von Staubsaugern beschränkt, sind viele Bürgerinnen und Bürger nicht einverstanden.

Telefonieren ist in den letzten Jahren bedeutend billiger geworden.

Fliegen ist wesentlich preisgünstiger geworden.

So genannte „Haustürgeschäfte" können widerrufen werden.

Die Gewährleistungszeit für Konsumgüter (zB für elektronische Geräte) beträgt zwei Jahre.

Umweltverschmutzung kennt keine Grenzen – die EU hat verbindliche Standards eingeführt.

Es gibt EU-Standards für Trinkwasser, an die sich alle Mitgliedstaaten halten müssen.

Reisen in Europa ist vielfach einfacher geworden – zwischen vielen Staaten gibt es keine Grenzkontrollen mehr.

Wir können in vielen Staaten Europas genauso arbeiten wie zu Hause.

In Europa gibt es keine gemeinsame Sprache.

Wird man im EU-Ausland krank oder hat einen Unfall, so muss man sich nicht mit komplizierter Bürokratie herumschlagen, da es zB die Europäische Versicherungskarte gibt.

Der einheitliche Binnenmarkt erleichtert Einkauf und Produktion.

Europol kooperiert im Sinne der EU-Staaten.

Die Lebensmittelhersteller haben Kennzeichnungspflicht – wo zB Genmanipulation drinnen ist, muss dies auch vermerkt sein.

M2 *Beispiele pro und contra*

M3 *Europaflagge*

M4 *Originalpartitur von Beethovens „Ode an die Freude"*

M5 *Europatagfeier in Pristina (Kosovo) am 9.5.2016*

EU der Vaterländer versus Vereinigte Staaten von Europa?

Die europäische Integration in der Krise

Die multiplen Krisen der Europäischen Union haben sich zu einer Situation verdichtet, in der der Status Quo der europäischen Integration und sogar der Fortbestand der Union zunehmend hinterfragt werden. Mit der gemeinsamen Währung in der Eurozone und den offenen Grenzen im Schengenraum sind zwei Kernprojekte gefährdet, die wie keine anderen für das Zusammenwachsen der EU stehen. Die Krise der Eurozone hatte sich im Jahr 2015 so weit zugespitzt, dass erstmalig der Austritt eines Mitgliedstaats aus der Eurozone drohte – und gerade noch abgewendet werden konnte. Dies ändert nichts an der Tatsache, dass der gemeinsame Währungsraum ein halbfertiges Integrationsprojekt ist, über dessen grundlegende Weiterentwicklung die Euro-Staaten tief gespalten sind. Der massive Zustrom von Flüchtlingen in die EU hat die Defizite des Schengenraums und der gemeinsamen Asylpolitik offengelegt. Die Regierung Großbritanniens will das Land dauerhaft von weiterer Integration abkoppeln und führt im Juni 2016 eine Volksabstimmung über dessen Verbleib in der EU durch. Schließlich wird mit dem mehrheitlichen Votum der Briten für den Brexit erstmals der Austritt eines Mitgliedstaates Realität, Großbritannien tritt am 31.1.2020 aus der Europäischen Union aus.

Krisen sind kein neues Phänomen der europäischen Integration. Im Gegenteil, in der Entwicklung der EU konnten zentrale Integrationsschritte oftmals nur unter dem Druck von Krisen erreicht werden. In der aktuellen Situation wird die EU jedoch vielfach eher als Ursache von Krisen oder als deren Verstärker denn als Weg zu deren Lösung betrachtet: Europaweit verzeichnen EU-kritische, populistische bzw. rechtsextreme Parteien Zulauf, zum Teil sind sie sogar maßgeblich für die Regierungsbildung. Umfassende Reformen einschließlich notwendiger EU-Vertragsänderungen sind daher zumindest mittelfristig politisch ausgeschlossen. Stattdessen greifen die EU-Staaten immer häufiger auf das Mittel der differenzierten Integration zurück, das es einem Teil der EU-Mitgliedstaaten erlaubt, ohne die anderen voranzuschreiten. Jede der genannten Krisen wäre für sich bereits eine große Herausforderung für die EU, durch ihre Parallelität und ihre Wechselbeziehungen stellen sie aber eine neue Qualität der Herausforderung dar. (…)

Dossier EU-kritische Parteien und Populismus

Im Zuge der zahlreichen Krisen hat das Vertrauen in die EU europaweit abgenommen. Beispielsweise hat die Eurokrise sowohl in den von harten Sparmaßnahmen betroffenen Nehmerländern als auch in den mit hohen Transferzahlungen belasteten Geberländern zu einer großen Skepsis gegenüber der EU geführt. EU-kritische, rechtspopulistische bzw. rechtsextreme Parteien verzeichnen daher europaweit große Zuwächse. Diese Parteien eint jedoch keine einheitliche politische Ausrichtung, vielmehr decken sie ein breites Spektrum ab, das von moderaten EU-Skeptikern, die nur die weitere Integration ablehnen, über harte EU-Gegner bis hin zu offen nationalistischen und rechtsextremen Parteien reicht.

Angesichts dieser Bandbreite sind die EU-kritischen Parteien im Europäischen Parlament daher auf drei Fraktionen verteilt oder treten als unabhängige Abgeordnete auf, so dass sie trotz ihrer deutlichen Zuwächse nur begrenzten Einfluss auf die europäische Gesetzgebung haben. Ihren Einfluss machen sie vielmehr über die nationale Ebene geltend, auf der sie zuletzt entweder aufgrund deutlicher Wahlerfolge oder sogar mittels Regierungsbeteiligungen Druck auf die Politik ausüben konnten. Damit verändern Parteien, die die EU als Ganzes oder zumindest Teile der europäischen Werte ablehnen, die politischen Systeme von Mitgliedstaaten und deren Haltung zur EU.

(http://www.swp-berlin.org/de/swp-themendossiers/europaeische-integration-in-der-krise.html, abgerufen am 17.3.2017)

M6 *Krisen in der EU*

---

1 Fassen Sie die so genannten Bürgerrechte in der EU [I] zusammen und geben Sie je ein praxisbezogenes Beispiel.

2 Analysieren Sie anhand der in M2 genannten Beispiele, [II] welchen Einfluss die EU auf Ihr Leben hat.

3 Beurteilen Sie mit Hilfe von M6: Ist die Europäische [III] Integration derzeit in der Krise?

4 Nehmen Sie Stellung zur Frage, ob und wie es EU-kriti[III]schen Parteien gelingen kann, eine europafeindliche Stimmung im eigenen Land zu schüren.

Sind wir Europäerinnen und Europäer?

Kompetenzorientierte Lernziele

→ den Begriff „Europäische Identität"erläutern

→ das Zugehörigkeitsgefühl zur EU vergleichen und bewerten

In Vielfalt geeint?

Europäische Identität – was bedeutet das eigentlich? Sowohl „Europa" als auch „Identität" sind zwei nur schwer zu fassende Begrifflichkeiten. Ist die Identität des Einzelnen gemeint oder die einer ganzen Nation oder eines ganzen Kontinents? Und ist Identität nicht einem ständigen Wandel unterlegen? Meint Europa die geografisch abgesteckten Grenzen oder doch vornehmlich die Mitgliedstaaten der EU?

Der Leitspruch des Europamottos „In Vielfalt geeint" ist eines der Symbole der Europäischen Union. Er wurde zur Stärkung des Gedankens einer europäischen Identität entwickelt. (…) Der Leitspruch soll ausdrücken, dass sich die Europäer über die EU vereint für Wohlstand und Frieden einsetzen und dass die verschiedenen Kulturen und Sprachen innerhalb Europas eine Bereicherung für den gesamten Kontinent sind.

Der Begriff der europäischen Identität ist nur sehr schwer fassbar, denn jeder hat seine ganz eigene Vorstellung davon, was Identität und auch, was Europa eigentlich bedeutet. Fest steht, dass die Europäer auf eine lange gemeinsame Geschichte zurückblicken. (…) Wie sehr sich ein einzelner Mensch als Europäer fühlt, ist hingegen sehr typ- und situationsabhängig.

(http://www.oe24.at/news/Die-europaeische-Identitaet/177521138, 19. 2. 2015, abgerufen am 30. 11. 2016)

M1 *Europäische Identität*

Staat und Nation

Die heutigen Staaten Europas sind grundsätzlich als Nationalstaaten konzipiert worden: der Begriff „Staat" betrifft die territoriale und politische Gestaltung, der Begriff „Nation" die Identitätsbildung der Bevölkerung. Stehen kulturelle Aspekte wie Religion, Sprache und Tradition im Vordergrund, so spricht man von einer Kulturnation, die auf der Vorstellung basiert, dass die Nation aus einem kulturell homogenen Volk bestünde, einer für heute in einer globalisierten Gesellschaft eher wenig brauchbaren Annahme.

Demgegenüber steht die Vorstellung der Staatsnation (oder Willensnation): Im Zuge der Französischen Revolution entsteht die Französische Nation aus dem dritten Stand, einem Sammelbecken hinsichtlich Bildung, Herkunft, Finanzkraft, Interessenslagen und Sprache unterschiedlicher Menschen. Das hier einigende Band ist das Gefühl der Solidarität und der Gleichheit, in Verbindung mit dem Willen, eine Nation zu sein und als solche eine Schicksalsgemeinschaft zu bilden. (…)

Eine europäische Identität ist nach dem 2. Weltkrieg im Bewusstsein der Menschen nicht vorhanden. Vermehrte wirtschaftliche Zusammenarbeit, eine Vergemeinschaftung vieler Politikfelder lässt die Union immer mehr zu einer Art Supra-Staat werden, mit eigenen Organen, insbesondere einem eigenen Parlament und einer „Regierung" in Gestalt der Kommission. (…)

Wahrscheinlich erhält die Idee der „Völker" mit ihren spezifischen sprachlichen sowie kulturellen Besonderheiten die Diskontinuitäten unter den Nationen Europas, anstatt die Integration zu fördern.

(nach: Metzeltin, Michael: Europäische Integration/Europäische Identität? 20. 3. 2014, ÖAW, Forschung und Gesellschaft 8)

M2 *Bedeutet Integration auch Identität?*

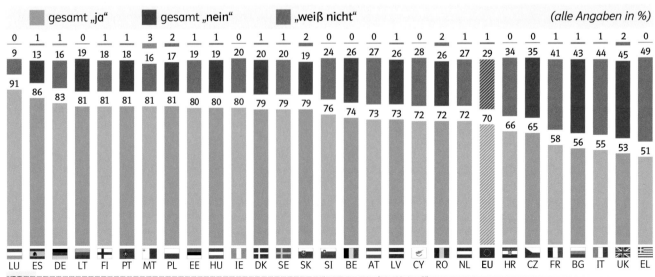

gesamt „ja"   gesamt „nein"   „weiß nicht"   (alle Angaben in %)

LU	ES	DE	LT	FI	PT	MT	PL	EE	HU	IE	DK	SE	SK	SI	BE	AT	LV	CY	RO	NL	EU	HR	CZ	FR	BG	IT	UK	EL
0	1	1	0	1	1	3	2	1	1	0	1	1	2	0	0	0	1	0	2	1	1	0	0	1	1	1	2	0
9	13	16	19	18	18	16	17	19	19	20	20	20	19	24	26	27	26	28	26	27	29	34	35	41	43	44	45	49
91	86	83	81	81	81	81	81	80	80	80	79	79	79	76	74	73	73	72	72	72	70	66	65	58	56	55	53	51

M3 *Euro-Barometer 11/2019: „Sie fühlen sich als Bürgerin oder Bürger der Europäischen Union?"*

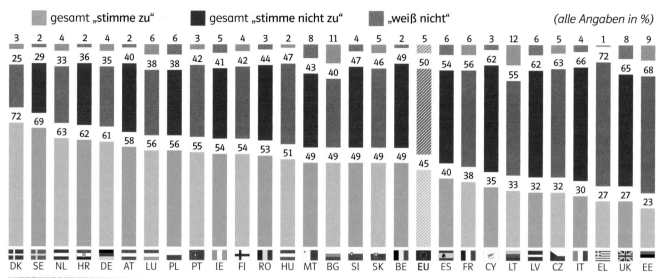

M4 Euro-Barometer 11/2019: „Meine Stimme zählt in der EU"

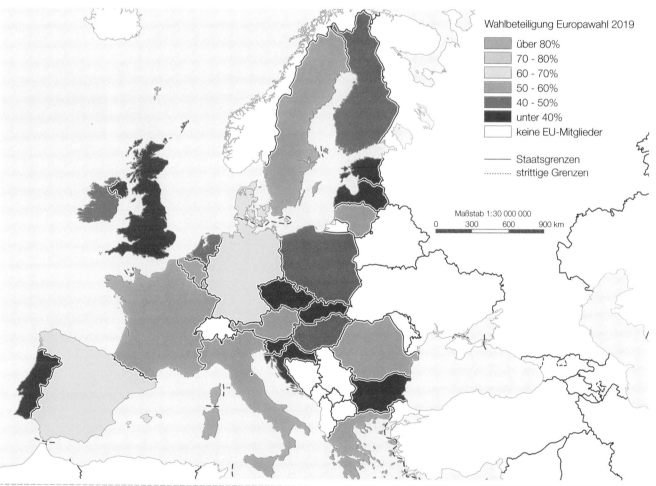

M5 Wahlbeteiligung bei der Europawahl 2019

1 Fassen Sie die Texte M1 und M2 mit eigenen Worten
[II] zusammen. Erläutern Sie den Begriff „Europäische
Identität".

2 Argumentieren Sie, weshalb die Bildung der „Vereinig-
[II] ten Staaten von Europa" nicht einfach ist.

3 Vergleichen und bewerten Sie die Ergebnisse des Euro-
[III] barometers (M3, M4) sowie die Wahlbeteiligung bei
der Europawahl (M5).

Was ist Europa?

Ist „EUropa" ein geographisches Konstrukt?

Fragt man 20 Europäerinnen oder Europäer danach, was „Europa" für sie bedeutet, erhält man aller Wahrscheinlichkeit nach 20 verschiedene Antworten, die auf den jeweils 20 unterschiedlichen Vorstellungen beruhen. Wer an die Einteilung der Erde in Kontinente denkt, wird schnell ein geographisches Bild vor Augen haben. Doch Europa ist im Gegensatz zu Afrika oder Australien nicht klar abgegrenzt. Wer hingegen auf die Frage nach Europa eher im politisch-geographischen Sinn antwortet, wird die EU als europäisches Staatenbündnis nennen. Andere wiederum werden an das Europa des Europarates denken, dem heute 47 Staaten mit 820 Mio. Bürgerinnen und Bürgern angehören. Für Fußballbegeisterte bedeutet Europa die Union der Europäischen Fußballverbände (UEFA), die Dachorganisation von 55 Nationalverbänden, die jedoch nicht alle innerhalb der geographischen Grenzen Europas beheimatet sind, wie zB Armenien, Aserbaidschan oder Israel.

Auch an den jährlich ausgetragenen „Eurovision Song Contest" mögen einige denken. An diesem Wettbewerb sind all jene Staaten teilnahmeberechtigt, die Mitglied der Europäischen Rundfunkunion (EBU) sind. Der EBU gehören mehrheitlich europäische, aber auch vorderasiatische und nordafrikanische Rundfunkanstalten an. So nimmt Israel regelmäßig am Wettbewerb teil, in den Jahren 2015 und 2016 trat Australien als Gast an.

Oder ist Europa doch, wie es der französische Philosoph Bernard-Henri Lévy formuliert: „Europa, das kann man nicht oft genug wiederholen, ist kein Ort, sondern eine Idee. Es ist eine Kategorie nicht des Seins, sondern des Geistes."

Grenzziehung	Konzept/Raumbild
„Kontinent Europa"	Uralgrenze (physische Grenze)
Eiserner Vorhang	Blockdenken, Kalter Krieg
Eurozone	„Euroland", Europäische Währungsunion
EU-Außengrenze	EU als Europa
Schengen-Außengrenze	„Schengenland" (Festung Europa)
Religionsgrenze	„Christliches Abendland"
Kulturgrenze	Kulturerdteil Europa
Konfliktgrenze	„Clash of Civilizations" (S. Huntington)

M1   *Europa-Konzepte*

Die Völker Europas sind entschlossen, auf der Grundlage gemeinsamer Werte eine friedliche Zukunft zu teilen, indem sie sich zu einer immer engeren Union verbinden. In dem Bewusstsein ihres geistig-religiösen und sittlichen Erbes gründet sich die Union auf die unteilbaren und universellen Werte der Würde des Menschen, der Freiheit, der Gleichheit und der Solidarität. Sie beruht auf den Grundsätzen der Demokratie und der Rechtsstaatlichkeit.

M2   *Aus der Präambel der im Dezember 2000 proklamierten „Charta der Grundrechte der Europäischen Union"*

Die folgenden Textauszüge sollen weitere Einblicke geben, wo Europa eigentlich liegt und was man mit dem Begriff Europa verbindet.

Europa geographisch

Europa ist mit rund 10 Mio. km^2 zwar der zweitkleinste Erdteil, war jedoch jahrhundertelang der wirtschaftliche und kulturelle Mittelpunkt der Welt. Gegen Kleinasien wird Europa durch den Bosporus und die Dardanellen, gegen Afrika durch das Mittelmeer und die Straße von Gibraltar abgegrenzt; im Westen wird es vom Atlantischen Ozean und im Norden vom Nordöstlichen Eismeer begrenzt. Von Süden, Westen und Norden greifen die Nebenmeere des Atlantik (Mittelmeer, Nordsee, Ostsee) tief ins Land und machen Europa zu dem am stärksten gegliederten Erdteil.

Europa geht ohne deutliche Grenzen in die gewaltige Kontinentalmasse Asiens über, der es wie eine Halbinsel anhängt (Eurasien); seine Selbstständigkeit als Erdteil ist vor allem historisch-kulturell begründet. Als Ostgrenze gelten: Uralgebirge und -fluss, Kaspisches Meer, Manytschniederung und Asowsches Meer.

Es gibt in Europa 50 Staaten, Aserbaidschan, Georgien, Kasachstan, Russland und die Türkei liegen nur teilweise in Europa.

(nach: http://www.wissen.de/lexikon/europa-geographie, abgerufen am 15.2.2016)

M3   *Geographische Abgrenzung Europas*

OSZE

Zentrale Ziele der Organisation für Sicherheit und Zusammenarbeit in Europa (OSZE), die 1975 in Helsinki gegründet worden ist, sind die Erhaltung der Stabilität und Sicherheit in ganz Europa, die Förderung einer möglichst engen Zusammenarbeit in den Bereichen Wirtschaft, Wissenschaft, Kultur und Umweltschutz, die Schaffung einer europäischen Sicherheitsstruktur für das 21. Jahrhundert. Der OSZE gehören 57 Staaten an – so sind neben den USA und Kanada auch sämtliche Nachfolgestaaten der ehemaligen Sowjetrepubliken – wie zB Kirgisistan, Turkmenistan, Usbekistan – in der OSZE vertreten."

(nach: Fischer Weltalmanach 2015)

M4 *Organisation für Sicherheit und Zusammenarbeit*

Europarat

Der Europarat (englisch *Council of Europe*, französisch *Conseil de l'Europe*) ist eine am 5. Mai 1949 durch den Vertrag von London gegründete europäische internationale Organisation. Er ist ein Forum für Debatten über allgemeine europäische Fragen. Seine Satzung sieht eine allgemeine Zusammenarbeit der Mitgliedstaaten zur Förderung von wirtschaftlichem und sozialem Fortschritt vor.
„Der Europarat hat die Aufgabe, einen engeren Zusammenschluss unter seinen Mitgliedern zu verwirklichen."
– Satzung des Europarates, Artikel 1

Der Sitz des Europarats ist der Europapalast in Straßburg. Am 5. Mai wird alljährlich der Gründungstag des Europarates als Europatag gefeiert.
Der Europarat ist institutionell nicht mit der Europäischen Union verbunden, auch wenn beide die Europaflagge und die Europahymne verwenden. Der Europarat ist auch nicht zu verwechseln mit dem Europäischen Rat (dem Organ der Staats- und Regierungschefs) und dem Rat der Europäischen Union (Ministerrat).
(https://de.wikipedia.org/wiki/Europarat, abgerufen am 15.2.2016)

M5 *Europarat*

Das historisch-kulturelle Europa

Europa ist dort, wo das Christentum vorherrschend ist. Das Gemeinsame des Kontinents Europa basiert auf dem Erbe der Bibel, auf dem Grundverständnis der Kirche und deren ethischen und rechtlichen Prinzipien. Die Kirche war die erste europaweite und hierarchisch organisierte Machtinstitution nach dem Römischen Reich und definierte den gesellschaftlichen Grundkonsens. Die Kirche verbreitete das überlieferte Wissen der Antike und gab die Anleitung zu vernünftigem, praktischem Handeln im Alltag. Das Mönchtum war dabei Träger der kulturellen Kontinuität und Mittler der grundlegenden religiösen und sittlichen Werte. Europa ist christlich und damit abgrenzbar.
Oder: Europa ist dort, wo die Aufklärung begann und die Menschenrechte entwickelt wurden. Europa ist eine Geisteshaltung, eine „mentalité collective", geprägt durch die Aufklärung und die sich daraus ableitenden Vorstellungen von Staat und Gesellschaft. Das Joch der Autoritäten abschütteln, die Menschheit aus der Unmündigkeit herausführen und den Gesetzen der Vernunft zum Durchbruch verhelfen waren die verbindenden Grundsätze. Die Französische Revolution fand eben in Europa statt und die dabei propagierten Werte stellen noch immer ein allgemein anerkanntes Fundament dar. Europa ist also dort zu lokalisieren.
Und schließlich: Europa ist dort, wo der produktive Kapitalismus seinen Ausgang nahm. Marktwirtschaft, Kapitalismus, Globalisierung – alles, was sich heute in der Wirtschaft durchgesetzt hat, entstand in ersten Ansätzen im Europa des Mittelalters und der frühen Neuzeit und wurde in einer spezifischen Art auch wieder gebrochen. Die soziale Marktwirtschaft stellt ein europäisches Produkt dar und sie schließt Umverteilung, Fürsorge für die Schwächeren und Vorsorge für alle BürgerInnen ein. Wo dies gewährleistet ist, dort ist Europa.
(nach: Faßmann, Heinz: Wo endet Europa? Anmerkungen zur Territorialität Europas und der EU. Mitteilungen der Österreichischen Geographischen Gesellschaft, Band 144. Wien 2002, S. 34 f.)

M6 *Europa als Idee*

1 Nennen Sie die in den Textauszügen angegeben unterschiedlichen Europakonzepte und analysieren Sie deren unterschiedliche Referenzgebiete. [II]

2 Vergleichen bzw. vervollständigen bzw. widersprechen Sie den hier genannten Konzepten. Welche Grundpositionen sind Ihrerseits vielleicht heute nicht mehr so wesentlich? [II]

3 Gestalten Sie eine persönliche Mindmap zum Thema: Wo sind Europas Grenzen? [III]

4 Verfassen Sie Kurzreferate zu den unterschiedlichen Europakonzepten. Verwenden Sie je nach Konzept Literatur anderer Fachbereiche, zB Politik, Geschichte, Musik und Kunst oder Religion. [III]

Naturräume Europas

Kompetenzorientierte Lernziele

→ Europa nach naturräumlichen Merkmalen gliedern

→ Satellitenbilder auswerten

Naturräumliche Gliederung

Europa ist mit ca. 10 Mio. km² der zweitkleinste Kontinent. Trotzdem ist er in seiner Erscheinung stark unterschiedlich. Im Norden, Westen und Süden ist er von Küsten und Meeresbuchten begrenzt. Im Osten finden sich riesige Ebenen, die bis zum Uralgebirge und dem Kaspischen Meer reichen. Naturräumliche Kriterien können helfen, Europa einzuteilen. Solche Kriterien können die Großlandschaften, das Klima und die Vegetation sein.

Großlandschaften

Europa zeichnet sich durch eine Vielzahl von Landschaften aus, wobei vier Großlandschaften unterschieden werden: die Hochgebirge (mit den Alpen als höchstes Gebirge Europas), das Mittelgebirge, die Tiefländer und die Küsten.

- **Hochgebirge/Alpen:** zahlreiche Berggruppen und -ketten, teilweise Vergletscherung, große Höhenunterschiede auf engem Raum.
  Die wichtigsten Hochgebirge Europas: Alpen, Karpaten, Pyrenäen, Sierra Nevada, Apenninen, Dinarisches Gebirge, Balkan.
- **Mittelgebirge:** übersteigt nicht die Baumgrenze, vorherrschend flachwellige Oberflächenformen.
  Einige Mittelgebirge in Europa: Ardennen, Erzgebirge, Bayerischer Wald, Schwarzwald, Böhmerwald, Sudeten, Vogesen, Jura, Zentralmassiv, Ungarisches Mittelgebirge, Apenninen, Mittelrussische Höhen.
- **Tiefländer:** Flachland, liegt etwa auf Meereshöhe, keine größeren Erhebungen.
  Einige Tiefländer in Europa: Poebene, Norddeutsches Tiefland, Pannonisches Tiefland, Osteuropäisches Tiefland, Pariser Becken, Baltische Seenplatte, Walachei.
- **Küsten** werden zB nach Querschnitt (Flach-/Steilküste) oder Verlauf (Ausgleichsküste/Buchtenküste) unterschieden. Durch Kombination dieser Eigenschaften ergeben sich Spezialküsten wie die Fjord-Schärenküste Norwegens (Steil- und Buchtküste).

Methode

Ein Satellitenbild auswerten

Satelliten erfassen rund um die Uhr Daten über die Erde, zB über die Vegetation, über Meeresströmungen oder über das Wettergeschehen. Mit elektronischen Sensoren und Kameras wird die Erdoberfläche so genau aufgezeichnet, dass Details gut erkennbar sind. Die aufgezeichneten Daten werden zu Bildern verarbeitet. Für diese Bilder werden natürliche Farben oder Falschfarben verwendet, je nachdem, welche Inhalte dargestellt werden sollen.

Schritt für Schritt:

☐ Verorten: Mit Hilfe der Bildunterschrift oder des Atlas wird ermittelt, welches Gebiet dargestellt ist.

☐ Gliedern: Große Strukturen wie Land- oder Wasserflächen, bebaute Gebiete etc. und gleichfarbige Bereiche abgrenzen, sie bieten Hinweise auf ähnliche Vegetation oder ähnliche Oberflächenbeschaffenheit.

☐ Beschreiben: Merkmale wie zB Städte, Küstenlinien, landwirtschaftlich genutzte Flächen oder Eis- und Schneeflächen stichwortartig festhalten.

☐ Deuten: Beziehungen zwischen den einzelnen Bildelementen herstellen und nach Zusammenhängen suchen.

☐ Auswerten und interpretieren: Mit Hilfe weiterer Informationsquellen die Richtigkeit der Schritte 2, 3 und 4 überprüfen.

M1

M2

M3

M4

M5 *Satellitenbild Europas*

1 Ordnen Sie M1 bis M4 folgenden Beschreibungen zu:
[II]
Mittelgebirge (mit Blickrichtung SO über das Alpenvorland ins Hochgebirge) im Kobernaußerwald: *M2*

Tiefland mit Elbe in Norddeutschland: *M3*

Hochgebirge in den Karpaten: *M 1*

Steilküste bei Cinque Terre: *M 4*

2 Verorten Sie die Bilder M1 bis M4 in der Karte M5.
[I]

3 Ermitteln Sie den höchsten Berg Europas und zeichnen Sie ihn in die Karte ein. Wie heißt der Berg?
[I]

4 Zeichnen Sie die im Text genannten Hochgebirge in der Karte ein.
[I]

5 Werten Sie das Satellitenbild Europas aus.
[II]

Klimatische Gliederung Europas

Kompetenzorientierte Lernziele

→ Klimazonen in Europa erläutern
→ Bedeutung des Golfstroms erklären

→ verschiedene Klimadiagramme analysieren und zuordnen
→ Lebenspraktische Entscheidungen treffen

Kleines Europa – große klimatische Unterschiede

Der kleine Kontinent Europa hat Anteil an drei Klimazonen und ist das ganze Jahr über im Einflussbereich verschiedener **Luftmassen**. Diese unterscheiden sich je nach Herkunft durch Temperatur und Luftfeuchtigkeit. Vom Meer kommende Luftmassen sind in der Regel feucht, kontinentale hingegen meist trocken.
Überdies wirkt das Meer als **Wärmespeicher** temperaturausgleichend und verringert so die Temperaturunterschiede zwischen Sommer und Winter. Dies äußert sich im Klimadiagramm in einer flachen Temperaturkurve, also einer kleinen **Temperaturamplitude**.

Zentralheizung Golfstrom

Der Golfstrom ist eine Meeresströmung, die tropisch-warmes Meerwasser aus dem Bereich des Golfs von Mexiko in den Nordatlantik befördert. Die transportierte **Wärmemenge** ist so groß wie die Leistung von rund zwei Millionen großen Kernkraftwerken. Durch diese gigantische Wärmezufuhr wird das Klima in Nord- und Westeuropa beeinflusst.
Die **mittleren Monatstemperaturen** wären ohne den Einfluss des Golfstroms in großen Teilen Europas einige Grad niedriger als jetzt. An die Stelle von Feldern, Wiesen und Wäldern würden karge oder gar eisbedeckte Landschaften treten.

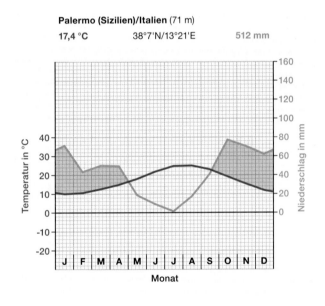

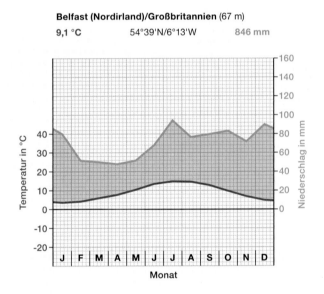

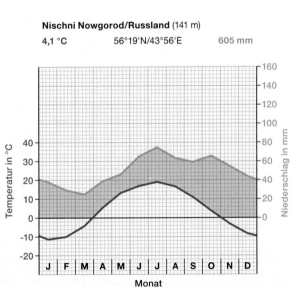

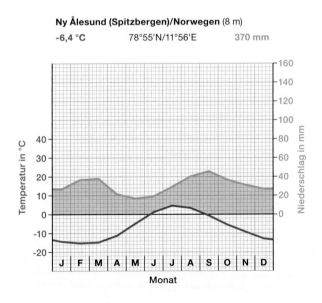

M1 *Ausgewählte Klimadiagramme von Europa nach Walter/Lieth*

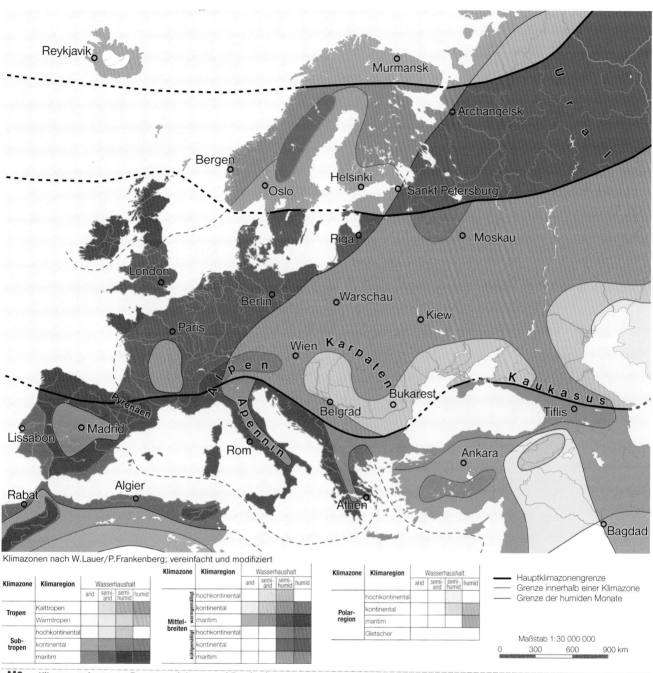

Klimazonen nach W. Lauer/P. Frankenberg; vereinfacht und modifiziert

Klimazone	Klimaregion	Wasserhaushalt			
		arid	semi-arid	semi-humid	humid
Tropen	Kalttropen				
	Warmtropen				
Sub-tropen	hochkontinental				
	kontinental				
	maritim				

Klimazone	Klimaregion	Wasserhaushalt			
		arid	semi-arid	semi-humid	humid
Mittel-breiten (warmgemäßigt)	hochkontinental				
	kontinental				
	maritim				
Mittel-breiten (kühlgemäßigt)	hochkontinental				
	kontinental				
	maritim				

Klimazone	Klimaregion	Wasserhaushalt			
		arid	semi-arid	semi-humid	humid
Polar-region	hochkontinental				
	kontinental				
	maritim				
	Gletscher				

— Hauptklimazonengrenze
— Grenze innerhalb einer Klimazone
— Grenze der humiden Monate

Maßstab 1:30 000 000
0   300   600   900 km

M2 *Klimazonenkarte von Europa nach Lauer und Frankenberg*

1 Ermitteln Sie anhand der Klimakarte, an welchen Klima-
[I] zonen Europa Anteil hat.

2 Begründen Sie, warum die Temperaturamplitude in
[II] Klimadiagrammen von kontinental beeinflussten Wet-
terstationen groß ist.

3 Recherchieren Sie weitere Bedeutungen des Golfstroms
[II] für das Klima Europas.

4 Ordnen Sie die Klimadiagramme den Klimazonen zu
[I] und tragen Sie die Orte aus M1, wenn möglich, in die
Karte ein.

5 Entscheiden Sie anhand der Klimadiagramme, welche
[III] Kleidung Sie für eine Reise zu den jeweiligen Orten im
Juli in Ihren Koffer packen würden.

Gesellschaftliche Gliederung Europas

Kompetenzorientierte Lernziele

→ Europa nach gesellschaftlichen Merkmalen gliedern

→ thematische Karten nutzen und auswerten

Ungleiche Verteilung

Die Bevölkerung ist in Europa sehr ungleich verteilt. Nicht nur zwischen Stadt und Land gibt es große Abweichungen in der Bevölkerungsdichte, auch ganze Regionen sind sehr unterschiedlich besiedelt. Die Nachtaufnahme Europas (M4) und die Karte der Einwohnerdichte Europas (M3) weisen beispielsweise Madrid, Moskau und die Po-Ebene als deutlich dicht besiedelte Gebiete aus, während die Alpen, Norwegen und das Innere Spaniens nahezu menschenleer wirken.

Aber auch andere Faktoren verteilen sich ungleich in Europa. Der Korruptionsindex zeigt, dass die gefühlte Korruption in Europa von NW nach SO zunimmt (M1). (Die weltweit korruptesten Länder sind übrigens Nordkorea und Somalia.)

Der Gerechtigkeitsindex zeigt, dass die soziale Gerechtigkeit von SO nach Norden zunimmt (M2). Auch in Bezug auf die Lebenserwartung ist es nicht egal, wo in Europa man geboren wird: In Frankreich lebt man im Durchschnitt um 5,4 Jahre länger als in Bulgarien (Eurostat, 2013).

Auch kulturell zeigen sich große **Disparitäten** in Europa: Religion, Sprache und Schrift sind die auffälligsten kulturellen Unterschiede. Feiertage, Mythen, Brauchtumspflege, Kindererziehung, Politik, Umweltschutz, Sport und Architektur zeugen ebenso von unterschiedlichen Kulturen. Wohl auch wegen dieser großen Unterschiede wurde der Leitspruch „In Vielfalt geeint" im Jahr 2000 als Motto der Europäischen Union festgelegt. Die Vermischung dieser Kulturen und der Umgang mit Minderheiten ist eine große Herausforderung in Europa.

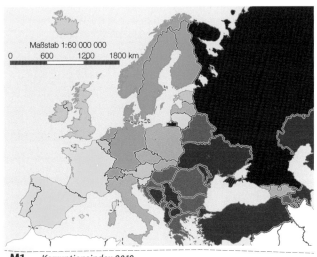

M1 *Korruptionsindex 2019*

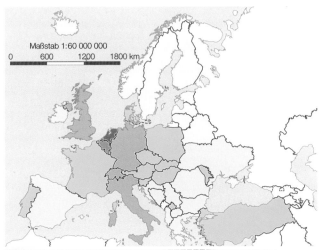

M3 *Einwohnerdichte Europa 2020*

M2 *Gerechtigkeitsindex 2016 in der EU*

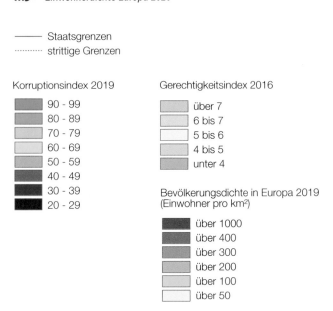

——— Staatsgrenzen
············ strittige Grenzen

Korruptionsindex 2019

- 90 - 99
- 80 - 89
- 70 - 79
- 60 - 69
- 50 - 59
- 40 - 49
- 30 - 39
- 20 - 29

Gerechtigkeitsindex 2016

- über 7
- 6 bis 7
- 5 bis 6
- 4 bis 5
- unter 4

Bevölkerungsdichte in Europa 2019
(Einwohner pro km²)

- über 1000
- über 400
- über 300
- über 200
- über 100
- über 50

M4   „Lichtverschmutzung" Europas (Satellitenbild)

1 Benennen Sie fünf dicht besiedelte Gebiete Europas
[I] (M3):

....

....

....

....

....

....

2 Erörtern Sie im Team die Zusammenhänge zwischen
[II] Korruptionsindex (M1) und Gerechtigkeitsempfinden
(M2) in Europa.

3 Recherchieren Sie die Verteilungen der Lebenserwar-
[II] tung, der Inflation und der Arbeitslosigkeit.

4 Werten Sie M4 nach der Methode von S. 16 aus.
[II]

....

....

....

Lebenswelten von Jugendlichen

Kompetenzorientiertes Lernziel

→ Lebenswelten von Jugendlichen vergleichen

Hi! Ich heiße Doris. In meiner Freizeit betreibe ich gerne Sport und treffe mich mit meinen Freunden. Geboren bin ich in Kroatien – gleich wie mein Vater. Meine Mutter ist aber in Bosnien geboren. Ich habe eine ältere Schwester und viele Verwandte. Die sind aber sehr verstreut – ein paar sind in Bosnien, ein paar in Österreich und ein paar in Kroatien. Meine Mutter ist Kindergärtnerin und mein Vater hat eine eigene Firma. Meine Mutter war auch in Kroatien schon Kindergärtnerin, mein Vater war damals Mechaniker. Ich spreche vier Sprachen: Deutsch, Kroatisch, Bosnisch und fließend Slowenisch. Auch zu Hause sprechen wir Kroatisch, Bosnisch und Slowenisch. Meine Freunde haben meist selbst Migrationshintergrund, aber ich habe auch österreichische Freunde. Je nachdem wird daher Deutsch oder Kroatisch gesprochen. Auswandern mussten meine Eltern damals durch den Krieg. Ich war aber noch sehr jung und kann mich nicht wirklich an diese Zeit erinnern. Meine Eltern erzählen oft davon und sagen, dass es ihnen sehr weh getan hat, alles in der Heimat zurückzulassen. Weil ich noch in den Kindergarten gegangen bin und alles mitlernen konnte, ist es mir aber sehr leicht gefallen, die Sprache hier zu lernen. Trotzdem war es schwer für mich, nicht mehr in meinem Heimatland zu sein. Für mich sprechen aber vor allem die Wirtschaftslage und die Bildung für ein Leben in Österreich. Weil es in Österreich sehr viele unterschiedliche Kulturen gibt, ist es auch für mich nicht schwer meine Kultur auszuleben. Hier werden alle Kulturen akzeptiert. Ich möchte deshalb definitiv in Österreich bleiben. Meine Eltern überlegen aber, in der Pension wieder nach Kroatien zurückzuziehen.

Ich heiße Edina. Ich mache gerne Sport und treffe mich gerne mit meinen Freunden. Ich bin in Österreich geboren, habe aber dennoch Migrationshintergrund, weil meine Eltern aus Bosnien stammen. Ich habe eine ältere Schwester und einen jüngeren Bruder. Meine Verwandtschaft ist sehr groß und in Österreich, England, Australien und Deutschland verstreut. Mein Papa ist Kranfahrer und meine Mutter ist Verkäuferin. Das war auch schon in Bosnien so. Ich spreche Deutsch, Englisch und Bosnisch. Mit meinen Eltern spreche ich aber nur Bosnisch, mit meinem Bruder auch Deutsch. Ich habe sehr viele Freunde. Die meisten von ihnen stammen auch aus dem Ausland, aber ich habe auch sehr viele österreichische Freunde. Mit ihnen spreche ich – je nachdem, wer es ist – Deutsch oder Bosnisch. Meine Eltern wollten damals weg aus Bosnien, um ein besseres Leben zu haben. Vor der Auswanderung haben sie sich das aber sehr gut überlegt und die Entscheidung bewusst getroffen. Die erste Zeit war für meine Eltern sehr schwer, weil sie erst mal Deutsch lernen mussten. Für ein Leben in Österreich sprechen vor allem die schulischen Bildungsmöglichkeiten und die Arbeitsmöglichkeiten. Und weil wir schon so lange in Österreich sind, wollen wir auch nicht mehr zurück nach Bosnien ziehen.

Also ich heiße Richard, bin 16 und gehe in ein Gymnasium in Graz. Nach der Schule gehe ich jeden Tag Rollerskaten oder entspanne daheim beim Serienschauen. Ich bin in Österreich geboren, aber meine Eltern und meine Schwester sind vor ungefähr 20 Jahren aus Rumänien gekommen. Ich habe eine sehr große Verwandtschaft mit 20 Tanten und Onkeln, die noch jeweils verheiratet sind. Die meisten von ihnen leben in Rumänien, ein paar aber in Österreich, Kanada, Amerika, Italien und Deutschland. Meine Mutter arbeitet in der Kinderkrippe und mein Vater ist CNC-Techniker. In Rumänien hatte mein Vater aber einen verantwortungsvollen Management-Job im Kontrollzentrum einer Kohlemine. Meine Mutter war im Verkauf tätig, hat dann aber die Matura gemacht und wollte eigentlich studieren. Ich selber spreche perfekt Deutsch und Rumänisch, etwas Englisch und lerne auch gerade Latein. Mit meinen Eltern spreche ich Deutsch und Rumänisch, meistens sogar in Kombination in einem Satz. Mit meiner Schwester mischen wir dann noch Englisch dazu. Mit meinen Freunden spreche ich je nachdem Deutsch oder Rumänisch. Meine Eltern hatten damals im rumänischen Kommunismus zu wenig von allem und hatten Angst ihren Kindern morgen kein Essen mehr kaufen zu können. Deshalb sind sie ausgewandert, um die Chancen für mich und meine Schwester zu erhöhen, auch wenn ihnen das nicht leicht gefallen ist. Die Anfangszeit war für meine Eltern sehr schwer, weil sie Jobs finden mussten, ein Haus bauen wollten und auf die Kinder schauen mussten. Nur durch die Hilfe von Nachbarn und Freunden haben sie das geschafft. In Österreich ist aber das Bildungssystem viel besser und die Korruption ist viel geringer. Dafür ist halt die Sprache schwierig zu lernen und die kulturellen Unterschiede sind zu Beginn etwas seltsam. Ich möchte aber jedenfalls in Österreich bleiben und hier Arzt werden.

Ich heiße Elez, betreibe gerne Sport und spiele Computerspiele. Ich bin in Österreich geboren, wurde dann aber nach Albanien abgeschoben und habe dort drei Jahre lang gelebt. Meine Eltern sind im Kosovo geboren und ich habe noch eine kleine Schwester. Ich habe sehr viele Verwandte und die ältesten leben im Kosovo. Die Jüngeren leben in Deutschland und Österreich. Mein Vater ist Fließbandarbeiter und meine Mutter ist Bankerin. Im Kosovo hat mein Vater aber Jus studiert und als Anwalt gearbeitet. Meine Mutter hat BWL studiert und musste später als Schneiderin arbeiten. Ich spreche Albanisch, Deutsch und Englisch, wobei ich mit meinen Eltern Albanisch und mit meiner kleinen Schwester Deutsch spreche. Mit meinen Freunden spreche ich Deutsch und Albanisch. Ausgewandert sind meine Eltern aus politischen und wirtschaftlichen Gründen. Ich weiß von dieser Zeit aber nur noch, dass viele Papiere mit Österreich, mit Mazedonien, mit Montenegro, mit Serbien und mit Albanien zu machen waren, damit man überhaupt mal aus Kosovo raus durfte. In der ersten Zeit war besonders schwer, meine Familie nicht mehr um mich zu haben. Aber ich habe schnell neue Freunde gefunden. Aber auch Deutsch zu lernen war am Anfang nicht leicht. Für ein Leben in Österreich spricht, dass man sichere Arbeit finden kann, versichert ist und in Freiheit leben darf. Meine Eltern wollen in der Pension wieder zurück in den Kosovo, aber ich möchte hier bleiben.

1 Vergleichen Sie die vier Geschichten und finden Sie [II] Gemeinsamkeiten und Unterschiede.

2 Hören Sie sich die Interviews unter dem Online-Code [III] su559z an, überprüfen Sie die abgedruckten Zusammenfassungen und verbessern Sie sie gegebenenfalls.

Wirtschaftliche Gliederung Europas

verstädterte Regionen mit hohem Anteil an Industrie und Dienstleistungen

Kulturland, vielfältige wirtschaftliche Nutzung

extensiv genutzte, naturnahe Fläche

● politisch-kulturelles Zentrum

○ Finanzzentrum

● Innovationszentrum

┅┅ Eisenbahn

── Fernstraße

○ global bedeutendes Zentrum

○ kontinental bedeutendes Zentrum

o staatenübergreifend bedeutendes Zentrum

── Staatsgrenzen

┄┄ strittige Grenzen

Maßstab 1:23 000 000

0   300   600   900 km

M1 *Wirtschaftsräume Europas*

Regionen

Besonders zwei Städte nehmen in Europa eine außergewöhnliche Stellung ein: London und Paris sind weltweit bedeutende ökonomische und finanzielle Zentren, sind führende Standorte für Forschung und Innovation und sind international wirkende politische und kulturelle Zentren hohen Ranges. Sie werden daher als **Global Cities** bezeichnet. Städte wie Wien, Frankfurt, Berlin, Rom, Mailand, Moskau oder München haben kontinentale Bedeutung, wobei sie in ihrer Ausrichtung auf einzelne wenige Funktionen fokussieren. Und dann gibt es eine größere Zahl überregional bzw. überstaatlich bedeutender Zentren wie Istanbul, Warschau, Genf oder Madrid.

Neben den Zentralräumen Europas findet man auch verstädterte Regionen mit hohem Anteil an Industrie und Dienstleistungen. Sie stehen ländlich geprägten Regionen gegenüber. Diese können einerseits intensiv landwirtschaftlich genutzt oder andererseits (aufgrund ungünstiger Klima- und Bodenfaktoren oder aufgrund ineffizienter Produktionsmethoden) wenig ertragreich sein.

Vor allem im Norden und in den Berggebieten Europas finden sich auch wirtschaftlich wenig bis gar nicht genutzte Flächen. Lediglich extensive Viehwirtschaft oder Ackerbau bzw. Holzwirtschaft sind hier zu finden.

1 Lokalisieren Sie drei verstädterte Regionen Europas mit hohem Industrie- und Dienstleistungsanteil und beschreiben Sie deren Standort:
[I]

rund um Moskau
rund um Brüssel
rund um London

2 Vergleichen Sie die unter Punkt 1 gefundenen Regionen mit der Einwohnerdichte Europas (M3 auf Seite 20) und stellen Sie etwaige Zusammenhänge dar:
[II]

Gebiete mit hohem Anteil an Industrie und Dienstleistungen haben meistens eine Bevölkerungsdichte von über 700 Personen pro km²

3 Vergleichen und analysieren Sie Spanien, Belgien, Schweden und die Ukraine nach folgenden Gesichtspunkten (Atlas und M1):
[II]
- klimatische Bedingungen
- landwirtschaftliche Nutzung
- infrastrukturelle Erschließung
- regionale und überregionale Wirkung

4 Erklären Sie die Legende von M1 und ergänzen Sie nicht erläuterte Strukturen der Karte.
[II]

5 Wählen Sie einen Staat oder eine Region und bewerten Sie den Wirtschaftsraum.
[III]

Wien: gute Verkehrsverbindungen und eine vielfältige wirtschaftliche Nutzung

6 Entwickeln Sie Zukunftsperspektiven und Fördermaßnahmen für den gewählten Wirtschaftsraum.
[III]

Wirtschaftliche Indikatoren auf europäischer Ebene im Vergleich

Kompetenzorientierte Lernziele

→ thematische Karten nutzen und auswerten

→ Europa nach ökonomischen Merkmalen gliedern

Bruttoinlandsprodukt

Das Bruttoinlandsprodukt stellt den Wert aller Güter (Waren und Dienstleistungen) dar, der in einem Jahr im Inland erwirtschaftet wird, und drückt damit die wirtschaftliche Leistung einer Volkswirtschaft aus.

Kaufkraftparitäten (KKP)

Kaufkraftparitäten (KKP) geben an, wie viele Währungseinheiten in unterschiedlichen Ländern erforderlich sind, um eine bestimmte Menge von Waren und Dienstleistungen zu erwerben. Damit diese Zahlen einfacher vergleichbar werden, nimmt man die durchschnittliche KKP aller 28 EU-Staaten und definiert daraus eine fiktive Standardwährung (Kaufkraftstandard KKS). Somit kann man darstellen, wie viele „Standard-Euro" man in den unterschiedlichen Ländern für einen normierten Warenkorb ausgeben muss.

Bruttoregionalprodukt

Betrachtet man einen Staat nach seinen Regionen, zeigt sich aber, dass dieses Bild weiter differenziert werden muss. **Zentren (Aktivräume)** innerhalb des Staates sind durch höhere Einkommen, großes Arbeitsplatzangebot, gut ausgebaute Infrastruktur und hohe Zuwanderung wirtschaftlich erfolgreicher als die **Peripherien**. Diese **Passivräume** sind von hoher Abwanderung, geringeren Einkommen und schlecht ausgebauter Infrastruktur betroffen (M1). Daher bietet die BIP-Gliederung nach Regionen ein realistischeres Abbild. Man bezeichnet diese regionale Entsprechung des Bruttoinlandsprodukts (BIP) als Bruttoregionalprodukt (BRP).

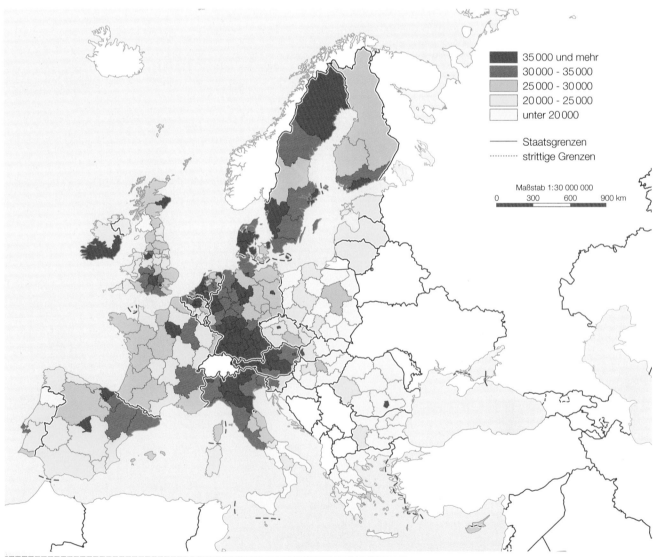

M1 *Kaufkraftindex nach EU-Regionen 2019*

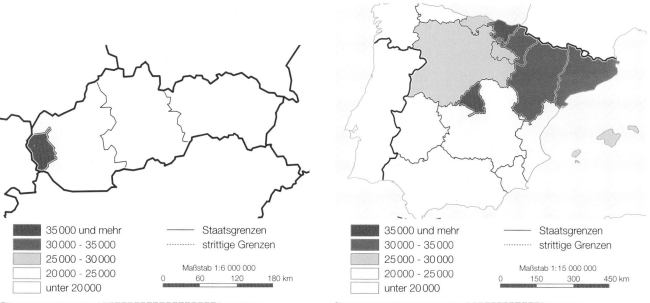

M2 *Slowakei Kaufkraft 2019*

35 000 und mehr
30 000 - 35 000
25 000 - 30 000
20 000 - 25 000
unter 20 000

Staatsgrenzen
strittige Grenzen

Maßstab 1:6 000 000
0   60   120   180 km

M3 *Spanien Kaufkraft 2019*

35 000 und mehr
30 000 - 35 000
25 000 - 30 000
20 000 - 25 000
unter 20 000

Staatsgrenzen
strittige Grenzen

Maßstab 1:15 000 000
0   150   300   450 km

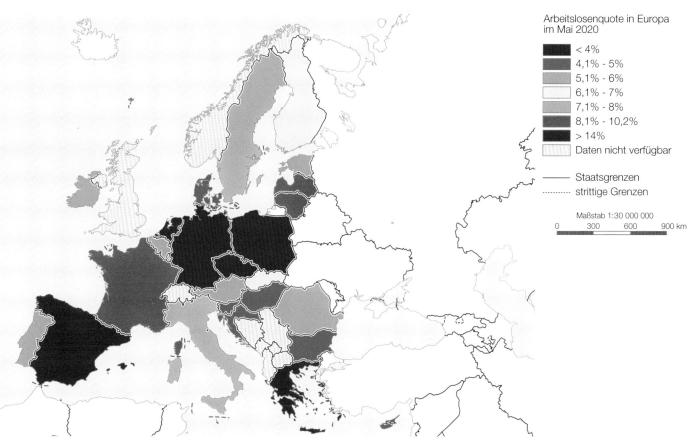

Arbeitslosenquote in Europa
im Mai 2020

< 4%
4,1% - 5%
5,1% - 6%
6,1% - 7%
7,1% - 8%
8,1% - 10,2%
> 14%
Daten nicht verfügbar

Staatsgrenzen
strittige Grenzen

Maßstab 1:30 000 000
0   300   600   900 km

M4 *Arbeitslosenquote in der EU im Mai 2020*

1 Erarbeiten Sie aus der Karte M1, wo sich die reichsten
[I] und ärmsten Regionen Europas befinden. Nennen Sie
für jeden Wert in M1 drei konkrete Regionen.

< 4%: Mitteleuropa

4,1% - 5%: Südeuropa

5,1% - 6%: verteilt

6,1% - 7%: Osteuropa

7,1% - 8%: Nord- WANeuropa

8,1% - 10,2%: Westeuropa Süd   *> 14%: Westeuropa*

2 Vergleichen Sie die Kaufkraft (M1) mit einer Wirtschafts-
[III] karte im Atlas. Bewerten Sie Zusammenhänge zwischen
Wirtschaftszweigen, Bodennutzung und BRP.

3 Interpretieren Sie die Aussagekraft der Karte M1. Wofür
[II] lässt sie sich gut einsetzen, wofür weniger gut?

4 Vergleichen Sie die Arbeitslosenquote Europas (M4) mit
[III] M1, M2 und M3. Begründen Sie die jeweiligen Zusammenhänge.

Raumbegriff und Strukturierung Europas diskutieren

Basiskonzepte

- Raumkonstruktion und Raumkonzepte   S. 8, S. 9, S. 10, S. 11, S. 12, S. 13, S. 14, S. 15, S. 16, S. 17, S. 18, S. 19, S. 20, S. 21, S. 22, S. 23
- Diversität und Disparitäten   S. 12, S. 13, S. 14, S. 15, S. 20, S. 21, S. 22, S. 23, S. 24, S. 25

- Interessen, Konflikte und Macht   S. 8, S. 9, S. 10, S. 11, S. 20, S. 21
- Märkte, Regulierung und Deregulierung   S. 22, S. 23, S. 24, S. 25
- Maßstäblichkeit   S. 16, S. 17, S. 20, S. 21, S. 22, S. 23, S. 24, S. 25

Europa ist vielfältig. Das betrifft die Menschen, die in Europa leben, ebenso wie die Landschaften und Regionen. Die Frage danach, was Europa ist, kann vielfältig beantwortet werden. Es bestehen verschiedene Raumvorstellungen von Europa mit jeweils verschiedenen Abgrenzungen. Die Europäische Union als Staatenbündnis ist der Lebensraum vieler Europäerinnen und Europäer. Seit der Gründung der EU und mit dem schrittweisen Beitritt weiterer Staaten wurden in Europa immer wieder neue Grenzen geschaffen. Zuletzt veränderte sich die EU durch die Ost-Erweiterung mit den mittel- und osteuropäischen Staaten erheblich. Durch die Bewerbung neuer Kandidatenländer wird die Frage, wo Europa endet, aktuell neu gestellt.

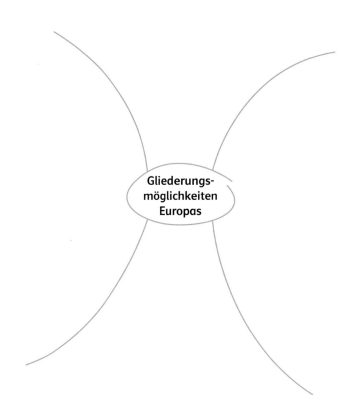

1 Gestalten Sie eine Mindmap zu den unterschiedlichen
[III] Gliederungsmöglichkeiten Europas, die Sie in diesem Kapitel kennengelernt haben.

2 Erstellen Sie ein Lexikon der in diesem Kapitel
[II] verwendeten Fachbegriffe.

3 Stellen Sie Ihre Vorstellungen von Europa dar.
[III] Begründen Sie Ihre Sicht von Europa.

Maturaaufgabe

Vielfalt Europas – gemeinsame Identität?

Identität entsteht aus einem Gefühl des Dazugehörens. Europa aber umfasst eine Vielzahl an eigenständigen Sprachen und Kulturen, an Regionen mit unterschiedlichen Voraussetzungen, Traditionen und Wirtschaftskraft. Kann so ein Zusammengehörigkeitsgefühl überhaupt entstehen?

1 Arbeiten Sie die zentralen Aussagen der beiden Karikaturen heraus. [II]

2 Erläutern Sie anhand von M2 und M3, welche Faktoren einer Identitätsbildung zugrunde liegen. [II]

3 Diskutieren Sie unterschiedliche Abgrenzungskriterien Europas (M4). [III]

4 Nehmen Sie Stellung: In welchen Lebensbereichen fühlen Sie sich zu Europa, zu Ihrem Heimatland, zu Ihrer Region gehörig? [III]

M1 *The Perfect European (SCHWUPP)*

M2 *Mutter Europa und ihre Kinder (Gerhard Mester)*

Gibt es eine europäische Identität?

Befragungen ergeben, dass nur etwa einer von zehn EU-Bürgern sich in erster Linie als Europäer definiert. Neun von zehn Befragten dagegen geben klar an, dass ihre vorrangige gemeinsame Identität nach wie vor auf ihre nationale Zugehörigkeit bezogen bleibt. Demgegenüber betonen Europapolitiker und Historiker immer wieder die Gemeinsamkeiten europäischer Kultur, die sich in der Literatur, der Kunst, der Musik und in der Architektur zeigen. Auf den Eurogeldscheinen finden sich Bauwerke, wenn auch fiktive, die als besonders paneuropäisch gelten sollen.

M3 *Europäische Identität*

Andererseits lautet einer der zentralen Glaubenssätze der EU: in Vielfalt vereint. Gibt es gar mehrere Identitäten? Wie kommt es nun zur Ausbildung eines europäischen Bewusstseins? Kann der Einzelne womöglich mehrere Identitäten bilden: eine individuelle, regionale, eine nationale und eine europäische Identität? Was aber macht dann die europäische Identität aus? Und noch weiter gefragt: Was ist Europa? Wo liegen dessen Grenzen und damit die der Europäischen Union?
(Simone Bub-Kalb ua: GWG Gemeinschaftskunde Wirtschaft 3, Gymnasium Baden-Württemberg. Stuttgart und Leipzig: Klett 2009, S.174)

Grenzen und kulturelle Identität Europas

Der Rückgriff auf die geographischen Grenzen Europas hilft nicht viel weiter. So klar sich die Grenzen im Norden, Westen und Süden bestimmen lassen, wo der europäische Kontinent vom Polarmeer, Atlantik und Mittelmeer umrahmt wird, so umstritten ist die Begrenzung im Osten. Hier verläuft die Grenze im Wesentlichen auf dem Festland, und zwar nach traditioneller Definition entlang von Uralgebirge, Uralfluss, Kaspischem Meer, Kaukasus oder Manytschniederung, Schwarzem Meer und Bosporus. Aber diese konventionelle Abgrenzung ist mehr oder weniger willkürlich. Sie folgt keinem durchgängigen geographischen oder geomorphologischen Prinzip. Lassen sich die Grenzen Europas bzw. der Europäischen Union durch traditionell-historische Traditionen bestimmen? Die Anerkennung der drei Grundprinzipien des Europarats – Menschenrechte, freiheitliche Demokratie, Rechtsstaatlichkeit

– ist Grundlage einer gemeinsamen kulturellen Identität. Aber es gibt viele Staaten in europafernen Regionen, die sich zu den selben Grundwerten bekennen, ohne daraus das Ziel einer EU-Mitgliedschaft ableiten zu wollen. Das Christentum ist ein weiteres wesentliches gemeinsames Element der „Alten Welt". Im 18. Jahrhundert ging man davon aus, dass Europa ein zusammenhängend christlich geprägter Raum sei. Vielfach wird diese Definition auch heute noch – bewusst oder unbewusst – zugrunde gelegt. Zwar spielt die christliche Kultur seit der Renaissance, der Aufklärung und der Säkularisation des Alltags nicht mehr die dominierende Rolle, trotzdem wird es schwerfallen, zum Beispiel bei der Frage des EU-Beitritts der Türkei die Hürden dieser Tradition zu überwinden.
(Wilfried Korby: Grenzen der Europäischen Union? In: Fundamente. Geographie Oberstufe. Stuttgart und Leipzig: Klett 2008, S.394)

M4 *Grenzen Europas*

M1

M2

Bevölkerungsentwicklung in Europa

Kompetenzorientierte Lernziele

→ gesellschaftliche und politische Entwicklungen im europäischen Kontext erläutern

→ Bevölkerungspyramiden, Statistiken und Grafiken interpretieren

Europas Bevölkerung schrumpft

Sinkende **Geburtenraten**, zunehmende **Alterung** und stetige **Zuwanderung** werden die Bevölkerungsentwicklung von Europa in den kommenden Jahrzehnten nachhaltig prägen. Die Bevölkerungszahl Europas wird Prognosen zufolge von 591 Millionen im Jahr 2007 auf 542 Millionen im Jahr 2050 schrumpfen. Allerdings sinkt die Bevölkerungszahl nicht in allen europäischen Staaten gleichermaßen. Kleinstaaten wie Luxemburg oder Zypern werden aufgrund von Zuwanderung, die durch den großen Bedarf an Arbeitskräften bedingt ist, an Bevölkerung gewinnen. Steigende Geburtenraten werden die Bevölkerungszahlen vor allem in Frankreich, Norwegen, Irland und Island erhöhen. Hingegen werden vor allem Länder in Süd- und Osteuropa wie die Ukraine oder Moldau massive Verluste verzeichnen. Länder wie Deutschland, dessen Bevölkerung um bis zu 10 Millionen Menschen schrumpfen wird, werden ihrem Bevölkerungsrückgang nur durch Zuwanderung entgegenwirken können (M4).

Weniger Kinder und mehr Alte

Die durchschnittliche **Fertilitätsrate** beträgt in Europa 1,6 Kinder pro Frau. Für eine demographisch stabile Gesellschaft müsste sie allerdings bei über zwei Kindern pro Frau

liegen. Sinkende Geburtenraten und eine steigende Lebenserwartung führen dazu, dass die europäische Bevölkerung zunehmend altert. Im Jahr 2050 werden die Europäerinnen und Europäer im Durchschnitt 81,5 Jahre alt werden. Demzufolge wird es erstmals mehr ältere als jüngere Menschen geben (M5 und M6). Die Folgen der alternden Gesellschaft werden vor allem in den Bereichen soziale Sicherung, ökonomische Entwicklung und Arbeitswelt spürbar sein und die Regierungen der Staaten vor große Herausforderungen stellen.

Steuerungsfaktoren der Bevölkerungsentwicklung:
Medizinische Versorgung
Politische Ereignisse (Krieg, Vertreibung, Flucht)
Lebensansprüche und Lebensstandard
Wohnmöglichkeiten (Lage und Kosten)
Vereinbarkeit von Familie und Beruf
Kosten für Ausbildung
Ausprägung sozialer Versorgung
Heiratsalter
Altersstruktur der Bevölkerung
Rollenverständnis der Frau
Umwelteinflüsse (Wasserqualität, Luftverschmutzung)

M3 *Wie Bevölkerungsentwicklung gesteuert werden kann*

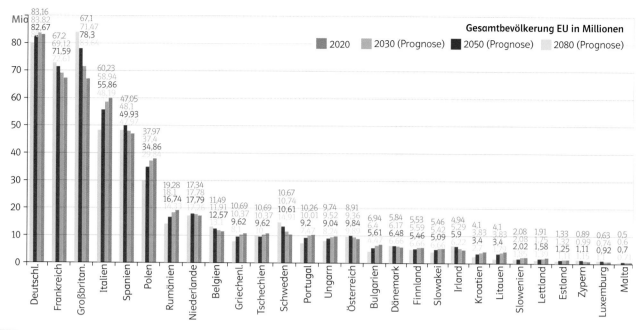

M4 Statistische Auswertung zur Gesamtbevölkerung in der EU 2020 und Prognose für 2050

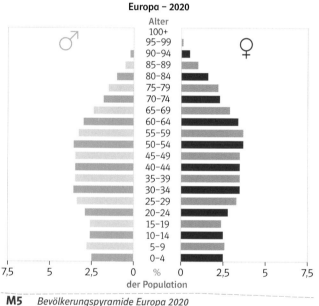

M5 Bevölkerungspyramide Europa 2020

M6 Bevölkerungspyramide Europa 2050 (Prognose)

1 Nennen Sie Gründe für den Rückgang der Geburten-
[I] raten in Europa.

3 Vergleichen Sie den Altersaufbau der europäischen
[II] Bevölkerung 2020 und 2050 (M5 und M6).

2 Interpretieren Sie die Bilder M1 und M2 und finden
[II] Sie jeweils eine passende Bildunterschrift.

Bevölkerungspolitik in Europa

Kompetenzorientierte Lernziele

→ Maßnahmen der Bevölkerungspolitik beurteilen

→ die Bedeutung und Maßnahmen von Bevölkerungspolitik analysieren

Wozu Bevölkerungspolitik?

Bevölkerungspolitik hat zum Ziel, die Struktur und Größe einer Bevölkerung mit unterschiedlichen Maßnahmen zu beeinflussen. Gesundheits-, Sozial- und Familienpolitik beeinflussen Familiengründung, Kindererziehung, Lebenserwartung und die räumliche Verteilung der Bevölkerung. Die Steuerung der Bevölkerungsgröße eines Staates kann über die Anhebung des Geburtenniveaus durch eine so genannte pronatalistische Familienpolitik (siehe Beispiel Frankreich S. 34) und Maßnahmen zur Steigerung der Einwanderung, wie der gezielten Anwerbung von Arbeitskräften, erfolgen. Die Familienplanung wird etwa durch die Zahlung von Kindergeld oder politische Maßnahmen zur Vereinbarkeit von Familie und Beruf beeinflusst. Dazu gehören auch die Unterstützung der Erwerbstätigkeit von Müttern, die Ausweitung des Teilzeitarbeitsangebotes für Männer und des Angebotes an Kinderbetreuungseinrichtungen.

Eine aktive Bevölkerungspolitik ist notwendig, um demographischen Veränderungen wie Überalterung, Mangel an Kindern und damit an künftigen Arbeitskräften sowie Steuerzahlerinnen und Steuerzahlern entgegenzuwirken. Die Bedeutung der Bevölkerungspolitik ist global unterschiedlich. Während europäische Staaten mit schrumpfenden Bevölkerungszahlen konfrontiert sind, haben viele Entwicklungsländer mit explodierenden Bevölkerungszahlen zu kämpfen. Deshalb haben diese Länder eine Reduzierung der Geburtenraten zum Ziel.

Bevölkerungspolitik in Österreich

Bevölkerungspolitische Maßnahmen werden in Österreich hauptsächlich über die Familienpolitik realisiert. Gezielte finanzielle Leistungen und eine gute Infrastruktur sollen die Rahmenbedingungen für eine familienfreundliche Arbeitswelt schaffen. Dazu tragen finanzielle Unterstützungen wie Kinderbetreuungsgeld, Familienbeihilfe oder Alleinverdienerabsetzbetrag ebenso wie der Ausbau einer familienfreundlichen Infrastruktur (Kindergärten etc.) bei. Auch Maßnahmen für Schülerinnen und Schüler wie Schülerfreifahrt oder kostenlose Schulbücher werden getroffen.

Bildungspolitik

Bildung ist eine wichtige Voraussetzung, um am Erwerbsleben teilnehmen zu können. Deshalb finanziert der Staat zumeist das Bildungswesen und investiert in Bildungseinrichtungen oder unterstützt Studierende mit Stipendien. Der Bildungsstand beeinflusst nicht nur die Höhe der Erwerbstätigenquote, sondern auch das Risiko, von Armut oder Arbeitslosigkeit betroffen zu sein. Der prozentuale Anteil der Ausgaben für Bildung am Bruttoinlandsprodukt (BIP) unterscheidet sich in den europäischen Staaten sehr stark, dient aber nicht als einziger Indikator für den Bildungsstand. In Liechtenstein beispielsweise ist der prozentuale Anteil der Bildungsausgaben am BIP sehr niedrig, allerdings nur deshalb, weil das BIP pro Kopf sehr hoch ist (M3).

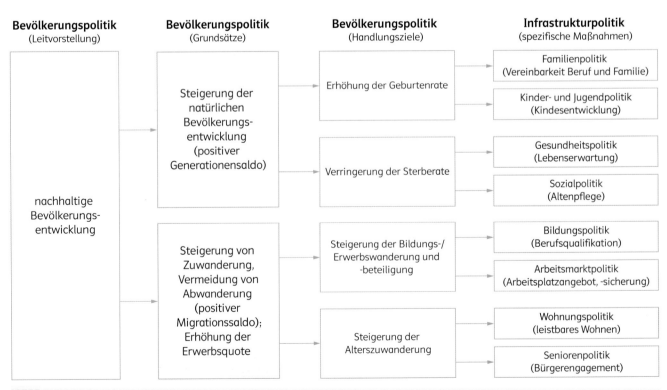

M1   *Maßnahmen für eine nachhaltige Bevölkerungsentwicklung*

Sozialschutzausgaben in den EU-Mitgliedstaaten (in % des BIP, 2017 Daten)

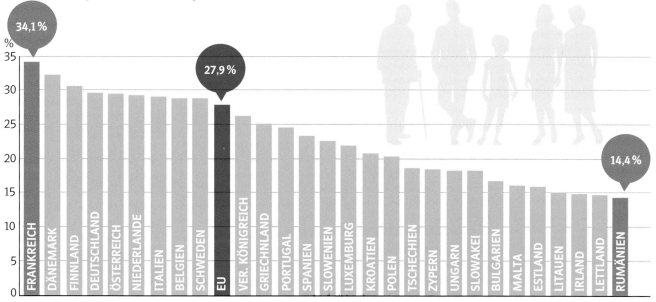

M2 *Staatliche Ausgaben für soziale Leistungen 2017*

Sozialschutzausgaben nach Hauptfunktionen in der EU (in % der gesamten Sozialleistungen, 2017 Daten)

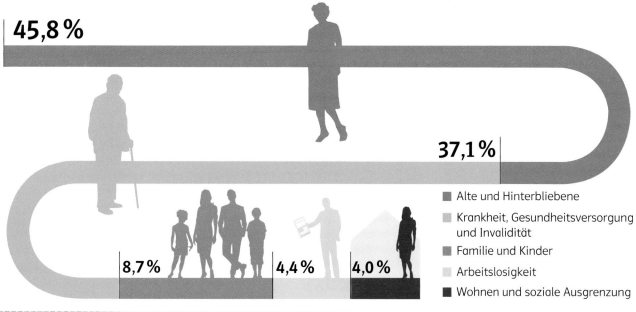

45,8 %

37,1 %

8,7 %   4,4 %   4,0 %

■ Alte und Hinterbliebene
■ Krankheit, Gesundheitsversorgung und Invalidität
■ Familie und Kinder
□ Arbeitslosigkeit
■ Wohnen und soziale Ausgrenzung

M3 *Sozialschutzausgaben nach Hauptfunktionen in der EU 2017 (in % der gesamten Sozialleistungen)*

1 Nehmen Sie Stellung zu folgender Aussage: „Wer reich [III] ist, darf so viele Kinder haben, wie er oder sie will; wer arm ist, hat sich zu beschränken."

2 Analysieren Sie die Grafiken M2 und M3. [II]

3 Vergleichen und bewerten Sie die Sozialleistungen [III] verschiedener EU-Länder (M2).

4 Beurteilen Sie, inwieweit bevölkerungspolitische Maß- [III] nahmen in Europa, im Speziellen in Österreich, Wirkung zeigen.

Familienpolitik

Kompetenzorientierte Lernziele

→ verschiedene Modelle der Familienpolitik in europäischen Staaten vergleichen

→ alternative familienpolitische Maßnahmen erarbeiten

→ Karikaturen interpretieren

Modelle der staatlichen Unterstützung von Familien im Vergleich

Die sinkenden Geburtenraten in Europa lassen sich vor allem auf grundlegende Veränderungen in der Familienplanung zurückführen. Die Rolle der Frau hat sich in den vergangenen Jahrzehnten stark verändert. Die zunehmende Gleichberechtigung im Zugang zur Bildung führte dazu, dass Frauen durch hohe berufliche Qualifikationen erwerbstätig und von einem Partner finanziell unabhängig sein wollen. Deshalb ist für viele Frauen die Gründung einer Familie zweitrangig. Hohe Kinderzahlen gibt es nur in jenen europäischen Staaten, die die Vereinbarkeit von Familie und Beruf nicht zuletzt durch finanzielle Förderungen unterstützen. Neben der Zahlung von Kindergeld ist es unerlässlich, dass die Erwerbstätigkeit beider Elternteile gewährleistet werden kann.

Norwegen:

1.) Eltern haben unabhängig von der Anzahl der Kinder Anspruch auf Kindergeld bis zum 18. Geburtstag.
2.) Norwegen unterstützt alleinerziehende Mütter und Väter mit höherem Kindergeld und zusätzlichen finanziellen Leistungen.
3.) Jedes Kind hat rechtlichen Anspruch auf einen staatlich geförderten Kindergartenplatz.
   Norwegen hat nicht nur eine der höchsten Geburtenraten Europas, in keinem anderen europäischen Land arbeiten so viele Frauen in Führungspositionen. Die gut organisierte öffentliche Kinderbetreuung sowie ein striktes Arbeitszeitgesetz ermöglichen es Müttern, Vollzeit zu arbeiten und sich somit nicht zwischen Kind und Karriere entscheiden zu müssen.

Rumänien:

1.) In Rumänien hatten Eltern bis 2010 Anspruch auf Kindergeld in der Höhe von 85 Prozent ihres letzten Durchschnittseinkommens. Aufgrund von Sparmaßnahmen wurde dieser Betrag auf 72 Prozent herabgesetzt.
2.) Zudem wurde der Mutterschaftsurlaub von zwei Jahren auf ein Jahr gekürzt. Eine Verlängerung ist nur bei Verzicht auf Leistungen möglich.
3.) In Rumänien besteht ein großer Mangel an Kinderkrippen- und Kindergartenplätzen. Die Regierung will dieses Problem lösen, indem nach Möglichkeit Krankenhäuser in Kinderkrippen umfunktioniert werden. Rumäniens Familienpolitik ist durch massive Sparmaßnahmen geprägt. Die Folge sind stark zurückgehende Geburtenraten. Zudem steigt tendenziell das Alter der Frauen bei ihrem ersten Kind.

Frankreich:

1.) Frankreich unterstützt vor allem kinderreiche Familien. So haben Familien erst ab dem zweiten Kind Anspruch auf einkommensunabhängiges Kindergeld.
2.) Es gilt das Prinzip, dass Kinder möglichst rasch in die Gesellschaft integriert werden sollen. Deshalb gibt es ein gut ausgebautes Angebot an Kinderkrippen, Tagesstätten, Vorschulen und Ganztagsschulen.
3.) Familien mit hohem Einkommen und vielen Kindern werden außerdem steuerlich begünstigt. Resultat dieser Familienpolitik sind eine vergleichsweise hohe Geburtenrate und ein hoher Beschäftigungsgrad der Frauen. Mehr als 40 Prozent der Frauen mit Kindern im Vorschulalter arbeiten bereits wieder Vollzeit. Außerdem gilt: Je höher eine Frau auf der Karriereleiter klettert, desto mehr Kinder hat sie im Durchschnitt.

Österreich:

1.) Eltern haben für jedes Kind Anspruch auf Familienbeihilfe. Bei zwei oder mehr Kindern wird zudem ein Mehrkindzuschlag ausbezahlt.
2.) Der Besuch des Kindergartens für ein Jahr (Gratiskindergartenjahr) ist verpflichtend und kostenlos.
3.) Vielerorts mangelt es an Kinderbetreuungsplätzen, weshalb viele Frauen nicht oder nur in Teilzeit arbeiten können. Zudem erschweren ungünstige Öffnungszeiten und hohe Kosten den Wiedereinstieg ins Berufsleben.
   Aufgrund von fehlenden Kinderbetreuungsplätzen und mangelnder Akzeptanz von berufstätigen Frauen in der Gesellschaft ist es vor allem im ländlichen Raum schwierig, Familie und Beruf miteinander zu vereinbaren. So sind 45,5 Prozent der Frauen, aber nur 10 Prozent der Männer aufgrund der Betreuung ihrer Kinder nur in Teilzeit beschäftigt.

Familie als Rückzugsort (Shell-Jugendstudie)

Die Familie hat für Jugendliche weiterhin einen hohen Stellenwert. Hier finden sie den notwendigen Rückhalt und die positive emotionale Unterstützung auf dem Weg ins Erwachsenenleben. Mehr als 90 Prozent der Jugendlichen haben ein gutes Verhältnis zu ihren eigenen Eltern. Fast drei Viertel würden ihre eigenen Kinder ungefähr so oder genauso erziehen, wie sie selbst erzogen wurden. Dieser Wert hat seit 2002 stetig zugenommen. Bei den Jugendlichen aus der unteren Schicht ist diese Zustimmung jedoch erneut am geringsten.

Der Kinderwunsch geht zurück

Vieles deutet darauf hin, dass sich die Sorge um die schwierige Vereinbarkeit von Arbeit und Privatleben auch auf den Kinderwunsch auswirkt. Insgesamt wünschen sich derzeit nur 64 Prozent aller Jugendlichen Kinder, 2010 waren es noch 69 Prozent. Bei männlichen Jugendlichen ist dieser Trend stärker ausgeprägt als bei weiblichen Jugendlichen. Ältere Jugendliche verspüren 2015 einen geringeren Kinderwunsch als noch vor fünf Jahren bei den damals jüngeren Mädchen und Jungen der gleichen Jahrgänge.

Die soziale Herkunft spielt beim Kinderwunsch eine Rolle. Während drei Viertel der Jugendlichen aus der oberen Schicht angaben, sich Kinder zu wünschen, waren es aus der Unterschicht nur etwas mehr als die Hälfte. Dies deutet darauf hin, dass insbesondere junge Menschen aus den unteren Schichten zweifeln, angesichts unsicherer Chancen auf dem Arbeitsmarkt sowohl eine gute Kindererziehung als auch eine sichere Berufslaufbahn verwirklichen zu können.

(http://www.shell.de/aboutshell/our-commitment/shell-youth-study-2015/family-education-employment-future.html, abgerufen am 12. 10. 2016)

M1 *Shell-Jugendstudie 2015 zum Thema Familie*

M2 *Die Zerreißprobe*

M3 *Vereinbarkeit von Beruf und Familie*

1 Recherchieren Sie im Internet über die Bevölkerungs- und Familienpolitik Deutschlands. Erarbeiten Sie Gemeinsamkeiten und Unterschiede zwischen Deutschland und Österreich.

2 Lesen Sie den Quellentext über die Ergebnisse einer Jugendstudie über die Einstellung von Jugendlichen zur Familienplanung (M1). Nehmen Sie Stellung: Welche Wünsche haben Sie für Ihre Zukunft? Wünschen Sie sich Kinder, wenn ja wie viele? Wollen Sie Beruf und Familie miteinander vereinbaren oder entscheiden Sie sich bewusst nur für eine Option?

3 Interpretieren Sie die Karikatur M2.

4 Sie sind Familien- und Jugendministerin oder -minister in Österreich. Entwickeln Sie Vorschläge für eine familienfreundlichere Bevölkerungspolitik unter Einbeziehung der Modelle anderer europäischer Staaten.

Soziale Versorgung

Kompetenzorientierte Lernziele

→ soziale Versorgungssysteme unterschiedlicher europäischer Staaten vergleichen

→ soziale staatliche Leistungen gegenüberstellen und kritisch betrachten

Krankheitsversorgung und Arbeitslosigkeit im Vergleich

Der Zugang zu Gesundheitsleistungen ist ein wichtiger Bestandteil der sozialen Versorgung der Bevölkerung. Im Krankheitsfall sind Krankenhausaufenthalte, Arztbesuche und die Versorgung mit Medikamenten nötig. In den letzten Jahren sind die Gesundheitskosten kontinuierlich angestiegen, was Leistungseinschränkungen und Selbstbehalte vor allem für Medikamente, aber auch für Arztbesuche und stationäre Behandlungen, zur Folge hat. Die Qualität des Gesundheitssystems und die Finanzierung dieser Leistungen unterscheiden sich in den europäischen Staaten teilweise stark.

Großbritannien

Krankenversicherung:
- Garantierte Gesundheitsversorgung für alle Bürgerinnen und Bürger durch das National Health Service (NHS) unabhängig von den finanziellen Möglichkeiten
- Überwiegend steuerfinanziertes, staatliches Gesundheitssystem
- Hausarztmodell: Kein direkter Facharztzugang, Überweisung durch Hausärztin bzw. Hausarzt (General Practitioner) notwendig, lange Wartezeiten
- Deshalb boomen Privatversicherungen.
- Hoher medizinischer Standard

Arbeitslosigkeit:
Zwei Varianten des Arbeitslosengelds (Job Seeker Allowance):
- Beitragsabhängiges Arbeitslosengeld: abhängig von einbezahlten Beiträgen in staatliche Sozialversorgung und Alter
- Einkommensabhängiges Arbeitslosengeld: für Personen mit geringem Einkommen ohne Beitragszahlungen, abhängig von vorhandenen Ersparnissen und Verhältnissen der Lebenspartnerin oder des Lebenspartners, eventuell Zuschuss zu Wohnungskosten und Unterhaltszuschuss gewährt

M1 *Soziale Sicherheit in Großbritannien*

Bundesrepublik Deutschland

Krankenversicherung:
- Überwiegend beitragsfinanziertes (durch Sozialversicherungsbeiträge von Arbeitnehmerinnen und Arbeitnehmern sowie Arbeitgeberinnen und Arbeitgebern) Gesundheitssystem
- Gesetzliche Krankheitsversicherung
- Private Krankenversicherungen steigen.
- Hoher medizinischer Standard

Arbeitslosigkeit:
Zweistufiger Aufbau:
- Arbeitslosengeld: Anspruch haben Arbeitslose, die mindestens 12 Monate versicherungspflichtig beschäftigt waren; abhängig vom letzten Einkommen, zeitlich beschränkt auf 6–24 Monate
- Arbeitslosengeld II (Hartz IV): Grundsicherung von Arbeitssuchenden; Anspruch haben alle Personen zwischen 15 und 65, die erwerbsfähig und hilfebedürftig sind; zusätzlich Übernahme von Wohnkosten; abhängig vom Bedarf, nicht vom Einkommen

Republik Moldau

Krankenversicherung:
- Steuerfinanziertes Gesundheitssystem, Pauschalbeiträge von Arbeitgeberinnen und Arbeitgebern für jede Arbeitnehmerin und jeden Arbeitnehmer geplant
- Kostenlose Gesundheitsversorgung nur für die Notfallversorgung
- Weitere Leistungen müssen direkt bezahlt werden – viele Menschen können sich diese nicht leisten.
- Geschenke und Zahlungen „unter dem Tisch" an Ärzte üblich
- Ärztliche Versorgung und Krankenhäuser nicht dem europäischen Standard entsprechend (Mangel an Medikamenten und Fachpersonal, unzureichende Hygiene, veraltete Ausstattung)

Arbeitslosigkeit :
- Kein funktionierendes Sozialhilfesystem – keine Unterstützung bei Arbeitslosigkeit
- Arbeit im informellen Sektor oder Auswanderung als Alternativen

M2 *Soziale Sicherheit in Deutschland*

M3 *Soziale Sicherheit in Moldau*

Ärztliche Versorgung in der Republik Moldau: Unterwegs im Armenhaus Europas

(…) Ein Besuch in einer Landarztpraxis in der Republik Moldau (Moldova), der ehemaligen Sowjetrepublik Moldawien: Das kleine Land zwischen Rumänien und der Ukraine ist eines der ärmsten Länder Europas. (…) Es geht in den „Punct Medical", die Arztpraxis des Dorfes Chioselia im Südwesten des Landes. (…) Von außen sieht der Flachbau, in dem die Praxis untergebracht ist, eigentlich recht passabel aus. (…) Der erste Eindruck: sehr spartanisch. Es gibt eine Waage für Erwachsene und eine für Babys, auf dem Tisch ein Blutdruckmessgerät. An der Wand über dem Handwaschbecken hängt ein Wasserspender. Wenn das Wasser im Behälter aufgebraucht ist, wird neues vom nächsten Brunnen geholt.

Das Team besteht aus der jungen Ärztin Irina sowie den Krankenschwestern Irina und Nina. „Ich versorge hier und in Nachbarorten ein Gebiet mit etwa 3 000 Einwohnern", sagt die Ärztin. Sie ist die einzige Medizinerin dort, eine Vertretung hat sie nicht. In den Landarztpraxen würden mehr als doppelt so viele Haus- beziehungsweise Familienärzte gebraucht als verfügbar sind. Doch den Personalmangel im Gesundheitswesen zu beseitigen, erscheint derzeit illusorisch. Nicht zuletzt, weil sehr viele junge Menschen wegen schwierigen wirtschaftlichen Bedingungen nach ihrer Ausbildung ins Ausland gehen. So verdienen junge Mediziner in ihrem Heimatland meist weniger als 250 Euro brutto im Monat (weniger als zwölf Euro am Tag), der durchschnittliche Monatslohn in der Allgemeinbevölkerung liegt unter 200 Euro. Bleiben sie im Land, wollen viele junge Ärzte lieber in der Industrie oder der Wirtschaft arbeiten, wo sie mehr verdienen.

Immerhin sei die medizinische Versorgung im Allgemeinen besser als zu Zeiten der Sowjetunion, ist die Meinung der beiden Krankenschwestern. So gebe es mehr und bessere Medikamente, zumindest in den Städten bessere medizinische Apparate und kürzere Wartezeiten für Behandlungen. Krankenversichert ist aber längst nicht jeder – je nach persönlicher Situation können dann bereits einfache Medikamente „unbezahlbar" sein. (…)

Einige Zahlen verdeutlichen die gesundheitliche Situation der moldauischen Bevölkerung. Die Menschen sterben dort im Durchschnitt zehn Jahre früher als in Deutschland: Die mittlere Lebenserwartung in Moldau beträgt 71 Jahre (Männer 67, Frauen 75 Jahre), gegenüber 81 Jahren in Deutschland (Männer 78, Frauen 83 Jahre). Ebenso drastisch sind die Unterschiede zwischen beiden Ländern bei dem für die Gesundheit zur Verfügung stehenden Geld: Gemäß einer weiteren WHO-Statistik beliefen sich im Jahr 2010 die Pro-Kopf-Ausgaben für Gesundheit in Deutschland auf 4 668 US-Dollar, in der Republik Moldau hingegen waren es gerade einmal 190 US-Dollar. Im Land sind deshalb viele Menschen auf fremde Hilfe angewiesen, damit einigermaßen für ihre Gesundheit gesorgt werden kann.

(gekürzt und bearbeitet aus: http://www.aerzteblatt.de/archiv/15739, abgerufen am 13.10.2016)

M4 *Einblick in die ärtzliche Versorgung in Moldau*

---

1 Recherchieren Sie im Internet, welche Leistungen für österreichische Bürgerinnen und Bürger im Falle einer Arbeitslosigkeit seitens des Staates erbracht werden.

....

....

....

....

2 Analysieren und vergleichen Sie die Gesundheitssysteme Deutschlands und Moldaus in Hinblick auf die medizinischen Standards (M2, M3, M4).

....

....

....

....

3 Stellen Sie die Krankenversicherungen Deutschlands und Großbritanniens gegenüber. Stellen Sie dar, welches System Ihnen mehr zusagt. Begründen Sie Ihre Meinung.

....

....

....

....

....

....

....

....

....

....

Leben an den Rändern der Gesellschaft – Roma in Europa

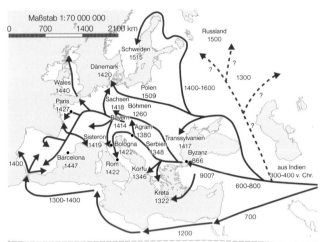

M1 *Zuwanderung der Roma in Europa*

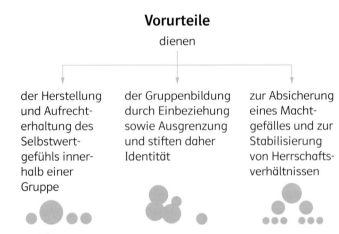

M2 *Einige Funktionen von Vorurteilen*

Wer sind „die" Roma?

Obwohl Roma mit über 10 Millionen Angehörigen die größte Minderheit in Europa darstellen, sind sie in den meisten Staaten von Ausgrenzung, Diskriminierung und Vorurteilen betroffen. In vielen europäischen Staaten sind sie bereits seit Jahrhunderten ansässig (M1) und gelten daher dort als **autochthone Minderheit**. Insbesondere in den osteuropäischen Ländern lebt die überwiegende Mehrheit der Roma in bitterer Armut. Einem Bericht der Weltbank zufolge ist die Kindersterblichkeit in der Roma-Bevölkerung mindestens doppelt so hoch wie in der Mehrheitsbevölkerung, die Lebenserwartung liegt zehn bis 15 Jahre unter der der Mehrheitsbevölkerung.

Die typischen Roma gibt es nicht. Viele tauchen in der Anonymität von Großstädten unter und **assimilieren** sich, andere hingegen sind stolz auf ihre Volksgruppe und bewahren ihre Kultur. Diese ist geprägt von einer großen Wertschätzung des Menschen und von Werten wie Toleranz, Liebe, Freiheit und Glücklichsein. Alleine in Österreich gibt es mehrere Roma-Gruppen wie etwa Burgenland-Roma, Sinti, Lovara, Kalderaš, Gurbet und Arlje. Zusätzlich ist ihre Sprache, Religion, Geschichte und Kultur von der jeweiligen Mehrheitsbevölkerung beeinflusst und geprägt.

Die Bezeichnung Roma leitet sich aus ihren Sprachen ab: „Rom" bedeutet Mann. Der Begriff „Zigeuner" wurde von der Dominanzgesellschaft entwickelt, stammt aus dem Griechischen, heißt übersetzt „Unberührbare" und wird von vielen Roma als diskriminierend empfunden.

Während des Zweiten Weltkriegs wurden viele tausend Roma in Europa systematisch verhaftet, deportiert und in Konzentrationslagern ermordet. In der Nachkriegszeit wurden ihnen vielfach weit von den Siedlungen entfernte Grundstücke zugewiesen. Romakinder wurden oft in Sonderschulklassen abgeschoben oder schlossen die Schule nie ab. Bis heute werden Roma-Kinder im Bildungsbereich vielfach diskriminiert.

Zur Identität von Roma

Die räumliche **Segregation** und gesellschaftliche **Marginalisierung** der Roma sowie die oft mangelhaften Qualifikationen tragen dazu bei, dass viele Roma arbeitslos sind oder sie die negativen Zuschreibungen der Mehrheitsbevölkerung übernehmen, ihre Wurzeln gering schätzen und sich schämen, Roma zu sein.

Trotz aller Unterschiede weisen Roma vor allem in traditionsbewussten Gemeinschaften einige identitätsstiftende Gemeinsamkeiten auf:

- Roma sind eine Ethnie ohne eigenen Staat, überall in der Minderheit und ohne eine bedeutende Lobby.
- Noch nie haben Roma einen Krieg geführt, terroristische Vereinigungen gebildet oder ihre politischen Ziele mit Gewalt durchgesetzt.
- Ihr Zusammengehörigkeitsgefühl basiert auf der Großfamilie mit besonderer Wertschätzung von Kindern und älteren Menschen.
- Romani oder Romanes, die Sprache der Roma, wird von etwa 3,5 Mio. Menschen gesprochen. Romani ist eine indoarische Sprache, die Gemeinsamkeiten mit zentralindischen und nordwestindischen Sprachen aufweist. Es ist nirgendwo Amtssprache, ist aber in einigen Ländern wie Österreich oder Deutschland eine anerkannte Minderheitensprache. Bis in jüngere Zeit war Romani nur eine gesprochene und mündlich überlieferte Sprache, erst seit dem 20. Jahrhundert gibt es Versuche, Romani als Schriftsprache zu standardisieren. Romani verfügt nach wie vor über keine normierte Schriftform.
- Zur Weitergabe des kulturellen Erbes dienten und dienen Märchen, Mythen, Legenden, Lieder und Tänze.
- Denkmuster des Dualismus waren in traditionellen Roma-Gemeinschaften verbreitet: rein und unrein bei Speisen, gruppenintern und -extern bei Heirat.
- Wie die Dominanzgesellschaften sind Roma einem tiefgreifenden kulturellen, sozialen und wirtschaftlichen Wandel unterworfen.

Von den Zigeunern oder Heiden

Als man zählt von Christi Geburt 1417, hat man zum ersten in Deutschlang gesehen die Zigeuner, ein ungeschaffen, schwarz, wüst und unflätig Volk, das sonderlich gerne stiehlt, und zwar allermeist die Weiber, die sie also ihren Männern zutragen. (…) Man hat es wohl erfahren, dass dieses elend Volk geboren ist zu seinem umherschweifenden Ziehen, dass es kein Vaterland hat. Es zieht also müßig im Lande umher, ernährt sich mit Stehlen. Lebt wie ein Hund, ist auch keine Religion bei ihnen, obwohl sie schon ihre Kinder unter den Christen lassen taufen.

(aus: Sebastian Münster „Cosmographia", 1550)

Flagge der Roma

Die Farben blau und grün beziehen sich auf Himmel und Erde. Im Zentrum steht das Speichenrad, das auf die indische Herkunft der Roma verweist.

Ein Lehrer unterrichtet Roma-Kinder in der provisorischen Schule eines Roma-Camps bei Paris.

Aussage eines Künstlers und Völkermord-Überlebenden der Roma

Wir Roma und Sinti sind
die Blumen dieser Erde.
Man kann uns zertreten,
man kann uns aus der Erde reißen,
man kann uns vergasen,
man kann uns verbrennen,
man kann uns erschlagen –
aber wie die Blumen
kommen wir immer wieder …
Prof. Karl Stojka

Deutsche Version der Roma-Hymne

Ghelem, Ghelem
(sprich: „dschelem")
Mit Pferden und Wagen
sind wir den Weg gegangen,
die ganze Gemeinschaft mit
den Kindern.
Den langen Weg, wir armen Roma.
Refrain:
Ge-e-e----- ihr Roma!
Ge-e-e----- ihr Burschen!
Die Reichen wissen nicht,
was es heißt,
nichts zu essen zu haben.
Wo soll ich danach suchen?
So ist es immer, in all den Jahren.
Unser Gott hat uns zu dem gemacht,
gehen wir, Roma, gehen wir.

Liliana Ceacîru (18 Jahre): Eine Romni in einer sich verändernden Welt

„Meiner Meinung nach sollte jede/r das Recht zu einer Ausbildung haben, einschließlich der Roma-Kinder. Ich stimme auch mit den Roma-Frauen überein, sich zu emanzipieren; sie müssen ihren Platz in der Familie kennen, in ihrem Beruf und nicht zuletzt in der Gesellschaft. Die Frauen müssen das wissen und das Beste aus ihrer Persönlichkeit, ihren Fähigkeiten und Stärken machen.
All das, ohne zu vergessen, dass sie zu einer bestimmten ethnischen Gruppe gehören, ohne zu vergessen, wie wertvoll ihr kultureller Hintergrund ist, wie wichtig es ist, Traditionen für künftige Generationen zu bewahren. Sie müssen auch stolz auf ihre Herkunft sein und das vor allem deswegen, weil ihr kulturelles Erbe so besonders ist."

(aus: Fridrich 2006, S. 115)

Liliana Ceacîru

M3 *Materialsammlung zu Roma in Europa: Selbstbilder versus Fremdbilder*

---

1 Erläutern Sie mögliche Spannungsfelder zwischen der
[II] Dominanzgesellschaft und den Roma.

2 Begründen Sie, warum die Roma als autochthone Min-
[II] derheit in weiten Teilen Europas gelten. Verwenden Sie dazu M1.

3 Beurteilen Sie, warum die Verallgemeinerung „die"
[III] Roma ebenso unzutreffend ist wie beispielsweise „die" Österreicher.

4 Fassen Sie die zentralen Motive der Vorurteile auf, die
[II] der Geograph Sebastian Münster vor fast 500 Jahren festgehalten hat. Vergleichen Sie diese mit aktuellen Vorurteilen und ihren Funktionen (M2) gegenüber Roma.

5 Analysieren Sie anhand von M3 Selbst- und Fremdbilder
[II] der Roma im Hinblick auf Gemeinsamkeiten und Unterschiede.

Migration in und nach Europa

Auf dem Weg zur Global Citizenship?

Als **Migration** bezeichnet man den Vorgang, dass Menschen einzeln oder in Gruppen ihre bisherigen Wohnorte verlassen, um sich an anderen Orten dauerhaft oder zumindest für längere Zeit niederzulassen. Pendlerinnen und Pendler, Touristinnen und Touristen und andere Kurzzeitaufenthalte fallen nicht unter die Definition, saisonale Arbeitsmigration wird manchmal miteinbezogen. Man unterscheidet weiters **Binnenmigration**, **Emigration** und **Immigration**. Migrantinnen und Migranten unterscheiden sich oft von den Einheimischen durch ihre Erstsprache, ihre unterschiedliche Kultur oder Religion und haben manchmal auch eine andere physische Erscheinung.

Warum überhaupt Europa?

Die Arbeits- und Binnenmigration sind zwei Handlungsfelder, in denen die EU tätig ist. Aus der Zusammenarbeit zwischen den Staaten wurde in einigen Bereichen eine gemeinsame Politik mit Richtlinien und Verordnungen. Dafür waren drei Entwicklungen maßgeblich:

1. Die Schwierigkeit, Zuwanderung auf rein nationaler Ebene zu steuern. Auch die irreguläre Migration ist mit nationalstaatlichen Regelungen allein nicht in den Griff zu bekommen.
2. Die europäische Integration selbst nämlich ermöglichte es, ohne Binnengrenzen zwischen den Mitgliedstaaten zu wandern, insbesondere gab es hier das Problem, dass auch Angehörige von Drittstaaten (dh von Nicht-EU-Staaten) in ein anderes Land wechseln konnten, ohne dass der einzelne Staat darüber eine Kontrolle hätte.
3. Die demographische Entwicklung: Laut Eurostat wird im Jahr 2050 voraussichtlich ein Drittel der heute über 500 Millionen Bürgerinnen und Bürger der EU über 65 Jahre alt sein. Damit ist für die meisten europäischen Staaten

ein Mangel an erwerbsfähiger Bevölkerung vorhersehbar. Migration kann diese Bevölkerungsentwicklung dabei nicht vollständig ausgleichen, jedoch zumindest ihre negativen Folgen vorerst abschwächen.

Methode

Entscheidungen treffen

Entscheidungen zu treffen fällt oft schwer. Verschiedene Hilfsmittel erleichtern eine Entscheidungsfindung.

Schritt für Schritt:

☐ Fakten sammeln: Notieren Sie alle Argumente, die für eine Entscheidung relevant sein können, dann sortieren Sie diese nach ihrer Bedeutung, wobei die wesentlichen Einflussfaktoren oben gereiht werden.

☐ Pro- und Contra-Liste: Legen Sie eine Tabelle mit drei Spalten an. In der ersten Spalte listen Sie auf, was für eine Entscheidung spricht, in die zweite Spalte werden die Gegenargumente eingetragen, die dritte Spalte dient Fragen und Ideen.

☐ Entscheidungsbaum: Mit einem Entscheidungsbaum können Sie Ergebnisse unterschiedlicher Wahlmöglichkeiten durchspielen. Die Grundfrage ist immer: „Was passiert, wenn …?"

☐ Mindmap: Diese Methode ist besonders dann gut geeignet, wenn für eine Entscheidung mehrere Möglichkeiten und Wege offenstehen.

Die **Dublin II** Verordnung legt fest, dass ein einziger, und zwar der erste Mitgliedstaat der EU, in dem der Asylantrag gestellt wurde, für dessen Prüfung zuständig ist. Die **Genfer Flüchtlingskonvention** (am 28.7.1951 von der UN verabschiedet und am 22.4.1954 in Kraft getreten) wird als „Magna Charta" des internationalen Flüchtlingsrechts bezeichnet, weil dieses Vertragswerk definiert, wer als Flüchtling gilt, welchen internationalen Rechtsstatus dieser genießt und worin seine Rechte und Pflichten liegen.

Im Sinne des Abkommens ist ein Flüchtling eine Person, die „aus der begründeten Furcht vor Verfolgung wegen ihrer Rasse, Nationalität, Zugehörigkeit zu einer bestimmten sozialen Gruppe oder wegen ihrer politischen Überzeugung sich außerhalb des Landes befindet, dessen Staatsangehörigkeit sie besitzt, den Schutz dieses Landes nicht in Anspruch nehmen kann oder wegen dieser Be-

fürchtungen nicht in Anspruch nehmen will." (Art. 1A Nr. 2 der GFK.)

Dabei ist jedoch zu beachten, dass ein Zusammenhang zwischen den Fluchtgründen und der Furcht vor Verfolgung aus den genannten Gründen vorliegt, sodass zum Beispiel Arbeitsmigrant/innen keinen Anspruch auf Anerkennung eines Flüchtlingsstatus im Sinne der GFK haben. Die GFK bestimmt, dass ein Flüchtling nicht dorthin zurückgewiesen werden darf, wo sein Leben oder seine Freiheit bedroht sind. Dieses Gebot des Non-refoulement (Art. 33 Abs.1) ist das zentrale Element der GFK. Als Völkergewohnheitsrecht gilt es auch für solche Staaten, die der GFK nicht beigetreten sind, wie zB die Türkei.

(Nach: http://www.bpb.de/gesellschaft/migration/dossier-migration/5517/migration-in-der-eu; abgerufen am 24.4.2016)

M1 *Flucht und Asyl*

Asylwerber/innen sind Personen, die einen Asylantrag gestellt haben – und zwar vom Zeitpunkt der Antragstellung bis zum Zeitpunkt der rechtskräftigen Entscheidung über das Asylverfahren. **Asylberechtigte** bzw. **anerkannte Flüchtlinge** sind Personen, deren Asylantrag rechtskräftig positiv abgeschlossen wurde.

Subsidiärer Schutz entspricht einem befristeten Aufenthaltsrecht mit Abschiebeschutz. Diese Bestimmung wird vielfach auf Flüchtlinge aus (Bürger-)Kriegsgebieten angewendet. Eine weitere Form wäre dann noch das **Bleiberecht**.

Unbegleitete minderjährige Flüchtlinge sind Kinder und Jugendliche unter 18 Jahren, die ohne ihre Eltern oder andere erwachsene Begleitpersonen auf der Flucht sind – viele kommen aus Afghanistan, Syrien und Somalia. *(nach: BMBF: Flüchtlingskinder und -jugendliche an österreichischen Schulen, Beilage zum Rundschreiben 21/2015)*

M2   *Flüchtlinge und Asyl*

M3   *Flüchtlinge am Wiener Westbahnhof auf der Durchreise nach Deutschland, 5.9.2015*

M4

M6

M5

M7

Europäische Integration: die nächste Phase startet

Die Schengenkrise legt Abhängigkeiten offen, die viel einfacher und leichter einsehbar sind. Entscheidend für die Größenordnung des Flüchtlingsproblems ist die Durchlässigkeit der Schengen-Außengrenze. Sobald Flüchtlinge diese Grenze überschritten haben, ist das Flüchtlingsproblem heute ein Verteilungsproblem. Dieses trifft vor allem das Zentrum der EU, zum einen, weil das Zentrum vorrangiges Ziel der Flüchtlingsströme ist, und zum anderen, weil Durchwinken die wichtigste Strategie der Transitländer im Konflikt über die Aufteilung der Lasten ist. Dass die

Zuwanderung junger Leute langfristig positiv auf den Arbeitsmarkt und die Alterssicherungssysteme wirkt, mag zutreffen. Aber hinter diesen Interpretationen stehen keine Interessen, die sie kurzfristig durchsetzen können. In der Schengenkrise dominieren darum Nullsummenspiel-Interpretationen: mehr Flüchtlinge beim anderen Land bedeutet weniger Flüchtlinge im eigenen, daher die Versuchung zu nationalstaatlichen Alleingängen, Obergrenzen und Grenzschließungsrhetorik. (…) *(nach: Vobruba, Georg: Europäische Integration: Die nächste Phase startet, Der Standard, 12.2.2016)*

M8   *Schengenkrise*

1 Fassen Sie die Aussagen von M1 und M2 zusammen.
[II] Erläutern Sie einen möglichen Widerspruch.

2 Entwickeln Sie in Kleingruppen eine Pro- und Contra-
[II] Liste für eine Person auf dem Foto M3, in der Sie Gründe für und gegen eine Flucht anführen.

3 Vergleichen Sie die Fotos M4 bis M7. Diskutieren Sie in
[III] der Klasse über die Herkunft und die Berufe der dargestellten Personen.

4 Interpretieren und bewerten Sie die Aussagen von M8.
[III]

Binnenmigration in der EU

Was ist Binnenmigration?

Unter Binnenmigration oder Binnenwanderung versteht man die Wanderung innerhalb eines Gebietes. Dieses Gebiet kann ein Staat oder eine Region, also beispielsweise die Europäische Union, sein. Binnenmigration kann mit einem dauerhaften Wechsel des Wohnsitzes oder mit einer vorübergehenden Verlagerung des Lebensmittelpunktes verbunden sein.

Warum wird gewandert?

Die wichtigste Form der EU-Binnenmigration sind Arbeitskräftewanderungen. Die Motive für eine (Aus-)Wanderungsentscheidung in ein anderes Land unterscheidet man in so genannte Push- und Pull-Faktoren, die im Wesentlichen aus wirtschaftlichen, demografischen und sozialen Bedingungen in den Herkunfts- und Zielstaaten bestehen. Push-Faktoren bezeichnen die in den Herkunftsstaaten liegenden Gründe, die Menschen dazu veranlassen, auszuwandern. Pull-Faktoren sind in den Zielländern

Gründe für Binnenmigration sind in erster Linie bessere Arbeitsmöglichkeiten und bessere Ausbildungsmöglichkeiten (Universitäten, Hochschulen, Fachhochschulen, …). Zahlreiche ältere Menschen verbringen dauerhaft oder zumindest für einen längeren Zeitraum eines Jahres ihren Ruhestand in den südlichen Ländern Europas.

zu verorten und lassen eine Immigration dorthin attraktiv erscheinen, wie zB hohe Einkommen bei hohen Beschäftigungschancen im Zielland. Push-Faktoren können schlechte Beschäftigungsmöglichkeiten und niedrige Löhne im Herkunftsland sein, und bei Flucht- und Asylmigration politische bzw. andere Formen von Verfolgung oder Bürgerkriege.

(http://www.bpb.de/gesellschaft/migration/dossier-migration/5576/binnenmigration?p=all, abgerufen am 10.4.2016)

M1 *EU-Binnenmigration*

M2 *24-Stunden-Betreuung durch eine polnische Pflegerin*

Staat	2012	2018	Veränderung
Gesamt	**50 694**	**63 961**	**+ 26,17 %**
Slowakei	27 148	24 446	– 9,95 %
Rumänien	15 862	27 655	+ 74,35 %
Ungarn	2 755	3 829	+ 38,98 %
Polen	1 264	1 845	+ 45,97 %
Österreich	1 237	1 006	– 18,67 %
Bulgarien	948	1 324	+ 39,66 %
Tschechien	672	618	– 8,04 %

M3 *Hauptherkunftsländer von Pflegebetreuerinnen in Österreich, Zahl der Gewerbeanmeldungen, Stand 1.4.2018*

Missstände bei 24-Stunden-Betreuung

Tag und Nacht für die betagte Oma da sein, heben, niederlegen, einkaufen, kochen, putzen, pflegen. Ein Fulltime-Job, auch an Wochenenden und Feiertagen. Mehr als 27 000 Rumäninnen sind in der 24-Stunden-Betreuung tätig. Für weniger als 1000 Euro im Monat.

Obwohl es sich um eine selbstständige Tätigkeit handelt, sehen die Pflegerinnen vom hart verdienten Geld oft am allerwenigsten. „Das Honorar erhalte ich nicht von der Familie, wo ich arbeite, sondern von unserem Busfahrer in Rumänien in bar ausbezahlt", erzählt Alina Silescu dem KURIER. Die junge Frau aus Temeswar arbeitet offiziell auf eigene Kasse, doch die Rechnungslegung erfolgt nicht wie vorgeschrieben von ihr, sondern über eine österreichische Vermittlungsagentur, die wiederum mit einer rumänischen Agentur kooperiert. Von den 2 200 Euro, die der

Familie für die 24-Stunden-Betreuung verrechnet werden, erhält sie nach eigenen Angaben „etwas weniger als 1000 Euro".

Gepflogenheiten wie diese sind in der Branche üblich, ist zu hören, manchmal erhalten Rumäninnen noch weniger. Wofür die Agenturen den größeren Teil des Geldes einbehalten, zB Transport, permanente Ansprechperson, Ersatzkraft-Bereitstellung etc., ist dabei nicht immer nachvollziehbar. „Es ist eine Goldgräber-Branche, viele sehen nur den schnellen Gewinn", sagt Christian Elsner von Tirols größter Vermittlungsagentur. Zahlreiche unseriöse Agenturen würden zu Dumpingpreisen auf Kosten ihres Personals agieren.

(http://kurier.at/wirtschaft/wirtschaftspolitik/pflege-missstaende-bei-24-stunden-betreuung/48200.464, Anita Staudacher, 26.1.2014, abgerufen am 10.4.2016)

M4 *Pflegebetreuung in Österreich*

„Durch die Gäste bin ich in der Heimat"

STANDARD: Was bedeutet Heimat für Sie?

Werner: Ich bin seit drei Jahren in Tirol. Davor war ich sieben Jahre in Bayern. Heimat ist für mich dort, wo ich länger bin. Wo ich mir etwas aufbaue und Freunde habe.

STANDARD: Ist es einfach, in Tirol Anschluss zu finden?

Werner: Die erste Zeit war sehr schwierig. Nach einigen Saisonen in Neustift kenne ich jetzt einige Menschen im Stubaital besser. Ich fahre einmal in der Woche zu ihnen, oder sie zu mir. (…)

STANDARD: Warum sind Sie nicht in Thüringen geblieben?

Werner: Das war nie ein Thema. Ich habe Hotelfachfrau gelernt und bin nach der Lehre sofort in die Schweiz gegangen. Mein damaliger Freund ist mitgegangen. Jetzt sind wir aber getrennt.

STANDARD: Würden Sie in Tirol bleiben, wenn Sie sich in einen Tiroler verlieben würden?

Werner: Ja, sicher. Tirol könnte schon meine Heimat werden. Die Gegend ist super, ganz anders als in Gera. Es gibt hier Arbeit für mich und damit viel mehr Möglichkeiten. Außerdem ist Tirol ein Erholungsgebiet, und dadurch sind die Leute viel entspannter. In Gera reisen hauptsächlich Geschäftsleute, und die sind immer gestresst. Ich arbeite dort, wo andere Leute Urlaub machen, und das taugt mir. Tirol liegt außerdem so zentral. Man ist sofort in Deutschland und Italien.

(derstandard.at/12625572524/Deutsche-Kellnerin-in-Tirol-Durch-die-Gaeste-bin-ich-in-der-Heimat, Verena Langegger, 23.10.2009, abgerufen am 10.4.2016)

M5 *Interview mit einer deutschen Gastgewerbefachfrau, die in Tirol arbeitet*

David Alaba: Die Karriere des rot-weiß-roten Fußballstars

David Alaba wurde am 24.6.1992 in Wien geboren. Seine ersten fußballerischen Schritte machte er beim SV Aspern im 22. Bezirk. Papa George erkannte früh das Talent seines Sohnes und schickte ihn zum Probetraining bei Austria Wien. Im Alter von zehn Jahren wechselte Alaba dann in die FAK-Nachwuchsakademie nach Hollabrunn. (…)

2008 absolvierte er mit den Profis das Wintertrainingslager und saß im April erstmals auf der Ersatzbank, blieb jedoch ohne Einsatz. Kurz darauf debütierte Alaba dann bei den Amateuren.

Das genügte dem FC Bayern München, um David Alaba im Sommer 2008 unter Vertrag zu nehmen. Eigentlich für die U17 geplant, stieg er schon im Herbst zur U19 auf. Im Jahr darauf zog ihn Mehmet Scholl in die zweite Mannschaft hinauf.

In der Saison 2009/10 durfte Alaba dann unter Louis van Gaal mit den Profis trainieren, am 10. Februar 2010 gab er dann im Viertelfinale des DFB-Pokals gegen Greuther Fürth sein Debüt in der A-Mannschaft – als bisher jüngster Spieler mit 17 Jahren und 232 Tagen.

2011/12 stieg Alaba zur Stammkraft bei den Bayern auf.

Im Sommer 2013 durfte Alaba den bislang größten sportlichen Erfolg bejubeln. Mit Bayern gewann er das historische Triple aus Meisterschaft, Cup und Champions League.

Auch unter Pep Guardiola zählt Alaba zu den absoluten Fixpunkten der Bayern-Mannschaft. „David hat eine große Mentalität und ist ein großes, großes Geschenk für Bayern München", lobte der spanische Trainer. „Er hat eine große Karriere vor Augen." Am Saisonende wurde wieder die Meisterschaft und der Pokalsieg gefeiert.

(http://diepresse.com/home/sport/fussball/international/150034/David-Alaba_Die-Karriere-des-rotweissroten-Fussballstars, abgerufen am 10.4.2016)

M6 *David Alaba*

M7 *David Alaba jubelt am 26.10.2016 nach dem 3:1 des FC Bayern München gegen den FC Augsburg.*

---

1 Erläutern Sie den Begriff Binnenmigration mit Hilfe des Eingangstextes und geben Sie Beispiele.
[II]

2 Vergleichen Sie die Berichte M4, M5 und M6 miteinander. Stellen Sie Gemeinsamkeiten und Unterschiede fest.
[II]

3 Beurteilen Sie die Situation von Pflegekräften in Österreich (M2, M3, M4).
[III]

4 Diskutieren Sie in der Klasse: Welche Pull- und Push-Faktoren würden Sie dazu bewegen, aus Österreich in anderes Land der EU zu ziehen?
[III]

Erwünschte Außenmigration

Kompetenzorientiertes Lernziel

→ Gründe für Migration von Fachkräften darstellen

Brain Drain und Brain Gain

Diese beiden Begriffe beschreiben Wanderungsbewegungen, die qualifizierte Arbeitskräfte von einem Ort, einer Region oder einem Land zum anderen unternehmen. Diese Wanderung hat Folgen für sie selbst sowie für ihre bisherige und ihre neue Heimat. Dabei ist Brain Gain positiv, Brain Drain negativ.

Migration aus Südosteuropa nach Westeuropa

Die Migration innerhalb Europas ist seit der EU-Osterweiterung stark gestiegen. Das bringt Probleme mit sich, vor allem für die Herkunftsländer. Besonders junge, mobile und gut ausgebildete Menschen locken die Chancen in Westeuropa.

Seit 2015, als klar wurde, dass sich die vielen Millionen Menschen, die aus politischen, wirtschaftlichen, klimatischen oder auch anderen Gründen aus Afrika und dem Nahen Osten nach Europa drängen, nicht mehr alle geordnet überprüfen und gegebenenfalls zurückweisen lassen, ist Migration zu einem europäischen Dauerthema geworden. Doch gleichzeitig entscheiden sich auch innerhalb Europas immer mehr Menschen zu emigrieren, zumeist, um sich aus wirtschaftlichen und sozialen Gründen einen neuen Lebensmittelpunkt zu suchen. Die gravierenden Folgen dieser aktuellen Entwicklungen für die EU als Ganzes und für die einzelnen Mitgliedsländer sind in den letzten Jahren offen zutage getreten. (…)

Nach aktuellen Angaben des bulgarischen Außenministeriums lebten Anfang 2019 rund 2,4 Millionen Bulgaren im Ausland, davon mehr als 1,5 Millionen in der EU. Allein im Jahr 2018 ist die Zahl der in Deutschland lebenden Bulgaren um 30 000 auf rund 340 000 angewachsen. Vergleichbar viele Bulgaren leben nur noch in der Türkei. Deutschland ist seit Jahrzehnten eines der attraktivsten Zielländer für bulgarische Migranten, die oft überdurchschnittlich gut ausgebildet sind. Die Gründe hierfür sind geografische Nähe (im Vergleich zu den anderen Ländern Westeuropas, ausgenommen Italien), relativ hohe Löhne, das gute Sozialsystem sowie bestehende bilaterale Abkommen. Während Deutschland von dieser Zuwanderung profitiert, sieht die bulgarische Wissenschaftsakademie für ihr Land im kommenden Jahrzehnt eine Lücke von 400 000 qualifizierten Arbeitskräften. Auch Ärztemangel wird spürbar: 2017 gab es nur noch 28 000 Ärzte in Bulgarien, jeder fünfte Mediziner war innerhalb von sieben Jahren ausgewandert.

Laut Statistischem Bundesamt lebten Anfang 2019 rund 700 000 Menschen rumänischer Herkunft in Deutschland. In Italien und Spanien liegt die Zahl der Rumänen, die dort leben und arbeiten, bei jeweils über einer Million. Kaum ein anderes EU-Land nutzt die Freizügigkeit so stark wie Rumänien. Auch bei der Familienmigration führt das

Gut ausgebildete Migrantinnen und Migranten haben in ihrem Zielland ein besseres Arbeitsplatzangebot und erzielen höhere Einkommen. Das Zielland hat den Vorteil, dass die qualifizierten Arbeitnehmerinnen und Arbeitnehmer aus dem Ausland die Wettbewerbsfähigkeit der Wirtschaft erhöhen. Umgekehrt bedeutet ein Wegzug gut ausgebildeter Arbeitskräfte für die Herkunftsländer negative Auswirkungen auf die Wirtschaftskraft des Landes.

Land die Statistik an. Rund vier Millionen Rumänen (20 % der gegenwärtig 20 Millionen Einwohner) leben nach staatlichen Schätzungen außerhalb des Mutterlandes. Diese Zahl erhöht sich in den Sommermonaten durch Saisonarbeiter auf Baustellen und in der Landwirtschaft um eine weitere Million. Obwohl Rumänien 2016 mit 6,9 % das größte Wirtschaftswachstum innerhalb der EU verzeichnen konnte, haben laut rumänischem Statistikamt (INS) im Jahr 2017 rund 220 000 Bürgerinnen und Bürger dauerhaft das Land verlassen. Die Altersgruppe der 20–29-Jährigen betrug mit 31,5 % fast ein Drittel der Emigranten. Niedrige Löhne, das vergleichbar schwache Sozialsystem, politische und ökonomische Unsicherheit sowie bessere Jobchancen im Ausland gelten als vorrangige Beweggründe. Die starke Auswanderung hat zur Folge, dass Rumänien in den letzten drei Jahrzehnten 23 % seiner Arbeitsbevölkerung verloren hat – vor allem Physiker, Ärzte, IT-Spezialisten, Elektrotechniker und Mechaniker. 30 000 Ärzte und 20 000 Pflegekräfte sowie die Hälfte aller Bauarbeiter haben inzwischen das Land dauerhaft verlassen. Dafür arbeiten 5 000 Vietnamesen auf rumänischen Baustellen.

Für kroatische Migranten sind vor allem Österreich und Deutschland, hier vor allem Bayern, von großem Interesse. Während im bevölkerungsmäßig zehnmal kleineren Österreich rund 250 000 Kroaten leben, wuchs die Zahl der kroatischen Staatsbürger, die dauerhaft in Deutschland ansässig sind, zwischen 2010 und 2018 von 220 000 auf etwa 396 000 an. Dabei ergab sich im vergangenen Jahr aus kroatischer Sicht ein Verlust von 29 000 Bürgern, denn 58 000 zogen nach Deutschland und nur 29 000 kehrten zurück. Laut bayerischer Ausländerstatistik leben derzeit 98 000 Kroaten in Bayern, davon 38 000 in München, womit die Kroaten knapp vor den Türken die größte Ausländergruppe in der bayerischen Landeshauptstadt stellen. Ein positiver Effekt der Auswanderung ist der Finanztransfer durch die kroatische Diaspora in die Heimat. Laut einem Bericht der Deutschen Welle vom 30.3.2018 wurden insgesamt 2,12 Milliarden Euro im Jahr 2017 von kroatischen Staatsbürgern aus dem Ausland in die Heimat transferiert, was annähernd 5 % des kroatischen BIP entspricht. *(https://www.hss.de/news/detail/braindrain-weiterunge bremst-news5118/, 6.9.2019, abgerufen am 3.6.2020)*

M1 *Braindrain weiter ungebremst*

Polen: Der hohe Preis der Auswanderung

Tausende polnische Krankenschwestern, Pflegekräfte oder Handwerker arbeiten im Ausland. Das hat Konsequenzen: Viele Kinder wachsen ohne Mutter und Vater auf, weil sie monatelang und länger abwesend sind.

Das polnische Internet ist voller Geschichten von Kindern, die sich von ihren Eltern verlassen fühlen, die im Ausland arbeiten. Es gibt Internetforen, in denen sie nach Unterstützung suchen und von ihrem Schicksal erzählen.

„Hallo, Vati. Ich bin schon 16 Jahre alt. Es ist ein ganzes Jahr her, seit du verreist bist. Jeden Tag rieche ich an deinem Hemd, das du hinterlassen hast, weil es in den Koffer nicht reinpasste", zitiert Maria aus ihrem letzten Brief an den Vater, der in England jobbt. „Meine Mutter ging ins Ausland, als ich 13 war. Sie sollte eigentlich nur für ein paar Monate nach Deutschland, weil sie hier in Polen sehr schlecht verdient hat. Sie konnte sich keine Kleider leisten. Sie ist bis heute dort. Das macht mich traurig", klagt der 18-jährige Tomek.

Als Małgorzata Greber sich für die Ausreise entschloss, wollte sie ihrer Tochter Martyna ein solches Trauma ersparen. Sie hatte genug Mut, die damals 8-jährige nach England mitzunehmen. In Polen hatte sie als Krankenschwester 600 Euro im Monat verdient, in England bekam sie fast das Vierfache. Doch schnell fühlte sie sich einsam, vermisste ihre Heimat, ihre Familie und Freunde. Auch finanziell war es nicht so glänzend, wie sie es sich erhofft hatte. „Die Arbeitsagenturen locken mit viel Geld, aber jeder, der ausreisen will, soll sich genau ausrechnen, wie viel der Lebensunterhalt im jeweiligen Land wirklich kosten wird. Nur diejenigen, die als Paare ausreisen, schaffen es gut", erzählt sie im Gespräch mit der DW.

(https://www.dw.com/de/polen-der-hohe-preis-derauswanderung/a-44107658, 7.6.2018, Monika Sieradzka, abgerufen am 3.6.2020)

Nach zweieinhalb Jahren kam Greber mit ihrer Tochter nach Polen zurück, um wieder als Krankenschwester zu arbeiten. Das ging aber nur ein halbes Jahr gut. „Das Kind war für mich das Wichtigste, dabei hatte ich ständig 12- und 24-Stunden-Schichten, das war mir zu anstrengend. Und mit dem Lohn war es wieder schwierig auszukommen". Derzeit hat Małgorzata einen guten Job in einem Drei-Jahres-Projekt an der Medizinischen Universität Lodz, danach möchte sie wieder in ihren Beruf einsteigen. Sie fragt sich aber, ob sie mit dem Gehalt einer Krankenschwester in Polen jemals ein würdiges Leben führen kann.

Małgorzata zählt zu den wenigen Ausnahmen. Die meisten Krankenschwestern, die im Ausland in ihrem erlernten Beruf oder als Pflegekräfte arbeiten, kommen nicht mehr nach Polen zurück – und wenn, dann gehen sie nicht mehr zum staatlichen Gesundheitswesen.

Seit dem EU-Beitritt Polens sind mindestens 20 000 in Polen ausgebildete Krankenschwestern ins Ausland gegangen, die meisten, um als Pflegekräfte zu arbeiten. Heute gibt es im Lande 280 000 Krankenschwestern, von denen nur 42 000 jünger als 40 sind. Das Durchschnittsalter liegt bei 51 Jahren. Im Jahr 2015 gab es 5,2 Krankenschwestern und 2,3 Ärzte pro 1000 Einwohner (in Deutschland: 13 und 4,1). Das Gesundheitswesen ist chronisch unterfinanziert. Kein Wunder, dass das Personal immer häufiger an Ausreise denkt. Die sozialen Kosten sind aber sehr hoch. Drei Jahre nach dem EU-Beitritt Polens, im Jahr 2007, mussten etwa 1300 Kinder, derer Eltern im Ausland arbeiteten, in Kinderheimen oder Ersatzfamilien untergebracht werden.

M2 *Abwanderung von hochqualifizierten Arbeitskräften aus Polen*

Einfacherer Zugang zur Rot-Weiß-Rot-Karte soll kommen

Durch die Reform der Zuzugsberechtigung werden die Gehaltsgrenzen für Schlüsselkräfte gesenkt. Auch der Unterkunftsnachweis soll entfallen. Anträge sollen auch digital gestellt werden können. Die Gewerkschaft Vida befürchtet Lohndumping.

Die Regierung hat am Mittwoch im Ministerrat die Reform der Rot-Weiß-Rot-Card angekündigt. Laut dem Ministerratvortrag soll der Zugang zu diesem Steuerungsinstrument für den Zuzug von Nicht-EU-Bürgern nach Österreich erleichtert werden. So werden etwa Gehaltsgrenzen gesenkt, auch muss man vor Antragstellung nicht wie bisher schon eine Unterkunft in Österreich nachweisen.

Ein konkretes Gesetz soll demnächst folgen. Die Rot-Weiß-Rot-Karte wurde ab Mitte 2011 als Steuerungsinstrument für den Zuzug von Nicht-EU-Bürgern nach Österreich etabliert. Ziel war es, mittels eines Punktesystems vor allem qualifizierte Beschäftigte für den Arbeitsmarkt zu finden. Ursprünglich war erwartet worden, dass etwa 8000 Personen jährlich eine Rot-Weiß-Rot-Karte erhalten. Dieser Wert wurde bisher klar verfehlt. Laut Wirtschaftsministerium wurden im Schnitt rund 2000 Rot-Weiß-Rot-Karten vergeben.

(https://www.diepresse.com/5586488/einfacherer-zugang-zur-rot-weiss-rot-karte-soll-kommen, 27.2.2019, abgerufen am 3.6.2020)

M3 *Die Rot-Weiß-Rot-Karte richtet sich an qualifizierte Arbeitskräfte.*

1 Erläutern Sie mit Hilfe von M1 und M2, welche Ziellän-
[II] der für qualifizierte Arbeitskräfte attraktiv sind. Aus welchen Herkunftsländern stammen sie?

2 Stellen Sie dar, aus welchen Gründen gut ausgebildete
[II] Polinnen und Polen ihre Heimat verlassen (M2).

3 Recherchieren Sie die derzeitige Haltung der britischen
[II] Regierung sowie der britischen Öffentlichkeit zu zugewanderten Arbeitskräften aus der EU.

4 Beurteilen Sie, weshalb die Rot-Weiß-Rot-Karte kein
[III] großer Erfolg ist.

Unerwünschte Außenmigration

Kompetenzorientierte Lernziele

→ die Darstellung von Flucht in Medien analysieren

→ die Situation von Flüchtlingen erörtern

„Festung Europa?"

Dies ist ein häufig im Journalismus in kritischer Absicht gebräuchlicher Ausdruck, dem die Behauptung zugrunde liegt, die EU betreibe gegenüber Nicht-EU-Staaten eine Politik der Abschottung, besonders in der Asyl- und Migrationspolitik. Auch in politischen Diskursen wird der Begriff immer wieder verwendet.

Im Schengener Abkommen wurde vereinbart, dass es an den Grenzen zwischen den Schengen-Mitgliedstaaten keine Grenzkontrollen mehr geben würde; dafür sollen die Kontrollen an den Außengrenzen verstärkt werden. Damit wurde der Personenverkehr für EU-Bürgerinnen und -Bürger vereinfacht, für einreisende Nicht-EU-Bürgerinnen und -Bürger erschwert. Zur Sicherung der Außengrenzen wurde eine eigene EU-Organisation namens FRONTEX gegründet. Dennoch versuchen Jahr für Jahr – insbesondere in jüngster Zeit – tausende Menschen, illegal in die EU zu gelangen.

Wenn Menschen zur „Flut" werden

Sprache ist ein mächtiges Instrument. Besonders in der aktuellen, hochemotional geführten Debatte über die Aufnahme von Flüchtlingen werden Begriffe oft gedankenlos verwendet. Begriffe, die früher oft nur am rechten Rand als salonfähig betrachtet wurden, fanden mit dem Erstarken rechtspopulistischer Parteien in den vergangenen 25 Jahren ihren Weg in breite Diskurse.

„Die Flüchtlingszahlen explodieren", „Asylgegner demonstrieren", „Europa steht der Flüchtlingswelle hilflos gegenüber": Diese Schlagzeilen der vergangenen Wochen aus österreichischen Medien werfen ein Licht auf die Tonart, in der die Flüchtlingsdebatte in Österreich derzeit geführt wird. (…)

Die Stimmen, die vor einer „Flut von Asylwerbern" und vor „Flüchtlingswellen" warnen, mehren sich. Die Begriffe werden quer durch die österreichische Medienlandschaft verwendet. „All diesen Metaphern ist gemein, dass sie sich auf Naturkatastrophen beziehen. Es wird suggeriert, dass man machtlos ist", sagt die Linguistin Wodak und erläutert, dass derartige Rhetorik eine „dehumanisierende Wirkung" habe. (…)

Die Militarisierung der Sprache ist ebenfalls kein neues Phänomen, Metaphern wie „Festung Europa", „Ansturm auf die Grenzzäune" und „belagerte Aufnahmezentren" werden im alltäglichen Sprachgebrauch verwendet. Transportiert wird dadurch, dass „„wir' uns in einem Kampf ,mit den Flüchtlingen' befinden", so Wodak. Eine Verdrehung der Tatsachen, wie die Wissenschaftlerin findet: „Es sind die Flüchtlinge, die vor Kriegen fliehen."

(http://orf.at/stories/222457/222454/, David Tiefenthaler, 5.8.2015, abgerufen am 4.4.2016)

M1 *Wie Sprache die Asyldebatte lenkt*

Die Tragödie des 21. Jahrhunderts

Aus keinem anderen Land sind so viele Menschen geflohen wie aus Syrien. Das Hochkommissariat der Vereinten Nationen für Flüchtlinge (UNHCR) gab 2018 die Zahl der Syrer, die seit 2011 ihr Land verlassen haben, mit 6,7 Millionen an. Unter dem Mandat des UNHCR sind weltweit 20,4 Millionen Flüchtlinge registriert. (…)

Derzeit leben in Syrien 19,5 Millionen Menschen. 6,6 Millionen von ihnen – also rund 30 Prozent – sind Binnenflüchtlinge, die der Krieg zu einer Flucht innerhalb Syriens gezwungen hat. Mindestens jeder dritte Binnenflüchtling ist seit 2011 wiederholt vertrieben worden. So handelt es sich bei mehr als Hälfte der Bevölkerung Idlibs um wiederholt vertriebene Binnenflüchtlinge, die keine Chance mehr hatten, ins Ausland zu fliehen. Die Nachbarstaaten nehmen seit März 2016 nur noch wenige Flüchtlinge auf. (…)

Die Türkei hat 3,6 Millionen Flüchtlinge aufgenommen und damit mehr als jedes andere Land. Aufgrund des Geburtenzuwachses wird die Zahl der Syrer in der Türkei auf bis zu 4 Millionen geschätzt. Der Libanon nahm 930 000 syrische Flüchtlinge auf, womit etwa jeder fünfte Einwohner des Landes ein syrischer Flüchtling ist. In Jordanien registrierte das UNHCR 660 000 syrische Flüchtlinge, im Irak (insbesondere in der autonomen Kurdenregion) 245 000, und in Ägypten 130 000.

Seit 2011 gelangten etwa 1 Millionen Syrer nach Europa, wo sie Asyl beantragt haben oder als Flüchtlinge registriert sind. In Deutschland leben 780 000 Syrer, sie stellen dort die größte Gruppe Schutzbedürftiger. Nur in der Türkei und im Libanon haben sich seit dem Beginn des Kriegs mehr Syrer niedergelassen.

In Schweden lag die Zahl der Syrer 2011 bei noch bei niedrigen 20 000; sie ist seither auf 160 000 gestiegen. In allen anderen EU-Ländern liegt die Zahl der syrischen Flüchtlinge wesentlich darunter. (…)

Die Internationale Organisation für Migration der UN (IOM) gibt die Zahl der Rückkehrer mit 173 000 an. Sie hat ihr Rückkehrprogramm aufgrund der prekären Sicherheitslage jedoch ausgesetzt. Wiederholt haben Gastländer versucht, Syrer zu einer Heimkehr zu bewegen, jedoch nur mit mäßigem Erfolg. Aus dem Libanon sind nach Angaben der Regierung in Beirut in den Jahren 2018 und 2019 rund 100 000 Syrer zurückgekehrt, mehr als aus jedem anderen Land. Jordanien gibt für denselben Zeitraum die Zahl von 8000 Rückkehrern an.

(https://www.faz.net/aktuell/politik/ausland/fluechtlingeaus-syrien-die-tragoedie-des-21-jahrhunderts-16661310. html?printPagedArticle=true#pageIndex_2, 3.3.2020, Rainer Hermann, abgerufen am 3.6.2020)

M2 *Flüchtlinge aus Syrien*

Junger Migrant im Porträt – was möglich sein kann …

Ahmed Muhammad Amin ist 1991 als zweitjüngstes von acht Kindern in Erbil (Irak) geboren worden, seine Familie war wohlhabend, lebte in einer Villa, die Mutter hatte einen eigenen Friseursalon. Aber dann war da nachts Lärm, wenn die Soldaten kamen. „Saddam Hussein wird uns alle umbringen, weil wir Kurden sind!" Die Flucht war von den Erwachsenen lange geplant gewesen, erfährt Ahmed später. Er erinnert sich an einen tränenreichen Abschied von den Großeltern, den Onkeln und Tanten – und daran, dass er auch seine schöne neue Schultasche zurücklassen musste.

Zusammen mit der Mutter und fünf Geschwistern geht Ahmed auf die Reise ins Ungewisse. Mit dem Bus, zu Fuß, auf einem Boot, durch sechs Länder, immer wieder Angst. Zweimal kommen sie ins Gefängnis. Ahmeds Vorbild ist der große Bruder, der damals 15 Jahre alt war. Heute lebt die Familie in Bonn. Mit der Mutter spricht Ahmed heute noch soranisch, die Sprache der Kurden im Nordirak. Die Eltern sagen „Kurdistan", wenn sie von der Heimat sprechen – für Ahmed und seine Schwestern heißt das Land „Irak". Arabisch hat Ahmed nie gesprochen. Er könnte es jetzt an der Schule lernen, denn er besucht die August-Macke-Schule, eine Europaschule. Aber wozu? „Wir haben alle deutsche Pässe – nur die Mama nicht, die kann nicht gut genug Deutsch", erklärt Ahmeds große Schwester Bana. (…)

(http://www1.wdr.de/archiv/integration/integration240.html/Junge Migranten im Porträt – Ahmed erforscht seine Familiengeschichte, Archiv, WDR)

M3   *Ahmed erforscht seine Familiengeschichte*

70 Meilen zum Paradies

Immer mehr Haschischschmuggler stiegen auf Menschenhandel um. Der Pirat war tatsächlich nur ein kleines Rädchen im mächtigen Apparat der Schleppermafia. Er hatte dafür zu sorgen, dass seine Kunden in Tunesien aufgesammelt, verladen und nach Italien gebracht wurden. (…)

Der Alte nahm einen tiefen Zug aus seiner Pfeife und sagte: „Also, obwohl ihre Mittel illegal sind, ihr Anliegen ist gut. Sie helfen den Leuten, dem Elend zu entfliehen. Allein würdet ihr es nicht schaffen. Ihr seid auf diese Gauner angewiesen."

Es gab sogar Gerüchte, dass Schlepper mittellose Flüchtlinge dazu überredet hatten, sich eine Niere entnehmen zu lassen, damit sie ihre Weiterreise bezahlen könnten. In den Krankenhäusern von Tunis und Tripolis gab es angeblich Ärzte, die mit der Schleppermafia gemeinsame Sache machten.

Sie alle fieberten dem Tag entgegen, an dem die verschlüsselte Botschaft sie erreichen würde. Sie wussten genau, was dann zu tun war: Ein Mittelsmann würde sie nachts zur Küste führen. Sie durften kein Gepäck an Bord nehmen. Man versprach ihnen immer wieder, die Reise nach Europa werde perfekt organisiert. Für alles sei gesorgt: Wasser, Essen, ja sogar Zigaretten seien reichlich vorhanden. Sie alle hatten zwar schaurige Geschichten von Bootsuntergängen gehört, doch keiner schreckte zurück. „Entweder wir gelangen nach Europa, oder das Meer verschlingt uns", lautete ihre Überzeugung.

(Klement, Robert: 70 Meilen zum Paradies. Wien: Verlag Jungbrunnen. 3. Auflage 2011)

M4   *Flucht aus Afrika*

M5   *Flüchtlingsrouten verlagern sich.*

SPANIEN   ITALIEN   GRIECHENLAND   TÜRKEI   SYRIEN   MAROKKO   TUNESIEN   ALGERIEN   LIBYEN   ÄGYPTEN

Westliche Mittelmeerroute | Zentrale Mittelmeerroute | Östliche Mittelmeerroute

M6   *Eindrücke aus dem Moria Flüchtlingslager auf der griechischen Insel Lesbos. In dem ursprünglich für bis 3 000 Menschen ausgelegten Lager leben inzwischen mehr als 20 000 Menschen. (Foto, 8.3.2020)*

1 Analysieren Sie mit Hilfe von M1 die Sprache, mit der
[II] der aktuellen Flüchtlingssituation begegnet wird.

2 Erstellen Sie anhand der Materialien auf dieser Doppel-
[II] seite sowie aktueller Materialien aus den Medien eine Dokumentation zum Thema „Flucht und Asyl" für eine Präsentation an Ihrer Schule.

Meine Chancen in EUropa

Kompetenzorientiertes Lernziel

→ Chancen der europäischen Bildungs- und Arbeitsmärkte
für die eigene Lebens- und Berufsplanung erkennen

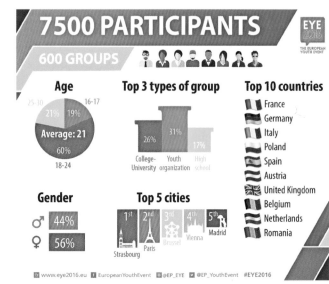

M1   *Europäisches Jugendevent 2016 – das Jugendevent 2020 musste coronabedingt verschoben werden.*

Was ist das EYE?

Alle zwei Jahre bringt das Europäische Jugendevent (EYE – European Youth Event) tausende Jugendliche aus und jenseits der Europäischen Union im Europäischen Parlament in Straßburg zusammen, um ihre Ideen zu der Zukunft Europas miteinander zu teilen und zu entwickeln. Es ist eine einzigartige Möglichkeit für 16- bis 30-Jährige sich im Herzen der europäischen Demokratie zu treffen und sich gegenseitig zu inspirieren und Ansichten mit Expert*innen, Aktivist*innen, Influencer*innen und Entscheidungsträger*innen zu teilen.

Nach dem Event werden die Sorgen, Hoffnungen und Ideen junger Menschen in einem Bericht zusammengetragen, der den Mitgliedern des Europäischen Parlaments (MdEPs) übermittelt wird. Einige der Teilnehmenden werden auch dazu eingeladen, ihre inspirierenden Ideen weiter zu entwickeln und diese den MdEPs während den Jugendsitzungen der Parlamentsausschüsse vorzustellen.

Das EYE ist bestrebt, Gleichheit, Inklusivität und Nachhaltigkeit zu fördern und sich nachdrücklich für die Zugänglichkeit der Veranstaltung für alle zu engagieren.

(https://www.europarl.europa.eu/european-youth-event/ de/home.html, abgerufen am 3.6.2020)

M2   *Europäisches Jugendevent EYE*

EU-Jugendstrategie 2019–2027

Im November 2018 verabschiedete der EU-Ministerrat die Jugendstrategie 2019–2027. Die Jugendpolitik soll sektorenübergreifend gedacht werden; Jugend-Mainstreaming soll in allen politischen Bereichen vorangetrieben werden – d.h. bei jeder politischen Entscheidung sollen die Auswirkungen auf junge Menschen und zukünftige Generationen einbezogen werden. Darüber hinaus gibt es Kernbereiche der Jugendpolitik, wo konkrete Maßnahmen nötig sind.

In der EU-Jugendstrategie werden sie unter den Schlagworten Beteiligung – Begegnung – Befähigung hervorgehoben.

- Beteiligung (Engage): Förderung der Beteiligung der Jugend am demokratischen Leben
- Begegnung (Connect): Ermöglichung von Mobilität, von Jugendbegegnungen in der gesamten EU und darüber hinaus, um freiwilliges Engagement, Lernmobilität, Solidarität und interkulturelles Verständnis zu fördern

- Befähigung (Empower): Förderung der Befähigung der Jugend durch Qualität, Innovation und Anerkennung von Jugendarbeit

Ziel ist, politische Beteiligung junger Menschen zu stärken und positive Veränderungen im Sinne junger Menschen im Bereich Jugendpolitik auf allen Ebenen voranzutreiben. Der EU-Jugenddialog soll Dialog auf Augenhöhe zwischen jungen Menschen und politischen Entscheidungsträgerinnen und Entscheidungsträgern ermöglichen.

Der EU-Jugenddialog soll für alle jungen Menschen zugänglich sein und junge Menschen mit den verschiedensten persönlichen Hintergründen einbinden. Ein besonderer Fokus wird deshalb auch auf die Einbindung von benachteiligten Jugendlichen gelegt.

(nach: https://www.frauen-familien-jugend.bka.gv.at/ jugend/internationale-jugendpolitik/eu-jugendstrategie. html, abgerufen am 2.6.2020)

M3   *Jugendpolitik der EU*

Chancen für Jugendliche in der EU

Jugendlichen stehen viele Möglichkeiten offen:
- Schule oder Studium in einem anderen EU-Land
- Arbeiten und Wohnen in einem anderen EU-Land
- Bleiberecht nach Beendigung von Schule, Studium oder Beschäftigungsverhältnis
- Gleichbehandlung beim Zugang zu Beschäftigung, Arbeitsbedingungen und allen Sozialleistungen wie die Staatsangehörigen des Aufnahmelandes
- Anerkennung der in einem anderen EU-Land erworbenen schulischen, universitären und beruflichen Qualifikationen

Erfahrungen im „Ausland" sammeln, Sprachkenntnisse verbessern, neue Sprachen erlernen – all dies ist ein Stück neue Lebenserfahrung! Und im CV wird all dies gern gesehen. Möglichkeiten dazu bieten:
- Als Au-pair arbeiten: Hier lebt man auf Zeit in einer Gastfamilie, betreut das Kind bzw. die Kinder und hilft im Haushalt mit. Pflichtbewusstsein, Verantwortung, Flexibilität und Kompromissfähigkeit sind nötig. Die Arbeit ist bezahlt, in der Freizeit soll die Möglichkeit bestehen, zB Sprachkurse zu besuchen.
- Freiwilligendienste und Praktika: Hier kann man sein soziales Engagement in der Arbeit in Waisenhäusern, Altersheimen usw. ausüben.
- Studieren: Die EU unterstützt bei der Organisation und Finanzierung eines Auslandssemesters in Form der ERASMUS-Programme.

Die Europäische Kommission präsentierte ihren Vorschlag für ein neues Programm für Bildung, Jugend und Sport 2021–2027

Im Kern will die Europäische Kommission die Weiterführung des höchst erfolgreichen Programms: Grenzüberschreitende Mobilität für Menschen aller Altersgruppen, die Zusammenarbeit im Rahmen europäischer Projekte sowie die Unterstützung politischer Reformen in den drei Politikbereichen Bildung, Jugend und Sport sollen weiterhin die zentralen Aufgaben von Erasmus bleiben. Die Europäische Kommission schlägt vor, die finanziellen Mittel auf 30 Mrd. Euro zu verdoppeln. Der Zugang zum Programm für alle Menschen und Organisationen aus den Bereichen Bildung, Jugend und Sport soll erleichtert werden, insbesondere sollen Menschen unabhängig von ihrer sozialen Herkunft die Möglichkeit zur Teilnahme erhalten. Ein besonderer Fokus liegt auf Mobilität von Schüler/innen.
(http://www.erasmusplus.at, abgerufen am 3.6.2020)

M4   *Erasmus+*

Jugendarbeitslosigkeit – was tut die EU?

Die Europäische Union hat verschiedene Initiativen zur Bekämpfung der Jugendarbeitslosigkeit. Unter anderem die sogenannte Jugendgarantie. Das Konzept wurde 2013 entworfen. Es hat zum Ziel, dass jeder junge Mensch unter 25 innerhalb von vier Monaten nach seinem Abschluss oder nachdem er arbeitslos geworden ist, ein Jobangebot bekommt. Die Umsetzung liegt aber in der Hand der einzelnen Mitgliedstaaten.
Die EU hat eine Beschäftigungsinitiative für junge Menschen ins Leben gerufen. In Regionen, in denen die Jugenarbeitslosigkeitsquote über 25 Prozent liegt, können junge Leute auch direkt von der EU unterstützt werden. Das Budget von insgesamt neun Milliarden Euro stammt hauptsächlich aus dem Europäischen Sozialfonds (ESF).
(https://www.zdf.de/nachrichten/heute/statistikjugend arbeitslosigkeit-in-der-eu-zdfcheck-100.html, 19.5.2019, abgerufen am 3.6.2020)

M5   *Jugendarbeitslosigkeit*

Jugendarbeitslosenquoten in den Mitgliedstaaten (April 2020)

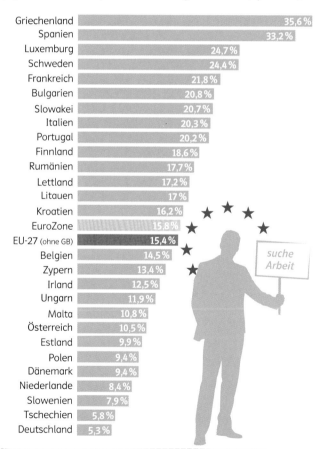

Griechenland	35,6 %
Spanien	33,2 %
Luxemburg	24,7 %
Schweden	24,4 %
Frankreich	21,8 %
Bulgarien	20,8 %
Slowakei	20,7 %
Italien	20,3 %
Portugal	20,2 %
Finnland	18,6 %
Rumänien	17,7 %
Lettland	17,2 %
Litauen	17 %
Kroatien	16,2 %
EuroZone	15,8 %
EU-27 (ohne GB)	15,4 %
Belgien	14,5 %
Zypern	13,4 %
Irland	12,5 %
Ungarn	11,9 %
Malta	10,8 %
Österreich	10,5 %
Estland	9,9 %
Polen	9,4 %
Dänemark	9,4 %
Niederlande	8,4 %
Slowenien	7,9 %
Tschechien	5,8 %
Deutschland	5,3 %

suche Arbeit

M6   *Jugendarbeitslosigkeit in den Mitgliedstaaten der EU, April 2020*

---

1 Recherchieren Sie im Internet zum Europäischen
[II] Jugendevent 2016 und 2018. Welche Ideen wurden EU-parlamentarischen Ausschüssen präsentiert?

2 Erstellen Sie eine Mindmap: Welche Möglichkeiten der
[II] schulischen, beruflichen und persönlichen Aus- und Weiterbildung haben Sie in der EU?

3 EUropa 2040: Entwickeln Sie in Form eines Leserbriefes
[III] Visionen für die Jugend in einem geeinten Europa.

4 Werten Sie M5 und M6 aus. Bewerten Sie die Chancen
[III] von Jugendlichen in Europa sowie Ihre persönlichen beruflichen Chancen.

Konvergenzen und Divergenzen europäischer Gesellschaften erörtern

Basiskonzepte

- Interessen, Konflikte und Macht

  S.32, S.33, S.40, S.41, S.42, S.43, S.44, S.45, S.46, S.47

- Diversität und Disparitäten

  S.30, S.31, S.34, S.35, S.36, S.37, S.38, S.39, S.40, S.41, S.42, S.43, S.44, S.45, S.46, S.47, S.48, S.49

- Wahrnehmung und Darstellung

  S.30, S.31, S.38, S.39, S.40, S.41, S.44, S.45, S.46, S.47

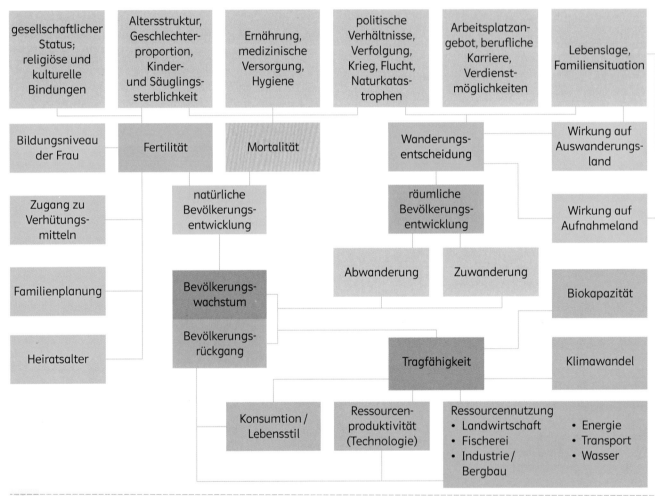

M1

| Österreich: zu wenig Kinder – ein Problem? | Europas Bevölkerung 2050: weniger junge, viele alte Menschen | Herausforderung der Zukunft: den demographischen Wandel managen |
| Bevölkerung: Europa wird zum globalen Zwerg | In Europa stieg die Zuwanderung um ein Drittel. | Migration: die Herausforderung als Chance nutzen |

M2

1 Erläutern Sie das Ursache-Wirkungs-Schema. [II]

2 Erörtern Sie die Chancen und Probleme der Bevölkerungsentwicklung in Europa. [III]

3 Erklären Sie die Schlagzeilen in M2. Begründen Sie Ihre Meinung. [II]

4 Entwickeln Sie Ideen für ein lebenswertes Europa für alle Menschen. [III]

Jugendliche und die EU

Um mehr Möglichkeiten und mehr Chancengleichheit für Jugendliche im Bildungswesen und auf dem Arbeitsmarkt zu schaffen sowie junge Menschen dazu zu ermutigen, aktiv an der Gesellschaft teilzunehmen, verabschiedeten die EU-Fachministerinnen und -Fachminister einen Rahmen für die Zusammenarbeit bis 2018.

1 Arbeiten Sie aus M1 heraus, welche Ziele Erasmus+
[I] verfolgt und welche Aktionen zur Umsetzung dieser Ziele gesetzt werden.

2 Erläutern Sie die Arbeit im Europäischen Freiwilligen-
[II] dienst. Stellen Sie die Ziele des EFD dar.

3 Beurteilen Sie mit Hilfe der Erfahrungsberichte M3 und
[III] M4, ob ein Auslandsstudium oder die Mitarbeit beim Europäischen Freiwilligendienst eine Option für Ihre Zukunft sein kann.

Was ist Erasmus+?

Erasmus+ soll Schlüsselkompetenzen, Qualifikationen und Beschäftigungsfähigkeit junger Menschen verbessern, ihnen helfen, sich sozial einzugliedern, ihr Wohlergehen fördern und Verbesserungen in der Jugendarbeit und Jugendpolitik auf lokaler, nationaler und internationaler Ebene herbeiführen.
Leitaktion 1: Lernmobilität für junge Menschen und Jugendarbeiter/-innen. Junge Menschen erhalten Gelegenheit zur Teilnahme an einem Jugendaustausch oder können für ein Jahr als Freiwillige in einem anderen Land arbeiten. Jugendarbeiter/-innen können an Weiterbildungen und Networking-Veranstaltungen im Ausland teilnehmen oder einige Zeit in einer Jugendorganisation im Ausland arbeiten (Job-Shadowing/Hospitation).
Leitaktion 2: Möglichkeiten der Zusammenarbeit zur Förderung von Innovation und zum Austausch über bewährte Verfahren. Gefördert wird die Bildung von Partnerschaften zwischen Organisationen aus verschiedenen Teilnehmerländern. Dabei sollen innovative Ansätze in der allgemeinen und beruflichen Bildung sowie in der Jugendarbeit ausgetauscht, entwickelt und vermittelt werden.
(http://ec.europa.eu/youth/programme/index_de.htm, abgerufen am 9.4.2016)

M1 *Erasmus-Programm für Jugendliche*

Was ist der Europäische Freiwilligendienst?

Im Europäischen Freiwilligendienst können junge Menschen ihr persönliches Engagement in einer Vollzeittätigkeit in einem Land in oder außerhalb der EU unter Beweis stellen. Solidarität, besseres Verständnis füreinander und Toleranz unter jungen Menschen sind Werte, die der EFD zur Stärkung des sozialen Zusammenhalts und zur Förderung einer aktiven Bürgerschaft weiterentwickeln möchte. Die dabei gewonnene Lernerfahrung wird formal durch einen Jugendpass anerkannt. Die Kosten für Unterkunft, Verpflegung und Versicherung werden übernommen, und die Freiwilligen erhalten für die Dauer des Projekts einen Zuschuss (in einigen Fällen müssen sie einen Teil der Reisekosten tragen). Bei EFD-Tätigkeiten im Ausland von mehr als zwei Monaten können Freiwillige zusätzliche Unterstützung beim Lernen der für die Freiwilligentätigkeit benötigten Sprache und beim Überprüfen ihrer Lernfortschritte erhalten.
(http://ec.europa.eu/youth/programme/mobility/european-voluntary-service_de.htm, abgerufen am 9.4.2016)

M2 *Europäische Freiwilligendienst*

Erasmus ist nicht nur studieren!

Die Universität erwartet, dass man sich als Erasmusstudent einbringt, Kurse und Pflichtprogramme besucht und die gleichen Klausuren wie Home Students schreibt. (…) Allerdings hat Cardiff auch ein unglaublich großes Angebot an Freizeitaktivitäten. (…) Insbesondere unterstützt die „Erasmus society" die Studenten dabei, sich kennenzulernen, organisiert Ausflüge und Abende in Cardiff. Es ist eine wahre Studentenstadt mit vielen international students. (…)
(http://wcms.itz.uni-halle.de/download.php?down=4992&elem=292950, abgerufen am 9.4.2016)

M3 *Erfahrungsbericht einer Erasmus-Studentin (Auszug)*

Europäischer Freiwilligendienst

Hallo! Ich heiße Katharina und habe mit dem Europäischen Freiwilligendienst 11 Monate und 3 Tage im wunderschönen Süden Norwegens verbracht. Ich habe auf einem kleinen bio-dynamischen anthroposophischen Bauernhof (Stiftelsen Grobunn), der in der norwegischen Pampa 100 km nördlich von Oslo liegt, mit geistig behinderten Jugendlichen gearbeitet. Es gab drei Arbeitsgruppen: Küche, Stall und Werkstatt; in den beiden letzten habe ich jeweils 5 Monate gearbeitet. Im Stall stand morgens Tierpflege an, das heißt melken (7 Kühe mit der Hand), Tiere (Hühner, Schweine, Kühe, Pferde) füttern, Eier einsammeln, Pferde striegeln, den Stall ausmisten,… Nachmittags wurde dann im Garten gearbeitet, im Winter im Lagerkeller.
(http://www.jugendinfo.be/downloads/ausland/JIZ-EFD-Erfahrungsberichte.pdf, abgerufen am 9.4.2016)

M4 *Erfahrungsbericht zum EFD*

Außerwert- und Inwertsetzung von Produktionsgebieten im Wandel beurteilen

M1   *Reisanbau in Vietnam*

M2   *Anbau von Gerste in Ostfriesland*

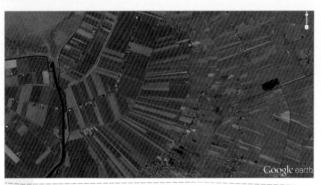

M3   *Inwertgesetzte Felder aus Moorstreifen Nähe Emden*

M4   *Naturlehrpfad im Naturschutzgebiet Ewiges Meer*

Landwirtschaft verändert Landschaften

Kompetenzorientierte Lernziele

→ die Abhängigkeit landwirtschaftlicher Nutzung vom Naturraumpotenzial hinterfragen

→ Inwertsetzung und Außerwertsetzung von Naturräumen bewerten

Inwert- und Außerwertsetzung

Unter **Inwertsetzung** versteht man die wirtschaftliche Erschließung und Entwicklung bisher nicht oder wenig genutzter Räume. Zu diesem Zweck werden Wälder gerodet, Felder angelegt, Berge erschlossen, Dämme gebaut und Meere aufgeschüttet. Solche Neugestaltungen können aber natürlich auch Schäden im Ökosystem und Veränderungen im Erscheinungsbild von Landschaften verursachen. Umgekehrt können Gebiete durch gesellschaftliche oder technologische Veränderungen auch **außer Wert gesetzt** werden.

Natur- und Kulturlandschaften

Naturlandschaften sind heute nur noch selten zu finden. Es handelt sich dabei um unbesiedelte oder von indigenen Völkern bewohnte Flächen in Polarregionen, Wüsten oder Regenwäldern, die nicht vom Menschen beeinflusst sind. Ihr Erscheinungsbild beruht auf der Zusammenwirkung ökologischer Faktoren. In dicht besiedelten Gebieten finden sich Naturlandschaften nur noch in geschützten Gebieten wie Auen oder Nationalparks. **Kulturlandschaften** hingegen sind durch Menschen geprägt, zur wirtschaftlichen Nut-

zung überformte Landschaften. Die Menschen tragen entscheidend zur Entstehung und Erhaltung von Kulturlandschaften bei. Kulturlandschaften unterliegen einem ständigen Wandel. Kulturlandschaften können je nach Intensität des menschlichen Einflusses in naturnahe land- und forstwirtschaftlich geprägte und naturferne Kulturlandschaften unterschieden werden. Städte und Industriezonen sind demnach ebenso Kulturlandschaften wie extensiv genutzte Wiesen und Weiden.

Monokulturen, als extreme Form von Kulturlandschaften, bewirtschaften teils riesige Flächen mit nur einer Nutzpflanze. Dadurch entstehen Vorteile bei Bodenbearbeitung, Düngung und Ernte, die den Einsatz teurer Maschinen rechtfertigen. Gleichzeitig entstehen aber auch Nachteile in Form von Bodenbelastungen oder regionalen wirtschaftlichen Abhängigkeiten (M1). Schädlinge können sich rascher vermehren, da sie ein Überangebot von Nahrung und eine verminderte Anzahl natürlicher Feinde nutzen können. Als Alternative zur Monokultur wird daher immer öfter versucht Böden durch **nachhaltige Bewirtschaftung** zu schonen.

Landwirtschaft und Ressourcen

Mit den steigenden Ansprüchen an die Landwirtschaft läuft ein zunehmender Ressourcenverbrauch einher. Acker- und Weideland machen bereits heute ungefähr 40 Prozent der Landfläche der Erde aus. Einzig der Waldbestand bildet ein ähnlich großes Ökosystem. Zuwächse in der Landwirtschaft können somit nicht durch den Ausbau der landwirtschaftlichen Nutzflächen kompensiert werden, zumindest nicht ohne dabei Naturlandschaften (und Kohlenstoffsenken) wie Regenwälder, Grünland oder Feuchtgebiete zu zerstören. Darüber hinaus erhöhen das Bevölkerungswachstum und der damit einhergehende Siedlungsdruck und Infrastrukturausbau den globalen

Flächenbedarf. Hinzu kommt, dass auf einem Großteil der landwirtschaftlichen Fläche die Bodenqualität abnimmt. In den letzten 60 Jahren hat menschliches Handeln fast 40 Prozent der Ackerfläche zumindest teilweise degeneriert. Bodenerosion, Nährstoffverluste durch Auswaschung oder Emission oder Versalzung durch falsche Bewässerung sind einige Ursachen dieser Entwicklung. Die Konsequenz daraus ist, dass die Landwirtschaft die zukünftigen Herausforderungen mit schlechter werdenden Grundvoraussetzungen bewältigen muss.
(https://www.nachhaltigkeit.info/artikel/nachhaltige_landwirtschaft_1753.htm, abgerufen am 7.12.2016)

M5 *Herausforderungen für die Landwirtschaft*

Ostfrieslands Moore

Im Nordwesten Deutschlands erstreckten sich riesige Moorflächen, die in den vergangenen Jahrhunderten sukzessive besiedelt wurden. Zu diesem Zweck wurden parallele Entwässerungsgraben geschaffen, deren Anlage viele Reihendörfer („Aufstrecksiedlungen") entstehen ließ. Nach dem Abbau des dabei gewonnenen Torfes konnten die gewonnenen Flächen landwirtschaftlich genutzt werden (M2). Im 20. Jahrhundert wurde Torf mit industriellen Maschinen abgebaut und auch heute wird in einzelnen Gebieten noch Torf gewonnen. Die wirtschaftliche Inwertsetzung der Moore hat die Landschaft aus ökologischer Hinsicht aber außer Wert gesetzt. Von der ursprünglichen Moorlandschaft sind heute nur noch vereinzelte Überreste erhalten. Diese Gebiete stehen heute unter Naturschutz. Durch Renaturierungsmaßnahmen wird versucht Moore wieder zu vernässen und sie damit wirtschaftlich wieder außer Wert, aber ökologisch in Wert zu setzen.

Ewiges Meer

Das Ewige Meer ist der größte Hochmoorsee Deutschlands und liegt in einem Naturschutzgebiet nahe dem Ort Eversmeer. Die charakteristische Vegetation (Torfmoose, Wollgräser, Moosbeere, Moorheide, …), die durch Torfgewinnung entstandenen Rinnen und die Wasserflächen können durch einen 1,8 km langen Moorwanderweg erkundet werden.

Methode

Bilder analysieren

Bilder präsentieren Sachverhalte, wie sie in einem Ausschnitt der visuellen Realität dargestellt werden. Die Analyse von Bildern ist oft komplex und erfordert genaues Arbeiten.

Schritt für Schritt:

☐ Bild beschreiben: Bildtyp, Bildinhalte wie Landschaften, Pflanzen, Böden, Gebäude oder Strukturen benennen und einzeichnen; Bild verorten; Zusatzinformationen heranziehen

☐ Bild erklären: einzelne Bildelemente verknüpfen, Zusammenhänge herstellen, Vorwissen einbringen, Manipulationen erkennen

☐ Bild bewerten: Bewertung, Schlussfolgerung, Hypothesenbildung, Medienkritik

---

1 Finden Sie mit Hilfe digitaler Karten weitere Regionen
[II] Ostfrieslands mit einer ähnlichen Parzellierung wie in M3 und beschreiben Sie deren geographische Lage.

2 Analysieren Sie die Bilder M1 bis M4 systematisch nach
[II] der Methode der Bildanalyse. Zeichnen Sie dabei relevante Merkmale in die Bilder ein.

3 Bewerten Sie mit Hilfe der Bilder M3 und M4 die Inwert-
[III] setzung der Moorlandschaften in Ostfriesland. Ist eine nichtinwertgesetzte Landschaft wertlos?

4 Interpretieren Sie die wahrscheinlichen Blickrichtungen
[II] in M2 und M4 mit Hilfe des Satellitenbildes M3.

5 Erläutern Sie anhand von M5 Herausforderungen für
[II] eine nachhaltige Landwirtschaft.

6 Ermitteln Sie intakte oder trockengelegte Moore in
[I] Österreich und beschreiben Sie deren jetzigen Wert und die jetzige Nutzung.

7 Finden Sie im Internet das für Sie aussagekräftigste Bild
[III] zum Ewigen Meer und begründen Sie Ihre Wahl.

Landwirtschaft im Wandel

Kompetenzorientierte Lernziele

→ die dem Strukturwandel in der Landwirtschaft zugrundeliegenden Prozesse analysieren

→ die Auswirkungen intensiver und industrialisierter Landwirtschaft auf die Umwelt beurteilen

M1 *Blumenfelder in den Niederlanden*

Landwirtschaft in Europa

In Europa stellt die Landwirtschaft mit der Produktion von Gemüse, Obst, Wein, Getreide, Fleisch und Milchprodukten die Grundlage für die Lebensmittelversorgung der Bevölkerung dar. Insgesamt ist der Anteil der Landwirtschaft an der gesamten Wirtschaft allerdings gering. Zudem sinkt die Anzahl der Landwirtinnen und Landwirte, während ihr Durchschnittsalter ansteigt. Die Betriebsgrößen variieren in den europäischen Staaten sehr stark und reichen von familiär betriebenen Höfen bis hin zu Großbetrieben. Grundsätzlich wird in Europa **intensive Landwirtschaft** betrieben, deren Ziel möglichst hohe Erträge auf den begrenzten Flächen sind. Moderne Maschinen, Automatisierung, Bewässerung sowie der Einsatz von Pflanzenschutz-, Futter- und Düngemitteln dienen der Maximierung der Erträge. Die gesteigerte Produktivität belastet durch Überweidung, Erosion und Eutrophierung (M4) jedoch in hohem Maße die Umwelt. In Teilen Europas wird auch **extensive Landwirtschaft** betrieben. Dabei werden durch naturschonenden Umgang allerdings nur geringe Erträge auf verhältnismäßig großen Flächen erzielt. Ein Beispiel dafür ist der Anbau von Olivenbäumen in Spanien, Griechenland und Italien.

Strukturwandel in der Landwirtschaft

Sinkende Löhne und Überproduktion stellen die Landwirtinnen und Landwirte vor große Herausforderungen. Nicht zuletzt haben diese Probleme zu einem Strukturwandel beigetragen, dem drei wesentliche Veränderungen zugrunde liegen:

1. Industrialisierung: Die Industrialisierung mit zunehmender Mechanisierung führt dazu, dass immer weniger Bäuerinnen und Bauern immer mehr Menschen mit Lebensmitteln versorgen können. Automatisierung sowie der Einsatz hochwertiger Maschinen steigern die Erträge bei abnehmendem Bedarf an Arbeitskräften. Der Einsatz von Kunstdünger und chemischen Pflanzenschutzmitteln sowie der Ackerbau in Monokulturen für die maschinelle Ernte unterstreichen den Trend zur Industrialisierung.

Industrielle Landwirtschaft mit Zukunftsproblemen

Europa verfügt im weltweiten Vergleich über sehr widerstandsfähige Böden. Das Klima ist vielerorts milde und strapaziert das agrarisch genutzte Land wenig. Die Landwirtschaft selbst unterliegt vielerlei Auflagen, die dem Schutz der Umwelt dienen sollen. Dennoch zeigen 35 Prozent der landwirtschaftlichen Böden in der EU Verdichtungserscheinungen. 17 Prozent sind degradiert, also in ihrer Qualität deutlich verschlechtert bis zerstört. Auf 42 Millionen Hektar aller Flächen in Europa ist Winderosion zu erkennen, 105 Millionen Hektar sind von Wassererosion geschädigt.

Durch die landwirtschaftliche Nutzung haben 45 Prozent von Europas Böden deutlich an organischer Substanz – dazu gehören Humus und Bodenlebewesen – verloren. Die natürliche Fruchtbarkeit der Äcker ist gesunken. Ihr schlechter Zustand lässt sich in den gemäßigten Klimazonen vielerorts durch Mineraldünger- und Kalkgaben verbergen. Obwohl die Ernteerträge heute stabil sind, ist zukünftig mit Ausfällen zu rechnen. Ähnlich wie in Nord- und Südamerika, Australien und Nordchina sorgte auch in Europa über Jahrzehnte der Einsatz „moderner" Techniken dafür, dass die Erträge stark gestiegen sind.

(https://www.boell.de/de/2014/12/16/intensivfeldbau-industrielle-landwirtschaft-mit-zukunftsproblemen, abgerufen am 7.12.2016)

M2 *Intensivfeldbau*

2. Ökologisierung: Ein nachhaltiger Umgang mit den Ressourcen gewinnt auch in der Landwirtschaft an Bedeutung. Ökologischer Landbau hat zum Ziel, Artenvielfalt und Ökosysteme zu erhalten, Böden und Wasserqualität zu schützen und die durch die Landwirtschaft verursachte Klimabelastung möglichst gering zu halten. Zur Sicherung der Bodenfruchtbarkeit sind geschlossene Stoffkreisläufe wichtig. Am Acker werden neben den Feldfrüchten zum Verkauf auch Futterpflanzen für die Tierhaltung angebaut. Die pflanzlichen Abfälle und der tierische Dung werden kompostiert zur Düngung der Felder verwendet. Zudem wird auf chemische Pflanzenschutzmittel und Gentechnik verzichtet sowie auf eine vielseitige Fruchtfolge und schonende Bodenbearbeitung geachtet. Insbesondere soll damit der Bodenverdichtung entgegengewirkt werden (M5).

3. Energieversorgung: Die Landwirtschaft gewinnt in der Energieversorgung zunehmend an Bedeutung. So genannte landbasierte Agrokraftstoffe werden den konventionellen Treibstoffen als Agrodiesel (M3) und Agroethanol beigemischt. Agroethanol wird vorwiegend aus Mais, Weizen und Zuckerrüben, Agrodiesel hingegen fast ausschließlich aus Raps hergestellt. Die positiven Effekte auf die Klimabilanz sind allerdings umstritten, zumal der erhöhte Flächenbedarf zum Anbau der Rohstoffe wertvolle Ökosysteme zerstört und die Emission von Treibhausgasen erhöht.

Agrodiesel-Nachfrage bricht ein

Stell dir vor, in Deutschland wird die Energiewende ausgerufen – und deutsche Hersteller müssen ihren Beitrag dazu exportieren: Die deutschen Agrodiesel-Produzenten haben im vergangenen Jahr mit rund drei Millionen Tonnen das zweitbeste Produktionsergebnis ihrer noch jungen Industriegeschichte erzielt. Wie der Verband der Deutschen Biokraftstoffindustrie (…) mitteilte, wurden im vergangenen Jahr drei Millionen Tonnen Agrodiesel verkauft. Groteskerweise ist (…) der Anteil der alternativen Kraftstoffe Agrodiesel, Agroethanol und Pflanzenöl am deutschen Kraftstoffmarkt auf unter fünf Prozent gesunken – der niedrigste Wert seit 2005.

Dass die Industrie dennoch nicht schlecht dasteht, liegt am Export: Mehr als 50 Prozent der hierzulande hergestellten Agrotreibstoffe wurden ins Ausland verkauft. Deshalb gehen sie auch nicht in die deutsche Klimabilanz ein: Dort ist nicht der Produktionsort entscheidend, sondern der Ort des Einsatzes.

„Biokraftstoffe sparen große Mengen Treibhausgase ein und sind die einzige in größeren Mengen vorhandene Alternative zu fossilen Kraftstoffen", sagte VDB-Verbandschef Elmar Baumann. „Deshalb ist der Rückgang des Absatzes von Biodiesel in Deutschland im Hinblick auf die Klimaschutz-Ziele der Bundesregierung nicht akzeptabel."

Die Bundesregierung müsse sich fragen lassen, wie der niedrigste Anteil erneuerbarer Energieträger im Straßenverkehr seit 2005 mit dem absehbaren Verfehlen der deutschen Klimaziele zusammenpasse.

Im Jahr 2014 stellten die deutschen Produzenten Agrodiesel zu 73 Prozent aus Raps her. Altspeisefette waren zu 17 Prozent Rohstoffquelle, Palmöl trug drei Prozent zur Produktion bei. Insgesamt erzielte die Branche, in der deutschlandweit 25 600 Menschen beschäftigt sind, im vergangenen Jahr einen Jahresumsatz von 2,6 Milliarden Euro.

(http://www.klimaretter.info/mobilitaet/nachricht/1435-agrodiesel-nachfrage-bricht-ein, abgerufen am 7. 12. 2016)

M3 *Agrodiesel: Exportschlager in Deutschland?*

Eutrophierung

Unter Eutrophierung versteht man die menschlich ausgelöste Anreicherung von Nährstoffen in ursprünglich nährstoffarmen Gewässern. Der Begriff „eutroph" leitet sich aus dem Griechischen „eu trophos" ab und bedeutet „gut ernährt". Durch die veränderten Lebensbedingungen können sich Algen und andere Wasserpflanzen übermäßig vermehren und andere Pflanzen, Tiere und Mikroorganismen verdrängen.

M4 *Überdüngung von Gewässern*

Bodenverdichtung

Die maschinelle Bearbeitung von Feldern kann zu Bodenverdichtungen führen. Durch das hohe Gewicht der Maschinen werden die Bodenpartikel zusammengedrückt. Das hat zur Folge, dass die Böden nicht mehr genügend Wasser aufnehmen können, wodurch sich dieses an der Oberfläche ansammelt. Die landwirtschaftlichen Erträge verringern sich, weil die Pflanzen schlechter wurzeln und sich die Lebensbedingungen vieler biologisch bedeutsamer Bodenorganismen verschlechtern.

M5 *Dauerhafte Schäden für den Boden*

M6 *Raps als Rohstoffquelle für Agrodiesel*

M7 *Apfelernte durch Roboter – Landwirtschaft der Zukunft?*

1 Zeigen Sie die wesentlichen Unterschiede zwischen
[I] extensiver und intensiver Landwirtschaft auf.

2 Betrachten Sie M6 kritisch. Analysieren Sie die Folgen
[II] einer zunehmend automatisierten Landwirtschaft für die Landwirtinnen und Landwirte.

3 Diskutieren Sie, ob sich eine Ökologisierung mit der
[III] Industrialisierung der Landwirtschaft vereinbaren lässt und welche Konflikte sich daraus ergeben können.

4 Bewerten Sie den Einsatz von Agrokraftstoffen für die
[III] Energieversorgung der europäischen Bevölkerung.

Land Grabbing in Osteuropa

Kompetenzorientierte Lernziele

→ die Problematik des Landraubs beurteilen

→ Strukturen und Wandel landwirtschaftlicher und industrieller Produktionsbedingungen in Europa vergleichen

Rumänien – Die Abholzung in den Karpaten schreitet voran

Rumänien besitzt eine Waldfläche von über sechs Millionen Hektar, wobei sich rund die Hälfte davon im Gebiet der Karpaten befindet. Sechs Prozent dieser Waldfläche wurden schätzungsweise in den letzten 30 Jahren von ausländischen Holzunternehmen illegal abgeholzt (M1). Die Vorgehensweise der Forstarbeiter ist ganz einfach: Gesunde Bäume werden als kranke Baumbestände ausgewiesen und systematisch gefällt. Die Genehmigung für das radikale Abholzen der Bäume erhalten Unternehmen meist von den zuständigen Behörden, die ebenso davon ausgehen, dass die Waldbestände entweder von Schädlingen und Krankheiten befallen oder aufwändige Forstarbeiten notwendig sind. Schließlich ist das boomende Geschäft mit dem Holz nicht nur für die lokalen Anbieter lukrativ, sondern sorgt auch bei den ausländischen Investoren für volle Taschen. Der Rohstoff wird von den Investoren in viele verschiedene Länder exportiert und dort wiederum weiterverkauft. Die lokale Bevölkerung hingegen profitiert nur wenig vom landwirtschaftlichen Ertrag des Waldes. Vor allem Kleinbäuerinnen und Kleinbauern, die bei fehlendem Kapital nicht mehr die Möglichkeit haben, größere Ländereien zu bepflanzen, sind stark davon betroffen. Obwohl illegale Abholzungen über ein Hektar als Bedrohung der nationalen Sicherheit eingestuft werden, gibt es offenbar keine effektive Kontrolle seitens der rumänischen Regierung. Überprüfungen enden meist in Chaos und Korruption. Der dabei entstandene Schaden für den rumänischen Staat beträgt rund fünf Milliarden Euro.

Tschechien – Das Geschäft mit dem fruchtbaren Land

Die Ackerbauflächen in Tschechien stehen momentan hoch im Kurs. Der Handel mit agrarischem Boden ist gerade für große und kleine Investoren sehr verlockend, um sich gegen eventuelle Inflationen zu wappnen. Nebenbei gibt es auch noch Fonds und börsennotierte Gesellschaften, die gerne in tschechische Anbaugebiete investieren. Die steigenden Preise für Agrarrohstoffe und starke Nachfrage von Nahrungsmitteln sind ausschlaggebend dafür, dass Ackerland zu einem beliebten Anlagen- und Spekulationsobjekt geworden ist. Man spricht dabei von **Land Grabbing** (M2 und M3).

Durch diesen Landraub kommt es zu einem Strukturwandel in der Landwirtschaft. Auch hier gelangen Kleinbetriebe zunehmend unter Druck und können mit Großkonzernen nicht mehr Schritt halten. Sie werden häufig übergangen und verlieren regelrecht den „Boden unter ihren Füßen".

Definition: Land Grabbing

Obwohl es in Europa noch ein begrenztes Phänomen ist, muss Land Grabbing im breiteren Kontext der strukturellen Veränderungen in der Landwirtschaft gesehen und bewertet werden. In Europa herrscht ein dramatisch hohes Niveau an Landkonzentration, und die kleinbäuerliche Landwirtschaft schwindet rasant. Land Grabbing und die damit verbundene Privatisierung und Enteignung natürlicher Ressourcen beschleunigen diesen Trend. Im Vergleich zu Ländern in Afrika, Asien, Lateinamerika und früheren Sowjetstaaten ist Land Grabbing in Ausmaß und Umfang in der EU allerdings noch begrenzt und besonders auf die osteuropäischen EU-Mitgliedstaaten konzentriert.

Beteiligt am Land Grabbing ist eine ganze Bandbreite von AkteurInnen: in- und ausländische, staatliche und nicht-staatliche sowie natürliche und juristische Personen.

(https://www.fian.de/fileadmin/user_upload/bilder_ allgemein/Publikationen/FF_Magazin/ff2016-S.4-5.pdf, abgerufen am 23.10.2016)

M2   *Landraub*

M1   *Abholzung in den Karpaten*

M3   *Land Grabbing*

Ackerland zu verkaufen!

Ackerland 297 ha

Region: Znaim (Znojmo)

Zum Verkauf steht in der Region Znaim 297 ha Ackerboden in 4 Flurstücken. Bewässerung möglich. Bewirtschaftung ab Herbst 2014. Mögliche Verkauf auch nur 250 ha. Nötig – einseitige Kaufabsichtserklärung und Finanzierungsbestätigung vorlegen. Grenzübergangen Laa an der Thaya und Kleinhaugsdorf 15–30 km entfernt. Unweit von ID1081 (Ackerland 13 ha). Preis: VHS ca. 4,46 Mio EUR (1,50 EUR/m²) exkl. Provision

(http://www.agrarfinance.ch/angebot_27)

M4   *Inserat über zu kaufendes Ackerland in Tschechien (Originaltext)*

„Holzmafia" wütet in Rumäniens Wäldern

Binnen weniger Wochen sind in Rumänien zwei Förster der staatlichen Forstverwaltung getötet worden. Liviu Pop wurde vergangene Woche erschossen, als er Holzdiebe stellen wollte. Im September war der Förster Raducu Gorcioaia getötet worden. Rumänien gilt mit seinen Wäldern als grüne Lunge Europas – und als Schlaraffenland für die Holzindustrie. Mit illegalen Schlägerungen und Diebstählen versuchen auch Kriminelle, gute Geschäfte zu machen.

Die Praktiken der „Holzmafia" erinnern an den Raubbau im Amazonas oder an Wilderer in den Steppen der Naturparks in Afrika: Holzdiebe in den Wäldern Rumäniens gehen mittlerweile über Leichen. Laut Silviu Geana von der Forstarbeitergewerkschaft Silva wurden in den vergangenen Jahren sechs Förster getötet. Die staatliche Forstverwaltung Romsilva zählte allein heuer 16 tätliche Angriffe. Der 30-jährige Pop wurde laut Ermittlern in der Region Maramures im Norden des Landes mit seinem eigenen Gewehr erschossen und in eine Schlucht geworfen. Nach einem Hinweis wollte er im Wald Holzdiebe stellen, nicht ausgeschlossen wird, dass er gezielt in eine Falle gelockt wurde. (…)

Unberührte Urwälder und riesiger Kahlschlag

Zu den riesigen Waldflächen in Rumänen zählen auch die größten verbliebenen Urwälder Zentraleuropas: Rund zwei Drittel der unberührten Naturlandschaften des Kontinents liegen in dem Land, rund 200 000 Hektar. Schon Anfang der 2000er Jahre setzte das große Geschäft mit dem Holz ein. Nach dem EU-Beitritt Rumäniens stieg der Holzexport sprunghaft an.

Umweltschützer schlagen schon seit Jahren Alarm: Geschlägert werde in den Urwäldern und auch in den von der EU definierten Natura-2000-Schutzgebieten, in denen gefährdete Pflanzen- und Tierarten eigentlich geschützt werden sollten. Wie groß die abgeholzten Flächen der vergangenen knapp zwei Jahrzehnte sind, darüber gehen die Schätzungen auseinander. Wohl zwischen 3 000 und 4 000 Quadratkilometer sollen es sein, Letzteres entspricht der Größe des Burgenlandes. Auf Satellitenbildern sind die riesigen kahlen Flächen deutlich ersichtlich.

„Holzmafia" und korrupte Politik

Naturschützer sprechen von einer Mischung aus legalen, halblegalen und illegalen Schlägerungen. Getrieben würden sie von großen Holzunternehmen, auch aus Österreich. Dazu käme eine regelrechte „Holzmafia", die illegal Bäume schlägere und das Holz dann verkaufe. Und schließlich täte die von Bürokratie und Korruption durchzogene rumänische Politik das Ihre. (…)

Heuer im September kündigten die drei Naturschutzorganisationen EuroNatur, Agent Green und ClientEarth eine EU-Beschwerde wegen der anhaltenden Abholzungen an. Immer wieder kommen auch österreichische Firmen in die Schlagzeilen: Die Holzunternehmen Schweighofer, Egger und Kronospan sind dominierende Akteure in Rumänien. In der Vergangenheit haben NGOs und investigative Medien immer wieder die drei Unternehmen beschuldigt, über zahlreiche Zwischenhändler auch illegal geschlägertes Holz bezogen zu haben.

(https://orf.at/stories/3141576/, 22.10.2019; abgerufen am 21.4.2020)

M5   *Auch österreichische Holzunternehmen unter Verdacht*

---

1 Bewerten Sie die Thematik des „Land Grabbing" im [III] osteuropäischen Raum.

2 Interpretieren Sie die Karikatur M3 und nehmen Sie [III] Stellung dazu.

3 Recherchieren Sie im Internet, welche Länder und Investoren in osteuropäische Ackerbau- und Waldflächen investieren.

4 Entwickeln Sie Strategien zur Eindämmung der in [III] Rumänien und Tschechien stattfindenden Problematik des Landraubs.

Spanien: Landwirtschaft unter Plastik

Kompetenzorientierte Lernziele

→ die Inwertsetzung eines Trockenraums am Beispiel Almeria analysieren

→ Vor- und Nachteile des Bewässerungfeldbaus aufzeigen
→ die Bedingungen der Saisonarbeit beurteilen

M1 *Fotovoltaikanlage zur Energiegewinnung in der Provinz Almeria*

M2 *Plastikmeer in Almeria*

Inwertsetzung eines Trockenraums – Gemüse- und Obstanbau in Spanien

Traditionell wurde im Mittelmeerraum der Anbau von Oliven und Mandeln im Trockenfeldbau betrieben. Diese Landnutzung wurde auch in der südspanischen Region Almeria zugunsten exportorientierter, intensiver Bewirtschaftung in Monokultur und unter hohem Einsatz von Energie, chemischen Düngern und Pflanzenschutzmitteln aufgegeben. Die Landschaft wurde großflächig mit Folien-Gewächshäusern überzogen und Bewässerungssysteme wurden errichtet, um die Trockenräume mit genügend Wasser zu versorgen. Im gesamten Mittelmeerraum befinden sich heute über 110 000 Hektar Anbaufläche unter Plastik, die Flächen werden ständig vergrößert. Viele Neukonstruktionen sind allerdings illegal und befinden sich in Naturschutzgebieten. Das führt zur Zerstörung von wertvollen Ökosystemen und fördert die Erosion. Zudem fallen jährlich mehr als 28 000 Tonnen Plastikmüll an. Der landwirtschaftliche Wasserverbrauch ist extrem hoch, da zu wenig Jahresniederschlag fällt (M3).

Almeria – Europas größter Wintergarten

Mit mehr als 70 Landwirtschaftsunternehmen ist der Ort El Ejido mit rund 83 000 Einwohnerinnen und Einwohnern in der südspanischen Provinz Almeria das Zentrum der landwirtschaftlichen Produktion. Noch vor 30 Jahren war El Ejido ein armes Dorf und die gesamte Region von Abwanderung geprägt. Ende der 1950-er Jahre entdeckte man, dass die Saat in einer Mischung aus Sand und Dünger in der wüstenähnlichen Region sehr gut gedieh. In den 1980-er Jahren wurde mit der intensiven Bewässerung durch Wasserpumpen begonnen und Plastikverschläge errichtet. Durch die Intensivierung und Industrialisierung der Landwirtschaft verfügt El Ejido heute über eines der höchsten Pro-Kopf-Einkommen des ganzen Landes.

In der gesamten Region Almeria, die auch als „Plastikmeer" bezeichnet wird, werden auf 360 Quadratkilometern jährlich drei Millionen Tonnen Gemüse und Obst in riesigen, mit Plastikplanen überzogenen Plantagen angebaut. Davon sind rund 70 Prozent für den Export bestimmt und werden das ganze Jahr über billig in Nord- und Westeuropa verkauft.

Neben den günstigen klimatischen Bedingungen haben vor allem die billigen, saisonalen Arbeitskräfte, die meist aus dem Ausland kommen, der Region zu Reichtum verholfen. Die oftmals illegalen Einwanderinnen und Einwanderer stammen aus nordafrikanischen Ländern wie Marokko, aber auch aus Ländern südlich der Sahara und aus Ecuador, Rumänien, Bulgarien und der Ukraine. Sie leisten als Erntehelfer für einen Hungerlohn Pflückdienste in den Gewächshäusern. Über 90 Prozent aller Arbeiterinnen und Arbeiter sind Ausländerinnen und Ausländer, die ein bescheidenes Leben am Rand der Städte der Provinz führen.

Frucht	Wassergehalt
Galiamelone	89 %
Paprika	91 %
Melanzani	92 %
Tomate	95 %
Gurke	97 %
Wassermelone	98 %

Während ihrer Reifung benötigen die Pflanzen noch ein Vielfaches an Wasser. Eine Tomate benötigt 13 Liter Wasser, bis sie geerntet wird.

M3 *Wasserverbrauch im Obst- und Gemüsebau*

Gefangen im Plastik-Meer

Eine schmale, endlos lange Straße führt durch das Labyrinth von Gewächshäusern, das sich kilometerweit zu beiden Seiten erstreckt. Hin und wieder radeln ein paar Schwarzafrikaner vorbei. An ihren Lenkrädern baumeln Einkaufstüten. Kurz darauf verschwinden sie in den Feldwegen, die die Treibhaus-Plantagen trennen. An einer Straßenkreuzung taucht plötzlich eine Ansammlung halb verfallener Steingehöfte auf, „Cortijos" genannt. Ein Mann Ende 20 steht in Trainingsanzug und Badeschlappen ans Fahrrad gelehnt vor seiner schmutzig-grauen Unterkunft. Er ist Marokkaner, wohnt hier mit seinem Bruder und dessen vierköpfiger Familie. Vor sieben Jahren, erzählt der Mann, habe er, in der Hoffnung auf eine bessere Zukunft, von Marokko mit einem wackeligen Holzboot nach Spanien übergesetzt. Er arbeite nebenan, sagt er und deutet auf eines der Gewächshäuser auf der anderen Straßenseite.

Für seinen schweißtreibenden Job als Pflücker unter Folie bei Temperaturen bis zu 50 Grad verdient er höchstens 30 bis 35 Euro am Tag. Der gesetzlich vorgeschriebene Mindestlohn für einen 8-Stunden-Tag liegt bei knapp 46 Euro. Mehrmals, berichtet er, habe er seinen Chef vergeblich um einen Arbeitsvertrag gebeten. Bis heute aber ist er ein Sans-Papier, lebt in ständiger Angst, von der Polizei gefasst und ausgewiesen zu werden. Der Mann fühlt sich als Gefangener des Plastik-Meeres, das ihn von allen Seiten umgibt: Er kann weder zur Erdbeerernte in die andalusische Provinz Huelva ausweichen, wenn es in El Ejido an Arbeit mangelt, noch zurück in seine Heimat Marokko, wo er in den letzten sieben Jahren nicht mehr war. Denn damit würde er sich die Rückkehr nach Spanien verbauen, erklärt er, während er eine Gruppe von Landsleuten grüßt, die über den staubigen Feldweg in ihre Unterkünfte zurückkehren.

Die Steingehöfte gehören noch zu den besseren Bleiben dieses prekären Wohnviertels, in dem etwa 60 Menschen hausen. Hinter den „Cortijos" nämlich häufen sich hässliche, schwarze Hütten, getragen von windschiefen Holzgestellen, die aus Plastikplanen und Stoff zusammengezimmert sind. Auf manchen dieser Hütten thront eine Satellitenschüssel. „Im Sommer herrschen in diesen Baracken manchmal Temperaturen bis zu 50 Grad", berichtet der junge Mann, der sich als Führer durch das Elendsviertel anbietet; dann sei es da drinnen genauso heiß wie in den Gewächshäusern. Wenn dazu noch der Wind den Gestank der benachbarten Düngemittelfabrik herüberwehe, werde das Leben im Viertel zur Hölle.
(http://www.nzz.ch/eine-welt-unter-folie-1.1881276, abgerufen am 23.10.2016)

M4 *Arbeitsbedingungen in Spanien*

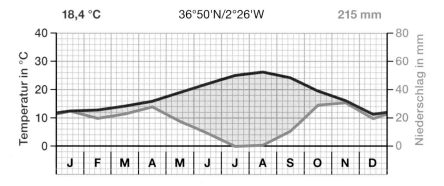

Almeria/Spanien (21 m)

18,4 °C   36°50'N/2°26'W   215 mm

M5 *Klimadiagramm von Almeria*

M6 *Die 17-jährige Marokkanerin Miriam arbeitet als Saisonarbeiterin in Spanien.*

1 Stellen Sie die Vor- und Nachteile des Bewässerungs-
[II] feldbaus in Plastikplantagen gegenüber.

2 Zeigen Sie unter Berücksichtigung von M4 die Arbeits-
[I] bedingungen der Saisonarbeiterinnen und -arbeiter in Almeria auf.

3 Diskutieren Sie Ihr eigenes Konsumverhalten: Kaufen
[III] Sie auch im Winter Tomaten und Erdbeeren oder achten Sie auf die Saisonalität von Gemüse und Obst?

Strukturen und Wandel industrieller Gebiete

Kompetenzorientierte Lernziele

→ die Bedeutung von harten und weichen Standortfaktoren für Unternehmen beurteilen

→ Konzentrationsprozesse und Standortverlagerungen von Unternehmen analysieren

Standortverlagerung

In den vergangenen Jahrzehnten wurde die Internationalisierung von Wirtschaftsprozessen zunehmend bedeutender. Zur Steigerung der Umsätze oder Erweiterung der Exporte lagern Unternehmen zB Vertrieb oder Produktion an andere Standorte aus. Dabei spielen potenzielle Fertigungskosten, infrastrukturelle Gegebenheiten oder Kundennähe eine wichtige Rolle. Die Motive einer Standortverlagerung werden als Standortfaktoren bezeichnet. Diese beeinflussen die Attraktivität eines Ortes oder einer Region für die Ansiedlung von Unternehmen. Die Bedeutung der unterschiedlichen Faktoren hängt aber auch von der Größe, Organisationsstruktur und der Branche des Unternehmens ab. Eine Werbeagentur hat beispielsweise andere Ansprüche an einen Standort als eine Textilfabrik.

Harte Standortfaktoren

Harte Standortfaktoren bezeichnen quantifizierbare soziodemographische und infrastrukturelle Merkmale, die einen großen Einfluss auf die Unternehmertätigkeit haben.
- Verkehrsanbindung (Straßen, Schienen, Hafen, Flughafen)
- Energie- und Umweltkosten
- Flächenangebot (Größe, Grundstückspreise)
- Arbeitsmarkt (Verfügbarkeit qualifizierter Arbeitnehmerinnen und Arbeitnehmer)
- Örtliche Steuern und Abgaben
- Lage zu den Bezugs- und Absatzmärkten
- Förderangebote (Subventionen)

Weiche Standortfaktoren

Weiche Standortfaktoren sind nicht quantifizierbare, subjektive Eigenschaften, die in Zeiten, in denen harte Standortfaktoren an vielen Orten gleichermaßen vorhanden sind, an Bedeutung für die Ansiedlung von Unternehmen gewinnen. Man unterscheidet zwischen weichen Faktoren, die für die Wettbewerbsfähigkeit eines Unternehmens relevant sind, und weichen Faktoren, die für die Lebensqualität der Beschäftigten Bedeutung haben.
Weiche, unternehmensbezogene Standortfaktoren:
- Wirtschaftsklima (Schnelligkeit und Qualität der Beantwortung von Anfragen und der Bearbeitung von Aufträgen)
- Branchenkontakte (Vorhandensein gleicher Branchen und Zulieferbetriebe)
- Forschungs-, Entwicklungs- und Ausbildungseinrichtungen
- Innovatives Milieu (Informationsfluss zwischen Unternehmen)
- Image als Wirtschaftsstandort
- Leistungsfähigkeit der Wirtschaftsverbände (technische und organisatorische Kompetenz, Dienstleistungsangebot)

Weiche, personenbezogene Faktoren:
- Wohnqualität
- Schulen und Ausbildungseinrichtungen
- Soziale Infrastruktur (Vereine, kulturelles Angebot)
- Umweltqualität
- Stadtbild
- Soziales Klima

Konzentrationsprozesse am Vormarsch

Zur Steigerung der internationalen Wettbewerbsfähigkeit und der wirtschaftlichen Macht schließen sich vermehrt Unternehmen zu großen Konzernen zusammen. Damit verlieren sie ihre wirtschaftliche Selbstständigkeit zugunsten einer einheitlichen Führung und größerer Marktmacht, weil der Wettbewerb auf den betroffenen Märkten aufgrund einer geringeren Zahl an Anbieterinnen und Anbietern abnimmt (S. 66 f.).

Formen, Ursachen und Motive von Unternehmenskonzentrationen

Nach dem Wirtschaftsraum wird zwischen drei Formen der Unternehmenskonzentration unterschieden:
a) regionale Unternehmenskonzentration, wenn die Unternehmenskonzentration in einem bestimmten Teil eines Staates gemeint ist (zB Kohle, Stahl oder Werften);
b) nationale Unternehmenskonzentration, wenn die Unternehmenskonzentration innerhalb eines Landes gemeint ist;
c) internationale Unternehmenskonzentration, wenn auf die Ausdehnung von Unternehmensverflechtungen über mehrere Volkswirtschaften Bezug genommen wird (zB multinationale Unternehmen, strategische Allianzen, Globalisierung).

Die Ursachen und Motive für Zusammenschlüsse sind vielfältig und z.T. abhängig von der Konzentrationsrichtung. Zum einen sind staatliche Rahmenbedingungen zu nennen, wie die Gestaltung des Gesellschafts-, Steuer-, Kartell- oder Patentrechts. Über die staatlichen Rahmenbedingungen hinaus können folgende wichtige Ursachen systematisch unterschieden werden: Kostenersparnisse können durch Größenvorteile eine Rolle spielen.
(…) Das Risiko unternehmerischer Entscheidungen kann durch Unternehmenskonzentration gemindert werden.
(…) Fusionen können über steigende Marktanteile die Erringung einer marktbeherrschenden Stellung und damit die Realisierung höherer Preise und Gewinne ermöglichen.
(*http://wirtschaftslexikon.gabler.de/Definition/unternehmenskonzentration.html, abgerufen am 7.12.2016*)

M1 *Unternehmenskonzentration*

Nimm die Zentrale und wandere

Beim Software-Konzern SAP wird viel diskutiert, ob in den kommenden Jahren die Zentrale aus Walldorf vielleicht gar ins Ausland verlegt werden könnte. Einige Beispiele zeigen, dass so etwas nicht unmöglich ist.

Die Schweizer Stadt Baar hat saubere Luft, leichten Zugang zu Skipisten und eine niedrige Einkommenssteuer. Und London? Jede Menge Verkehr und ständigen Dauer-Nieselregen. Und dennoch: Die Manager von Noble, einem Dienstleister für die Ölindustrie, verlegen gerade ihre Unternehmenszentrale von Baar in die britische Hauptstadt. Sie verweisen auf talentierte Arbeitskräfte und die vorteilhafte Fluganbindung via London-Heathrow, dem verkehrsstärksten Flughafen in Europa. Hinzu kommt, dass das britische Steuersystem inzwischen mit dem traditionell sehr unternehmensfreundlichen Steuersystem der Schweiz mithalten kann.

Noble gehört zu einer Reihe ausländischer Unternehmen, die mit ihren Firmenzentralen in die britische Hauptstadt umziehen. Angelockt werden sie dabei unter anderem vom sinkenden Steuersatz für Unternehmen. Die Entwicklung spiegelt die Bemühungen des britischen Premierministers David Cameron wider, sein Land für ausländische Unternehmen attraktiver zu machen. Gleichzeitig könnte London vor diesem Hintergrund die Abhängigkeit von der Finanzbranche reduzieren. Diese befindet sich seit der Finanzkrise im Jahr 2008 auf dem Rückzug.

In Deutschland ranken sich zuletzt immer wieder Gerüchte, dass der Software-Konzern SAP zumindest die Zentralfunktionen aus dem angestammten Standort im baden-württembergischen Walldorf abziehen könnte. Das Unternehmen weist dies zurück, aber zumindest unmöglich ist ein solcher Umzug nicht. (…) Im Jahr 2012 verlagerten 45 ausländische Unternehmen weltweite oder regionale Zentralen nach London – nach nur 25 im Jahr 2009. (…) Zu den Umzüglern dieses Jahr zählen die Öl- und Gassparte von General Electric, die zuvor in Italien war, sowie der chinesische Entwickler ABP (China) Holdings Group, der seine Weltzentrale in London aufbaut. Auch Aon Plc, Nummer zwei unter den Versicherungsmaklern der Welt, verlegte seinen Sitz im vergangenen Jahr von Chicago nach London. WPP, die größte Werbeagentur der Welt, kündigte vergangenes Jahr an, sie wolle nach London zurückkehren.

(http://www.handelsblatt.com/unternehmen/banken-versicherungen/standortverlagerung-nimm-die-zentrale-und-wandere/892156.html, 18.10.2013, abgerufen am 7.12.2016)

M2   *Standortverlagerungen*

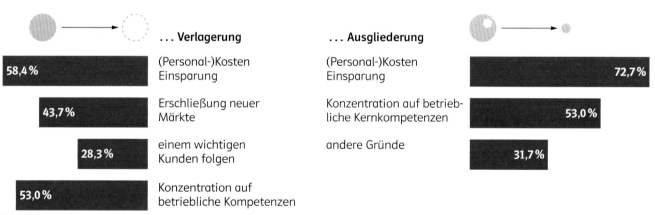

M3   *Gründe für die Verlagerung oder Ausgliederung eines Standorts*

1 Ein Unternehmen einer Branche Ihrer Wahl möchte sich
[II] in Ihrer Region ansiedeln. Erläutern Sie der Firmenchefin bzw. dem Firmenchef, welche harten und weichen Standortfaktoren für Ihre Region sprechen.

2 Analysieren Sie die harten und weichen Standortfaktoren (M2, M3), die für eine Standortverlagerung des Software-Konzerns SAP nach London sprechen.

3 Beurteilen Sie, in welchem Ausmaß sich der Austritt
[III] Großbritanniens aus der EU auf die Wettbewerbsfähigkeit des Landes auswirkt.

Wandel der industriellen Güterproduktion und der Gesellschaft

Kompetenzorientierte Lernziele

→ die Bedeutung von Rationalisierung und Automatisierung in der industriellen Güterproduktion darstellen

→ Identitätsbildung und Vermittlung von Werten als Einflussfaktoren auf Kaufentscheidungen erkennen

M1   *Industrieroboter bei Toyota*

Rationalisierung und Automatisierung – die Zukunft der industriellen Produktion?

Dem Wandel der industriellen Güterproduktion liegen drei wesentliche Entwicklungen zugrunde: die **Rationalisierung** und **Automatisierung** von Produktionsprozessen sowie die zunehmende Bedeutung der Vermarktung von Gütern. Unter Rationalisierung versteht man Maßnahmen, die zur Verbesserung der Produktivität (größere Menge, höherer Umsatz und Gewinn) und/oder zur Senkung von Kosten führen. So kann etwa der Produktionsfaktor Arbeit durch Automatisierung rationalisiert werden. Dabei werden Produktionsprozesse, die ursprünglich von Menschen verrichtet wurden, auf Maschinen übertragen.

Beispielsweise kann die menschliche Arbeit eines Schweißers durch leistungsfähigere und schnellere Maschinen wie einen Schweißroboter ersetzt und damit Kosten eingespart werden. Im Fertigungsprozess kann die Produktion etwa durch Normung, Typisierung, Massen- oder Serienproduktion und kostengünstige Produktionsverfahren rationalisiert werden. Zudem gewinnt der Einsatz von leistungsfähigen Robotern an Bedeutung, vor allem für den Einsatz in der Automobil-, aber auch in der Möbel- und Lebensmittelindustrie.

Vermarktung und Symbolsetzung

Konsumentinnen und Konsumenten üben einen immer stärkeren Einfluss auf die Güterproduktion aus. Deshalb ist es für Produzentinnen und Produzenten wichtig, Informationen über die Kaufgewohnheiten und den Lebensstil ihrer Kundinnen und Kunden zu bekommen. Neue Informations- und Kommunikationstechnologien (Social-Media-Kanäle wie Youtube und Instagram oder Blogs) spielen hierbei eine wesentliche Rolle.
Eine weitere Entwicklung ist der Wandel der materiellen Produktion zur so genannten „Zeichenökonomie", bei der der Einfluss der Symbolhaftigkeit eines Produktes auf die Kaufentscheidung von Konsumentinnen und Konsumenten zunimmt. Dabei wird deutlich, dass sich die Wertschöpfungsanteile für Konsumgüter grundlegend verändert haben. Beispielsweise werden nur vier Prozent der Wertschöpfung eines Turnschuhs im Produktionsbetrieb erzielt (M4). Während der Lohn für die Näherinnen und Näher nur 0,4 Prozent des Preises ausmacht, entfällt die Hälfte der Wertschöpfung auf den Einzelhandel und ein Drittel auf die Markenfirmen wie zB Nike oder Adidas, die die symbolischen Werte des Schuhs generieren. Das Design des Produktes und der Marke machen ein Vielfaches des Wertes der Herstellung aus, zumal sie symbolische Werte und Lebensstile vermitteln. Somit tragen sie zur Identitätsbildung der Konsumentinnen und Konsumenten bei und können ein Zugehörigkeitsgefühl innerhalb von sozialen Gruppen vermitteln.

Österreich: 128 Industrie-Roboter pro 10 000 Beschäftigte

In keinem EU-Land werden so viele Roboter in der Industrie eingesetzt wie in Deutschland. Im weltweiten Vergleich liegt Deutschland gemessen an der Zahl der Maschinen je 10 000 Beschäftigten auf Rang vier nach Südkorea, Singapur und Japan, wie die International Federation of Robotics (IFR) am Donnerstag in Frankfurt mitteilte. In Deutschland kommen demnach auf 10 000 Beschäftigte 301 Industrie-Roboter, in Österreich sind es 128. China hinkt im Vergleich zu Europa mit nur 49 Einheiten trotz des rasanten Wachstums deutlich hinterher. 65 Prozent der Länder mit einer überdurchschnittlichen Anzahl von Industrie-Robotern stammten aus der EU. „Die Automation ist zentraler Wettbewerbsfaktor für die klassisch produzierenden Konzerne, zunehmend aber auch für kleinere und mittlere Firmen rund um den Globus", sagte IFR-Präsident Joe Gemma. Bis 2019 wird die Zahl der weltweit eingesetzten Industrie-Roboter dem IFR zufolge um rund eine Million auf etwa 2,6 Millionen steigen. 40 Prozent der Maschinen weltweit dürften dann allein in China verkauft werden. Die weltweit starke Nachfrage hatte deutschen Herstellern 2015 nach früheren Angaben des Maschinenbauverbandes (VDMA) einen Rekordumsatz beschert. Die Erlöse der Robotik- und Automationsbranche stiegen um 7 Prozent auf die Bestmarke von 12,2 Mrd. Euro. Für das kommende Jahr rechnet der Verband mit einem Plus von zwei Prozent auf 12,5 Mrd. Euro.
(http://derstandard.at/2000045143801/In-Oesterreich-kommen-auf-10-000-Beschaeftigte-128-Industrie-Roboter, 29.9.2016, abgerufen am 7.12.2016)

M2   *Europa weit vorn bei Einsatz von Industrie-Robotern*

Die Roboter kommen

Nicht einmal smarte Business-School-Absolventen können sich noch sicher sein. Ihr ärgster Konkurrent ist eine Maschine. Sie fragt den Anleger, wie viel er mit seinem Geld verdienen will – und wie viel Geduld er dazu mitbringt. Nach diesen Anforderungen durchforstet die Maschine den Kapitalmarkt: Sie stößt Aktien ab, die an Wert verlieren, sucht den Ausgleich bei steigenden Aktien – und zwar so, dass auch die Steuerlast auf dem Gewinn möglichst gering bleibt. Diese Maschine ist nicht nur schnell. Sie reduziert alle Fragen zur Geldanlage auf eine nüchterne Kosten-Nutzen-Kalkulation. Frei von Emotionen. Frei von Fehlern, wie sie nur Menschen machen.

290 Millionen Dollar Risikokapital gingen im vergangenen Jahr an Start-ups, die auf solche Maschinen setzen, um das zu erledigen, was einst nur Absolventen von Business Schools schafften. Das ist etwa doppelt so viel wie im Jahr zuvor.

Die hohen Summen, mit denen die Robo-Berater herangezüchtet werden, lassen ahnen, wo die Zukunft liegt. In den Fabriken haben die Maschinen schon viele Jobs übernommen. Nun drängen sie in die Büros. Sie treten an gegen all die Dienstleister, die ihr Fachwissen und ihre soziale Intelligenz immer als Jobgarantie verstanden. Anwälte konkurrieren mit Algorithmen; Controller mit schneller Software. Köche werden von Maschinen herausgefordert, die aus Datenbanken zusammengewürfelte Rezepte zubereiten; Journalisten von Maschinen, die in ähnlicher Weise mit Textbausteinen jonglieren. Bislang verloren im Zuge der Automatisierung die gering Qualifizierten ihre Jobs. Nun trifft es auch die gut Ausgebildeten.

(http://www.sueddeutsche.de/wirtschaft/automatisierung-die-roboter-kommen-1.230577, 11.3.2015, abgerufen am 7.12.2016)

M3 *Automatisierung*

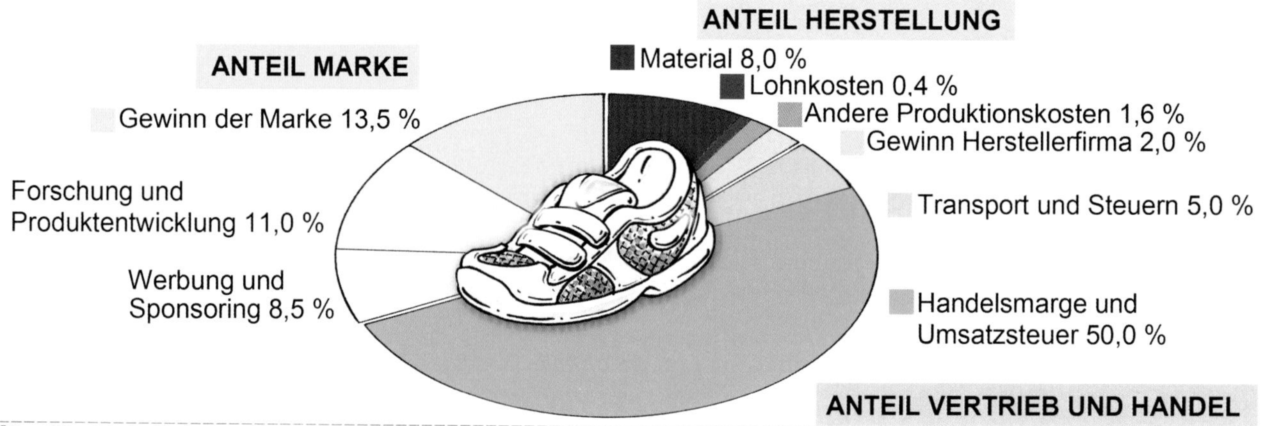

ANTEIL MARKE

Gewinn der Marke 13,5 %

Forschung und Produktentwicklung 11,0 %

Werbung und Sponsoring 8,5 %

ANTEIL HERSTELLUNG

Material 8,0 %
Lohnkosten 0.4 %
Andere Produktionskosten 1,6 %
Gewinn Herstellerfirma 2,0 %

Transport und Steuern 5,0 %

Handelsmarge und Umsatzsteuer 50,0 %

ANTEIL VERTRIEB UND HANDEL

M4 *Wie sich der Preis eines Markensportschuhs zusammensetzt*

1 Stellen Sie mit Hilfe von M1 und M2 die Bedeutung der
[II] Automatisierung und Rationalisierung in der industriellen Güterproduktion dar.

2 Analysieren Sie die Entwicklung des Verhältnisses zwi-
[II] schen physischer Produktion und der Herstellung symbolischer Werte.

3 Sie entscheiden sich beim Kauf eines Sneakers/einer
[II] Tasche/einer Sonnenbrille/eines Elektronikgerätes für eine bestimmte Marke. Erläutern Sie, warum Sie gerade diese Marke bevorzugen und welche Werte sie Ihnen vermittelt.

Vom Rostgürtel zu Start-Ups

Rostgürtel Schlesien

Der Rostgürtel bezeichnet ein Gebiet in Polen, Ostdeutschland und Tschechien, das sich seit der Industrialisierung im 19. Jahrhundert vor allem durch den Abbau von Kohle und die Produktion von Stahl zu einem wichtigen Industriegebiet entwickelt und der Region einen großen Aufschwung bereitet hat. In den vergangenen Jahrzehnten hat sich die Bedeutung dieser Region durch einen **Strukturwandel** stark verändert.

Nach dem Fall des Eisernen Vorhangs und damit dem Ende der kommunistischen Ära 1989 vollzog sich ein grundlegender Wandel. Die polnische Wirtschaft veränderte sich durch den Abbau industrieller Strukturen und die Reduzierung der landwirtschaftlichen Nutzung sowie die zunehmende Privatisierung der Unternehmen stark. Der Rückgang der Nachfrage nach Kohle und Stahl führte zur Schließung zahlreicher Steinkohlebergwerke und Stahlwerke in Oberschlesien. Dieser Transformationsprozess führte zu steigender Arbeitslosigkeit und Kriminalität, Städte schrumpften und verloren mit dem Rückgang der schwerindustriellen Tradition ihre Identität.

Vom „alten" zum „neuen" Polen

Seit der Wende haben sich im ehemaligen Rostgürtel zahlreiche private Unternehmerinnen und Unternehmer mit Klein- und Mittelbetrieben angesiedelt. Außerdem haben viele internationale Konzerne, vor allem aus modernen Industriebranchen wie dem Flugzeug- und Automobilbau, ihre Produktionsstätten nach Polen verlagert.

Auch im Dienstleistungssektor spielt das ehemalige Industriegebiet eine bedeutsame Rolle. Viele Unternehmen, vor allem aus der IT-Branche, haben den Standort für die Auslagerung von Geschäftsprozessen für sich entdeckt. Dort entstehen neue Forschungs- und Entwicklungszentren, die Schlesien zu einem vermehrt wissensbasierten Wirtschaftsstandort machen. Diese Entwicklungen haben zahlreiche

Arbeitsplätze geschaffen und der Region zu neuem Aufschwung verholfen. Was aber führte dazu, dass die ehemals schwerindustriell geprägte Region wieder an wirtschaftlicher Attraktivität gewann?

In der Region um die oberschlesische Stadt Katowice wurde 1996 eine Sonderwirtschaftszone (SWZ) eingerichtet, in der ausländische Investorinnen und Investoren rechtlich, administrativ und steuerlich begünstigt werden. In der SWZ Katowice siedelten sich über die Jahre hinweg ca. 300 Firmen an, die bisher rund 6,5 Mrd. € erwirtschafteten und 65 000 neue Arbeitsplätze schufen. Ein bekanntes Beispiel ist der amerikanische Automobilkonzern General Motors, der sich aufgrund der großen Grundstücksflächen, der niedrigen Lohnkosten und der Steuererleichterung dazu entschied, sich in der Region niederzulassen.

Künftig soll es für neue Investitionen keine territorialen Einschränkungen mehr geben. Ganz Polen sollte sich zu einer Sonderwirtschaftszone entwickeln. Somit kommen die Steuererleichterungen und Förderinstrumente besonders kleineren Unternehmen und Start-Ups (M1) zugute. Vor allem Start-Ups verleihen Polen frischen wirtschaftlichen Aufwind, da Branchen wie Informationstechnologie, Softwareentwicklung, Computersicherheit, Biotechnologie und Robotik bei jungen Unternehmen boomen.

Start-Up

Start-Ups bezeichnen junge, neu gegründete Unternehmen, die auf einer innovativen Idee basieren. Zur Umsetzung stehen meist nur geringe finanzielle Mittel zur Verfügung, sodass sie auf Fremdkapital angewiesen sind. Start-Ups boomen vor allem in den Branchen Software-Entwicklung und Onlinehandel. Die Internet-Anbieter Amazon und Zalando sind Beispiele international erfolgreicher Unternehmen, die als Start-Ups gegründet wurden.

M1   *Was ist ein Start-Up?*

Neue Start-Ups entstehen im polnischen Silicon Valley

Nachhaltigkeit ist ein Stichwort, das die Strategie der Regionalentwicklung treffend bezeichnet. Die Erfahrung aus der Vergangenheit lehrt nämlich, dass eine vollkommene Abhängigkeit von einem Industriezweig nicht ein Zukunftsmodell sein kann. So entwickelt sich die Region um Gliwice neben der Automobilbranche stetig zu einem wichtigen Logistikknotenpunkt. Nicht zuletzt durch den Ausbau der Autobahn A4, die viele wichtige Städte von West nach Ost verbindet, sowie A1, die Norden und Süden zusammenführt. Auch das 2011 gegründete Slaski Klaster Logistyczny (der Schlesische Logistik Cluster) trägt zu dieser Position bei. Es versteht sich als ein neues Forum – damit wird ein Spagat zwischen Firmen und Institutionen geschlagen. Aber die Revitalisierungsvorhaben erschöp-

fen sich nicht nur auf dem wirtschaftlichen Gebiet. Mit dem Bau des Zentrums Nowe Gliwice, das rund 24 Millionen Euro kostete, wird ein Konzept verfolgt, mit dem auch die einstige Textilmetropole Łódz erfolgreich leerstehende Industrie-Areale mit Sinn füllt: ehemalige Gebäude des Bergwerks „Gliwice" dienen nun als Bildungs- und Geschäftszentren. Die ansässigen Technologie- sowie Businessparks bieten jungen Absolventen der Technischen Universität Gliwice Platz für neue Ideen.

Was einst als das Symbol der Schwerindustrie des 19. und 20. Jahrhunderts galt, sind es heute Orte des 21. Jahrhunderts, da, wo die Technologie von morgen entwickelt wird. *(http://www.polen-pl.eu/gliwice-von-der-braunkohle-zu-start-ups-eine-stadt-im-wandel/, Katharina Lindt, 4.5.2015, abgerufen am 7.12.2016)*

M2   *Von der Kohle zu Start-Ups*

M3 General Motors Werk in Gliwice

M4 Die Sonderwirtschaftszone Katowice

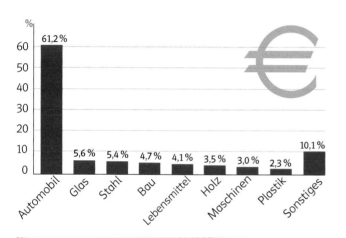

M5 Investitionen nach Branchen in der Sonderwirtschaftszone Katowice 2019

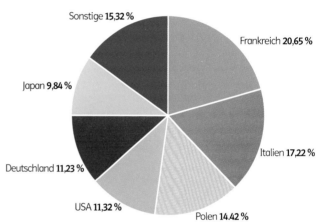

M6 Investitionen nach Nationalität in der Sonderwirtschaftszone Katowice 2019

1 Recherchieren Sie im Internet weitere bekannte Automobilhersteller, die ihre Autos in Schlesien produzieren lassen.
[I]

....

....

....

2 Erläutern Sie unter Berücksichtigung von M4, M5 und M6 den Strukturwandel in Schlesien und dessen Auswirkungen auf die Region.
[II]

....

....

....

....

3 Beschreiben Sie die wirtschaftliche Bedeutung des oberschlesischen Industriegebiets für das gesamte Land Polen (M3, M4, M5, M6).
[I]

....

....

....

4 Bewerten Sie die Zukunftschancen für das oberschlesische Industriegebiet. Wird dieser Standort auch noch in Zukunft bestehen?
[III]

....

....

....

....

Industriepark Höchst

Kompetenzorientierte Lernziele

→ die Bedeutung des Standorts Höchst für das Rhein-Main-Gebiet erkennen

→ Wirtschaftskarten interpretieren und analysieren

M1 *Mitarbeiter im Industriepark*

Industriepark Höchst – Industriebezogene Dienstleistungen aus einer Hand

Der weltweit bekannte Industriepark Höchst nahe der Stadt Frankfurt ist seit mehr als 140 Jahren ein idealer Standort für große Konzerne und innovative Unternehmen der Chemie- und Pharmaindustrie. Der Industriepark ging aus der ehemaligen sehr erfolgreichen Farbwerke Höchst AG hervor. Im Jahr 1998 kam es zur Öffnung des Geländes – von nun an konnten auch konzernfremde Unternehmen sich im Industriepark niederlassen. Standortbetreiber wurde von diesem Zeitpunkt an die „Infraserv GmbH & Co. Höchst KG", die mit spezialisiertem Know-How und gut ausgebauten Anlagen sowie strukturierter Infrastruktur mehr und mehr Betriebe mitten in das schöne Rhein-Main-Gebiet lockte. Heute reicht die Vielfalt der angesiedelten Betriebe von Biotechnologie, Health Care, Life Sciences, Lebensmittelzusatzstoffen, Pflanzenschutzmitteln bis hin zu kleineren Dienstleistungen.

Seit dem Jahr 2000 haben die Unternehmen mehr als 6,65 Milliarden Euro in den Park investiert, um den Standort kontinuierlich weiterzuentwickeln. Mit diesen Investitionen wurden nach und nach mehr Arbeitsplätze geschaffen und die Wirtschaft der Region massiv angekurbelt.

Heute erstreckt sich der dynamische Industriepark Höchst über eine Fläche von 460 Hektar, zählt mehr als 90 Unternehmen und beschäftigt rund 22 000 Mitarbeiterinnen und Mitarbeiter. Zurzeit stehen über 60 Hektar für die Vermietung oder Verpachtung an Freiflächen oder Gebäuden zur Verfügung. Den Käuferinnen und Käufern werden zahlreiche Dienstleistungen und Ausstattungen angeboten, um den Standort noch attraktiver für Investitionen zu gestalten.

Das Rhein-Main-Gebiet – der perfekte Standort für innovative Unternehmen

Warum wollen sich Betriebe gerade im Industriepark Höchst niederlassen? Die Antwort ist ganz einfach: Die Region rund um den Ballungsraum Frankfurt gehört zu den vielseitigsten und leistungsstärksten Zentren Europas. Der Standort Höchst besitzt ein gut ausgebautes Verkehrsnetzwerk und sorgt damit für eine schnelle Belieferung und Versorgung für die dort angesiedelten Unternehmen. Der Industriepark ist nicht weit vom Wirtschaftsstandort Frankfurt entfernt und besitzt eine direkte Anbindung zur Autobahn. Auch Flughafen, Hafen und Bahnhof sind von dort aus auf kurzem Wege zu erreichen (M3).

Industriepark und die Verantwortung für Mensch und Umwelt

Umweltschutz spielt für den Industriepark eine sehr große Rolle. So wird mit verwendeten Rohstoffen und Ressourcen umweltschonend umgegangen. Zudem achten verschiedene Abteilungen auf eine regelmäßige Überprüfung der Umweltstandards.

Das Thema Sicherheit wird ebenfalls großgeschrieben. Für die einzelnen Unternehmen im Industriepark werden externe Firmen beauftragt, um die Anlagen zu überprüfen und zu warten. Auch für Kontrolle und Überwachung wird gesorgt. Zudem gibt es eine eigene Werksfeuerwehr und mehrmalige Sirenenproben im Jahr, um die angrenzende Bevölkerung vor potenziellen Gefahren zu warnen.

M2 *Industriepark Höchst von oben*

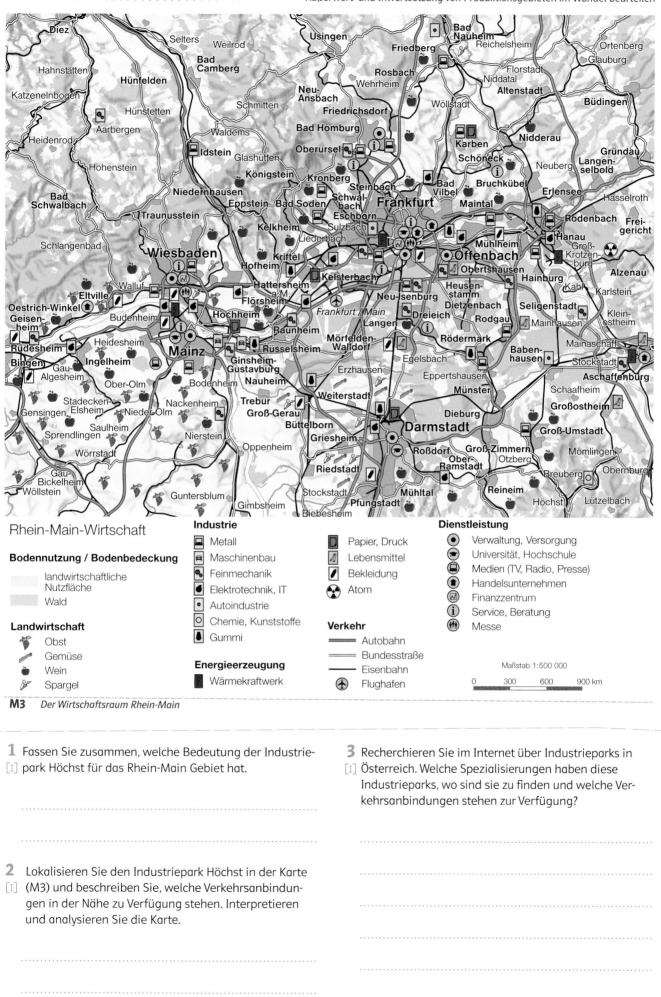

Rhein-Main-Wirtschaft

Bodennutzung / Bodenbedeckung

landwirtschaftliche Nutzfläche

Wald

Landwirtschaft

🥕 Obst

🌶 Gemüse

🍇 Wein

🌱 Spargel

Industrie

▣ Metall

🏭 Maschinenbau

Feinmechanik

Elektrotechnik, IT

• Autoindustrie

O Chemie, Kunststoffe

Gummi

Energieerzeugung

■ Wärmekraftwerk

Papier, Druck

Lebensmittel

Bekleidung

☢ Atom

Verkehr

Autobahn

Bundesstraße

Eisenbahn

✈ Flughafen

Dienstleistung

◉ Verwaltung, Versorgung

Universität, Hochschule

Medien (TV, Radio, Presse)

Handelsunternehmen

Finanzzentrum

ⓘ Service, Beratung

Messe

Maßstab 1:500 000

0   300   600   900 km

M3 *Der Wirtschaftsraum Rhein-Main*

1 Fassen Sie zusammen, welche Bedeutung der Industrie-
[I] park Höchst für das Rhein-Main Gebiet hat.

....

....

2 Lokalisieren Sie den Industriepark Höchst in der Karte
[I] (M3) und beschreiben Sie, welche Verkehrsanbindungen in der Nähe zu Verfügung stehen. Interpretieren
und analysieren Sie die Karte.

....

....

3 Recherchieren Sie im Internet über Industrieparks in
[I] Österreich. Welche Spezialisierungen haben diese
Industrieparks, wo sind sie zu finden und welche Ver-
kehrsanbindungen stehen zur Verfügung?

....

....

....

....

....

....

Tourismus in Österreich – was er für das Land bedeutet

Kompetenzorientierte Lernziele

→ Eignung von Räumen für die Tourismusentwicklung sowie Folgen der Erschließung beurteilen

→ ökonomische Fragestellungen unter ethischen Geschichtspunkten beurteilen

→ Einsicht in ökonomische Zusammenhänge gewinnen

M1 *So wie Hallstatt gibt es viele Orte, die Touristinnen und Touristen mit schöner Landschaft in Österreich in Verbindung bringen.*

M2 *Auch die österreichischen Landeshauptstädte wie Innsbruck werden von in- und ausländischen Gästen gerne besucht.*

Intakte Natur, schöne Landschaften und Städte, kulturelle Vielfalt – damit und mit vielen anderen Botschaften wird für Urlaub in Österreich geworben. Im Jahr 2019 wurden mehr als 152 Mio. Übernachtungen von Urlaubsgästen in Österreich verzeichnet, fast 113 Mio. davon entfielen auf ausländische Gäste. Wer aber macht Urlaub in Österreich, wo und aus welchem Grund? Welche Bedeutung hat der **Tourismus** für Österreichs Wirtschaft? Und wie intakt bleibt die Natur, wenn immer mehr Gäste kommen?

„Urlaub machen" – erst seit dem 20. Jahrhundert ein Massenphänomen

Der Begriff Tourismus meint grundsätzlich alle Reisen, die einen Aufenthalt an einem anderen Ort als dem Heimatort mit sich bringen. Gereist wurde schon immer, aber nicht immer in dem Ausmaß wie heute. Während man bis zum 19. Jahrhundert hauptsächlich reiste, um zu handeln, sich zu bilden, sich von Krankheiten zu erholen oder Veranstaltungen zu besuchen, reisen die Menschen ab dem 19. Jahrhundert immer öfter zur Erholung und zum Vergnügen, etwa in die „Sommerfrische", die sich wohlhabende Städterinnen und Städter auf dem Land gönnten. Mit der aus der Industrialisierung entstandenen Arbeitsteilung und dem daraus resultierenden Aufschwung der Wirtschaft und geregelten Einkommen ab der Mitte des 20. Jahrhunderts konnte sich die heutige Form des Tourismus entwickeln. Längere Urlaubsansprüche, kürzere Wochenarbeitszeit und steigender Wohlstand verstärkten die Entwicklung. Ab dem Ende des 20. Jahrhunderts wurden Urlaubsreisen durch sinkende Preise für Hotelaufenthalte und Flüge zu einem Massenphänomen. Durch das Angebot von Pauschalreisen (zB Flug und Hotel, oft „all inclusive") wird Reisen für sehr viele Menschen erschwinglich. Daher finden immer mehr Reisen zur Erholung und zum Vergnügen statt. Aber auch der Besuch von kulturellen, politischen oder sportlichen Veranstaltungen, Reisen aus beruflichen Gründen, zur Bildung und Förderung der Gesundheit sind häufige Reisegründe.

Wer in Österreich warum Urlaub macht

Mehr als ein Drittel der Nächtigungen entfällt laut Österreich Werbung auf Gäste aus Deutschland, gefolgt von ca. einem Viertel, die von Österreicherinnen und Österreichern konsumiert werden. Ein großer Teil der Urlauberinnen und Urlauber in Österreich sind die Österreicherinnen und Österreicher selbst: Laut Statistik Austria verreisen drei von vier Österreicherinnen und Österreichern über 16 mindestens einmal im Jahr, und etwas mehr als die Hälfte hatte eine Destination in Österreich zum Ziel. Die drittgrößte Gruppe sind Gäste aus den Niederlanden, gefolgt von Touristinnen und Touristen aus der Schweiz und Liechtenstein, Großbritannien, Italien, China und Belgien.

Auf russische Gäste entfallen – trotz enormer Wachstumsraten in den letzten Jahren – nur rund 1% der Nächtigungen. Die am häufigsten genannten Gründe für einen Urlaub in Österreich sind die Berge, die Schigebiete, die Landschaft und Natur, die Gastfreundschaft und die Sehenswürdigkeiten in den Städten.

Von den österreichischen Landeshauptstädten ist Wien mit rund 16,5 Mio. Übernachtungen die am häufigsten besuchte. Abgesehen von den Landeshauptstädten gibt es aber auch kleinere Gemeinden und Städte, die touristisch „große Player" sind: Dazu zählen im Wintertourismus vor allem Sölden, Saalbach-Hinterglemm, Ischgl und St. Anton am Arlberg mit über 1 Mio. Übernachtungen, im Sommertourismus sind vor allem Mittelberg, Zell am See, Mayrhofen und Eben am Achensee zu nennen. Sowohl im Sommer als auch im Winter entfallen davon 80% bis 90% auf ausländische Gäste.

Die durchschnittliche Aufenthaltsdauer liegt zwischen drei und vier Tagen. Vergleichsweise gut ausgelastet – im Durchschnitt zu rund 40% – sind Hotels mit zumindest vier Sternen. Das bedeutet, dass im Durchschnitt von zehn Gästebetten vier belegt sind. Zwei- und Drei-Sterne-Hotelbetriebe weisen eine deutlich schlechtere Auslastung (von rund 20%) auf.

Die Bedeutung des Tourismus für Österreich – viele Unternehmen leben vom Tourismus

M3 *Hotels und Gastronomie zählen zu den Tourismusbetrieben im engeren Sinn.*

M4 *Auch der Flughafen Wien profitiert vom Tourismus.*

Der Tourismus umfasst viele verschiedene Bereiche. Touristinnen und Touristen nächtigen in Hotels und gehen in Restaurants essen. Sie gehen aber auch einkaufen, ins Theater oder treiben Sport. Auch die Unternehmen der Freizeitwirtschaft (zB Kino, Theater, Wellness- und Sportanbieterinnen und -anbieter) profitieren von einer hohen Anzahl von Urlauberinnen und Urlaubern.

2015 wurden laut Statistik Austria 18 403 Mio. Euro Einnahmen durch ausländische Besucherinnen und Besucher in Österreich verzeichnet. Dem stehen Ausgaben durch Österreicherinnen und Österreicher im Ausland in der Höhe von 9 910 Mio. Euro gegenüber. Deshalb wird der Tourismus auch häufig als „Devisenbringer" bezeichnet: Die Reiseverkehrsbilanz ist positiv, ausländische Gäste bringen mehr Geld nach Österreich als österreichische Urlauberinnen und Urlauber im Ausland ausgeben. Der Beitrag des Tourismus und der Freizeitwirtschaft zum österreichischen BIP beträgt rund 15 %.

Die Tourismus- und Freizeitwirtschaft ist Österreichs viertwichtigste Arbeitgeberin (hinter Gewerbe und Handwerk, Handel und Industrie). Rund 20 % der Vollzeitarbeitsplätze sind in diesem Bereich angesiedelt. Der Tourismus gilt daher als wichtiger Jobmotor, da durch ihn eine Vielzahl von Arbeitsplätzen entsteht und gesichert wird. Das ist vor allem für Regionen bedeutsam, in denen sonst wenig

Arbeitsplätze vorhanden wären und die Bevölkerung in andere Regionen (zB in die Städte) abwandern würde. Arbeitsplätze im Tourismus sind jedoch an den Ort gebunden, sie können nicht (wie zB ein Produktionsbetrieb) an einen anderen Ort verlegt werden.

Außerdem wird auf Grund des Tourismus in die Infrastruktur investiert, wie in Straßen, Brücken, Promenaden, Liftanlagen. Davon kann die ansässige Bevölkerung profitieren, oft beeinträchtigt das Ausmaß des Ausbaus der Infrastruktur aber auch Umwelt und Bevölkerung.

Wie Tourismus eine Landschaft verändert

Durch die Investitionen in die Infrastruktur eines Tourismusgebietes wird die Landschaft oft stark verändert. Werden zum Beispiel Schigebiete ausgebaut, bedeutet das mehr Pisten, mehr Liftanlagen, mehr Schihütten, zunehmend auch Beschneiungsanlagen, mehr Hotels und Gastronomiebetriebe im Ortskern. Um die Attraktivität zu steigern, werden einzelne Schigebiete häufig zu größeren zusammengeschlossen. Die Verkehrsinfrastruktur wird ebenfalls ausgebaut, damit mehr Menschen den Ort gut erreichen können. Gerade die schöne und intakte Natur, wegen der die Gäste kommen, wird dadurch oft empfindlich gestört.

---

1 Recherchieren und überlegen Sie: Welche Reisen wur-
[II] den in Ihrer Familie in den letzten drei Jahren unternommen? Aus welchen Gründen wurde gereist?

2 Im Internet finden Sie aktuelle Daten zu Österreichs
[II] Tourismus (zB auf den Websites der Statistik Austria, der Österreich Werbung und der WKO). Finden Sie heraus, welches Bundesland die höchsten Nächtigungszahlen zu verzeichnen hat. Recherchieren Sie außerdem, ob sich die Nächtigungszahlen gleichmäßig über das Jahr verteilen oder ob es Monate gibt, in denen deutlich mehr Nächtigungen zu verzeichnen sind als in anderen Monaten.

3 Projektaufgabe zu Ihrem Bundesland (Gruppenarbeit)
[II] Recherchieren Sie die Höhe der Nächtigungszahlen für Ihr Bundesland.

Unterscheiden Sie dabei zwischen Sommer- und Wintersaison. Sind beide Saisonen ungefähr gleich bedeutend? Aus welchen Gründen kommen die Gäste im Sommer bzw. im Winter?

4 Klären Sie, welche Orte für den Sommer-, welche für
[II] den Wintertourismus in Ihrem Bundesland besonders bedeutend sind. Welche Infrastruktur unterstützt das touristische Angebot? Recherchieren Sie, wann diese Infrastruktur errichtet wurde. Versuchen Sie, von ausgewählten Orten Fotos aus früheren Jahren zu finden und vergleichen Sie diese mit aktuellen Aufnahmen.

5 Finden Sie auf den Websites der wichtigsten Tourismus-
[II] orte, in (lokalen) Zeitungsberichten weitere Informationen zum Tourismus in dieser Region. Welche positiven und welche kritischen Berichte finden Sie?

Wenn nicht nur einer eine Reise tut ...

Kompetenzorientierte Lernziele

→ Eignung von Räumen für die Tourismusentwicklung sowie Folgen der Erschließung beurteilen

→ ökonomische Fragestellungen unter ethischen Gesichtspunkten beurteilen

→ Einsicht in ökonomische Zusammenhänge gewinnen

Auf www.soelden.com erfährt man: „In Sölden gibt es kaum mehr ein Privathaus, das nicht auf Gästebeherbergung eingerichtet wäre. Damit arbeiten alle Einwohner direkt oder indirekt in der Tourismuswirtschaft. Handel und Gewerbe erzielen durch die vielfältigen Investitionen im Tourismus gute Umsätze. Ganz Tirol zählt im Jahr 2019 fast 50 Mio. Nächtigungen."

Aber nicht nur die Alpen sind ein beliebtes Reiseziel. Auch Städte werden gerne bereist, wie etwa die Bundeshauptstadt Wien (www.wien.gv.at). Die Bundeshauptstadt Wien zieht jährlich Millionen Touristinnen und Touristen an. „In den vergangenen zehn Jahren steigerte sich die Zahl der Gästeübernachtungen in Wien um 63,4 Prozent, von 8,7 Millionen im Jahr 2005 auf über 14,3 Millionen im Jahr 2015. Im gleichen Zeitraum vermehrte sich die Zahl der verfügbaren Gästebetten in Hotels und Pensionen um etwa 22 000 auf insgesamt 65 059."

M1 *Beliebte Reiseziele in Österreich*

Was Massentourismus ist und wie er entstanden ist

Ab den 1960-er Jahren hat der Tourismus stark zugenommen. Durch den damaligen Wirtschaftsaufschwung in vielen Ländern konnten es sich immer mehr Menschen leisten, in den Urlaub zu fahren. Dadurch entstand der so genannte Massentourismus. Gefördert wurde er durch

- das Bauen von großen Hotelanlagen, die manchmal umgangssprachlich auch „Bettenburgen" genannt werden und durch
- das zunehmende Angebot von **Pauschalreisen**, bei denen Transport und Unterkunft (sowie in manchen Fällen auch Ausflüge und Rundreisen) oft gemeinsam angeboten werden. Österreich ist als Urlaubsland kein klassisches „Pauschalreisenland". Der Anteil der Pauschalreisen beträgt rund 10 %, 90 % der Reisen entfallen auf Individualreisende.

Probleme durch Massentourismus

Die gesamte Region ist auf den Tourismus ausgerichtet. Die **Infrastruktur** wird – soweit möglich – der Zahl und den Wünschen der Touristinnen und Touristen angepasst. In manchen Städten wie zB Prag wurden im Zentrum viele Bürgerhäuser aufgekauft, um daraus Hotels und Gaststätten zu machen.

Massentouristinnen und -touristen sind nicht primär an der Kultur des Gastlandes interessiert. Vielmehr wünschen sie sich möglichst viel Vertrautes wie die Speisen ihres Heimatlandes, Zeitungen und Fernsehkanäle in ihrer Sprache sowie Personal, das ihre Sprache spricht. Besonders deutlich wird das in vom Gastland abgegrenzten Ferienanlagen, so genannten Resorts, in denen eine Parallelwelt aufgebaut wird, in der die Kultur des Gastlandes kaum mehr Platz hat (zB in Resorts in der Dominikanischen Republik).

Weitere häufig mit Massentourismus assoziierte Urlaubsdestinationen sind vor allem Badeorte wie jene an der Mittelmeerküste, zB an der Oberen Adria, an der spanischen Mittelmeerküste oder Badeorte auf Ferieninseln wie Mallorca und Kreta. Der Mittelmeerraum zählt zu den wichtigsten Urlaubsregionen. Nach Angaben der UNWTO unternahmen 2018 weltweit 1,4 Mrd. Menschen eine Reise ins Ausland. China ist das Land mit den weltweit höchsten Tourismusausgaben.

M2 *Ein Strand an der Costa Blanca in Spanien mit „Bettenburgen"*

Auch der Wintertourismus weist Merkmale des Massentourismus auf. Oft übersteigt die Anzahl der Touristinnen und Touristen die Anzahl der einheimischen Bevölkerung um das Drei- bis Fünffache. Die Verschmutzung von Boden, Wasser und Luft sind oft die Folge. Manche Bergorte haben schlechte Schadstoffwerte wie jene von Großstädten.

M3   *Tignes in den französischen Alpen*

Viele Wintersportorte sind stark gewachsen und werden noch weiter wachsen, weil die Gäste an besonders großen und abwechslungsreichen Schigebieten interessiert sind. Deshalb schließen sich Schigebiete zusammen und bauen große Hotels, obwohl die Zahl der Wintertouristinnen und -touristen in Europa seit einigen Jahren bei rund 20 Millionen Personen stagniert.

Der Wintertourismus ist für Österreich wichtig, der Umsatz in der Wintersaison 2018 betrug nach Angaben der Österreich Werbung rund 14,2 Mrd. Euro. Weil die Gäste Schneesicherheit schätzen, haben Österreichs Seilbahnen laut WKO seit 2006 rund 6 Mrd. Euro investiert. 60 % der Pisten können mittlerweile beschneit werden. Laut Expertinnen und Experten verursacht jedoch nicht das Schifahren selbst die wesentlichste Umweltverschmutzung. 70 bis 80 % des durch Schifahrerinnen und Schifahrer verursachten CO_2-Ausstoßes ist darauf zurückzuführen, dass die Fahrt in die Berge mit dem Auto erfolgt. Im Idealfall reist daher eine Schifahrerin oder ein Schifahrer mit dem Zug an und bleibt einige Tage, statt mehrmals für einen Tag oder ein Wochenende in die Berge zu fahren.

Auch Großstädte sind von Massentourismus betroffen: Venedig, Rom, Barcelona und Paris sind nur einige Beispiele.

14 Millionen Menschen jährlich quetschen sich durch die Türen von Notre Dame – und verwandeln die einst erhabene Kathedrale zu einem Verschiebebahnhof, in dem man rempelt, schwitzt und sich die Kameras an die Köpfe schmettert. 10,5 Millionen sind es in Sacré Cœur, 9,2 Millionen im Louvre und 6,7 Millionen auf dem Eiffelturm. (Handelsblatt, 21.4.2016)

M4   *Kathedrale von Notre Dame*

Um den negativen Auswirkungen des Massentourismus zu begegnen, hat die UNWTO (Welttourismusorganisation), eine Sonderagentur der Vereinten Nationen, im Jahr 1999 einen **globalen Ethik-Kodex für den Tourismus** verabschiedet. Er umfasst zehn Artikel, die sich auf ethisches Verhalten im Tourismus für Hotellerie und Gastgewerbe, Destinationen und Regierungen, Reiseveranstalterinnen und -veranstalter und Reisebüros, Arbeitnehmerinnen und Arbeitnehmer und Reisende beziehen.

Gratwanderung zwischen Menge und Qualität

Es gibt betriebswirtschaftliche Gründe, weshalb Tourismusbetriebe besonders darauf achten müssen, eine Mindestanzahl von Gästen zu haben. Sie haben hohe Fixkosten, die auf jeden Fall in einer bestimmten Höhe anfallen, egal ob wenige oder sehr viele Gäste kommen. Da man keine beliebig hohen Preise verlangen kann, kann man diese Kosten nur dann verdienen, wenn eine Mindestanzahl an Gästen (oder mehr!) kommt. Zu diesen hohen Fixkosten zählen vor allem:

- die notwendigen **Investitionen**: So liegen die Investitionskosten pro Hotelzimmer (Vier-Sterne-Hotel) bei 140 000 bis 185 000 Euro. Für Fünf-Sterne-Hotels und das Luxussegment liegen sie noch weit darüber.
- die **Personalkosten**: Das touristische Angebot braucht für die Betreuung der Gäste sehr viel gut geschultes Personal. Personal kann man nicht erst anstellen, wenn mehr Gäste kommen, es muss schon vorhanden sein.

---

1 Recherchieren Sie im Internet, welche Regionen in Spanien besonders von Massentourismus betroffen sind und von welchen Auswirkungen auf das Land, seine Bewohnerinnen und Bewohner und seine Umwelt berichtet wird.
[II]

2 Erläutern Sie, welche Städte/Regionen in Ihrem Bundesland von Massentourismus betroffen sind. Welche Anzeichen von Massentourismus sind erkennbar?
[II]

3 Recherchieren Sie auf mehreren Websites von Hotels, mit welchen Argumenten die Hotels ihre Gäste zum Buchen eines Aufenthalts überzeugen wollen und mit welchen Mitteln sie versuchen, die Gäste zur Buchung von mehreren Nächten zu bringen. Begründen Sie, warum möglichst viele Gäste und ein möglichst langer Aufenthalt für Hotelbetriebe besonders wichtig sind.
[III]

4 Recherchieren Sie zum globalen Ethik-Kodex und fassen Sie die wesentlichen Inhalte zusammen.
[II]

Sanfter Tourismus als Antwort auf den Massentourismus

Kompetenzorientierte Lernziele

→ Eignung von Räumen für die Tourismusentwicklung sowie Folgen der Erschließung beurteilen

→ ökonomische Fragestellungen unter ethischen Gesichtspunkten beurteilen

→ Einsicht in ökonomische Zusammenhänge gewinnen

Massentourismus stellt in vielen Fällen eine große Belastung für die Umwelt und die Bevölkerung des Gastlandes dar. Der sanfte Tourismus bedeutet eine Gegenbewegung dazu: Sanfter (oder nachhaltiger) Tourismus bezeichnet alle Formen des Reisens, bei denen

- so wenig wie möglich auf die Natur eingewirkt und ihr möglichst wenig geschadet wird. Die Natur und die Kultur des bereisten Gebietes sollen sich unverfälscht präsentieren können.
- die Natur möglichst nah und ursprünglich erlebt werden kann. Die natürlichen Gegebenheiten am Urlaubsort sollen möglichst wenig verändert werden.
- die Reisenden sich der Kultur des bereisten Landes anzupassen versuchen. Das Leben der ansässigen Bevölkerung soll möglichst wenig verändert und nicht beeinträchtigt werden.
- Sanfter bzw. nachhaltiger Tourismus beinhaltet auch sichere Arbeitsplätze und faire Arbeitsbedingungen, also faire Löhne oder konkrete Maßnahmen zur Vereinbarkeit von Familie und Beruf.
- Darüber hinaus soll die einheimische Bevölkerung möglichst umfassend in Planungs- und Entscheidungsprozesse zur touristischen Gestaltung und Entwicklung eingebunden sein.

In allen diesen Punkten unterscheidet sich sanfter Tourismus deutlich von Massentourismus. Die Welttourismusorganisation UNWTO bezeichnet Tourismus dann als nachhaltig, wenn seine gegenwärtigen und zukünftigen ökonomischen, sozialen und ökologischen Auswirkungen sowie die Bedürfnisse der Besucherinnen und Besucher, der Industrie, der Umwelt und der Einheimischen berücksichtigt werden.

Wie sanfter Tourismus umgesetzt werden kann

Die Ideen des sanften Tourismus werden dadurch realisiert, dass

- die natürlichen Gegebenheiten am Urlaubsort möglichst unverändert bleiben,
- die Anreise nach Möglichkeit mit öffentlichen Verkehrsmitteln erfolgen soll. Das reduziert die zusätzliche Verkehrsinfrastruktur auf ein Minimum. Im Idealfall gehen die Gäste am Urlaubsort selbst hauptsächlich zu Fuß, fahren Rad, nutzen Boote oder Reittiere,
- es neben Angeboten zur Erholung häufig auch Angebote zur Umweltbildung gibt (Wanderführungen, Kräuterlehrpfade, Umweltlehrpfade),
- besonders schützenswerte Zonen als Schutzgebiet oder Reservat gekennzeichnet sind.

In Hotels und anderen Beherbergungsbetrieben kann zur Umsetzung von sanftem Tourismus darauf geachtet werden, Energie zu sparen, erneuerbare Energien zu nutzen, Abfall zu vermeiden und sachgerecht zu trennen sowie Trinkwasser sparsam zu verwenden. Soweit es möglich ist, wird regionales Handwerk eingesetzt. In der Gastronomie werden hauptsächlich Produkte aus der Region verwendet, um die heimische Wirtschaft zu stärken und lange Transportwege zu vermeiden.

Nicht alles, was als „Ökotourismus" bezeichnet wird, ist auch tatsächlich umweltfreundlich

Die Bezeichnung Ökotourismus meint etwas Ähnliches wie sanfter Tourismus, wobei sich Ökotourismus meist weniger auf die An- und Abreise bezieht, sondern vor allem auf ein umweltfreundliches Verhalten am Urlaubsort. In manchen Fällen ist auch das Reisen in relativ naturbelassene Gebiete gemeint, ohne dass die Umwelt und die Bevölkerung darunter leiden müssen. Nicht immer ist das besonders umweltfreundlich. Werden zum Beispiel Flugreisen zu Nationalparks angeboten, ist das nicht als ökologisch nachhaltig zu bezeichnen.

M1 *Schneewandern im Piemont*

M2 *Ökotourismus in Norwegen: Lilliehook-Gletscher in Krossfjorden*

Beispiele für sanften Tourismus

Das Lesachtal in Kärnten ist ein Beispiel für die Umsetzung von sanftem Tourismus. Die Bevölkerung hat sich für einen umweltverträglichen Tourismus und gegen eine Erschließung des Tales mit Liften entschieden. Es werden regionale bäuerliche Produkte und „Urlaub am Bauernhof" angeboten, ökologische Landwirtschaft betrieben. Alte Handwerksberufe werden reaktiviert und Getreidemühlen restauriert, die auch noch in Betrieb sind.

M3   *Lesachtal in Kärnten*

Serfaus ist eine Tiroler Gemeinde mit etwas über 1100 Einwohnerinnen und Einwohnern. Der Wintertourismus hat bereits seine Spuren hinterlassen, doch nun greifen nach und nach Maßnahmen zum Schutz der Natur: Die privaten Kraftfahrzeuge der Besucherinnen und Besucher werden am Ortseingang abgestellt. Eine geräuschlose Luftkissenbahn transportiert die Gäste kostenlos durch das autofreie Dorf.

M4   *Serfaus in Tirol*

Wie jeder Urlaub „sanfter" werden kann

Egal ob man wandern, Sport betreiben, ans Meer oder an einen See möchte, bei jedem Urlaubsziel kann es gelingen, „sanfter" Urlaub zu machen:

- durch die Wahl des Transportmittels: Öffentliche Verkehrsmittel wie vor allem die Bahn sind am umweltfreundlichsten. Auch die Anreise in einem Bus ist umweltfreundlicher als jene mit einer Vielzahl von Autos. Kurze Distanzen müssen nicht geflogen werden, vor allem Inlandsflüge können leicht durch die Bahn ersetzt werden. Muss man fliegen, macht es mehr Sinn, nur einmal zu fliegen und länger zu bleiben, als mehrmals kurze Flugreisen zu unternehmen.
- durch die Wahl der Destination: Geht es um Entspannung oder um einen Sporturlaub, muss es nicht immer ein weit entferntes Ziel sein. Nähere Ziele sind oft kostengünstiger und umweltschonender zu erreichen und bringen das gleiche Maß an Erholung und Abwechslung.
- durch die Wahl der Unterkunft: Besonders umweltfreundlich geführte Hotels werden oft ausgezeichnet. Im Hotel selbst kann man bei Wasser, Strom und dem Verbrauch von Handtüchern umweltschonend sparen. Klimaanlagen sollen möglichst gar nicht oder nur in kurzen Intervallen genutzt werden.
- durch die bewusste Auswahl von Souvenirs: Nur Mitbringsel wählen, die die Umwelt nicht belasten (also zB keine Korallen, Muscheln, seltene Pflanzen).
- durch das Vermeiden von Müll am Urlaubsort: Wie auch zu Hause sollte man am Urlaubsort Müll vermeiden, nicht liegen lassen und sachgerecht entsorgen.
- durch die Wahl der Freizeitaktivitäten: Hier sollen die natürlichen Gegebenheiten des Urlaubsortes bedacht werden, zB nicht in wasserarmen Regionen Golf spielen. Essen in einheimischen Restaurants fördert die Wirtschaft im Urlaubsland und bietet die Möglichkeit, landestypische Gerichte kennenzulernen und Kontakte zur ansässigen Bevölkerung zu knüpfen.

1 Recherchieren Sie, welche Initiativen es in Ihrem
[I] Bundesland für „sanfteren Tourismus" gibt.

2 Entwickeln Sie für einen selbst gewählten Tourismus-
[III] betrieb ein Konzept, wie er die Ideen des sanften Tourismus umsetzen könnte.

3 Beurteilen Sie, inwieweit es sich bei M1 und M2 um
[III] Ökotourismus handelt.

4 Beschreiben Sie, welche Ziele der sanfte Tourismus
[I] verfolgt und durch welche Maßnahmen diese Ziele erreicht werden können.

5 Überlegen Sie, wie Sie es bei Ihren eigenen Urlaubsrei-
[II] sen erreichen können, dass Ihr Reisen „sanfter" wird.

6 Stellen Sie für einen Freund, 20 Jahre alt, der in dersel-
[III] ben Stadt wohnt wie Sie und Urlaub machen will, möglichst „sanfte" Urlaubsalternativen (Destination, Transportmittel, Unterkunft) für die folgenden Reisen vor:
  a) Er will im Sommer Urlaub am Meeresstrand machen und plant eine Pauschalreise mit Flug und Aufenthalt in einem Resort in der Karibik.
  b) Er will im Winter Schifahren gehen und plant ein Schiwochenende am Gletscher mit Helikopterskiing.
  c) Er will eine große Einkaufstour machen und plant eine 4-tägige Flugreise nach Dubai zum Shopping.
  d) Er will eine Europa-Rundreise machen und plant eine 3-wöchige Rundreise durch die Schweiz und Frankreich mit seinem eigenen Auto.

Außerwert- und Inwertsetzung von Produktionsgebieten im Wandel beurteilen

Basiskonzepte

- Mensch-Umwelt-Beziehungen   S. 52, S. 53, S. 54, S. 55, S. 58, S. 59, S. 68, S. 69, S. 70, S. 71, S. 72, S. 73
- Wachstum und Krise   S. 54, S. 55, S. 56, S. 57, S. 60, S. 61, S. 62, S. 63, S. 64, S. 65, S. 66, S. 67, S. 68, S. 69

- Interessen, Konflikte, Macht   S. 54, S. 55, S. 56, S. 57, S. 58, S. 59, S. 60, S. 61, S. 62, S. 63, S. 64, S. 65, S. 70, S. 71
- Nachhaltigkeit   S. 52, S. 53, S. 54, S. 55, S. 72, S. 73

Jede wirtschaftliche Tätigkeit hat tiefgreifende Auswirkungen auf Raum und Gesellschaft. In seinem Bemühen, mit den knappen Mitteln seine nahezu unendlich großen Bedürfnisse zu befriedigen, muss sich der Mensch mit seiner natürlichen und gesellschaftlichen Umwelt auseinandersetzen. Er beutet Rohstoffe aus und verarbeitet sie, er handelt mit den erzeugten Gütern und konsumiert sie. Dabei schafft er Wirtschaftslandschaften ganz unterschiedlicher Prägung.

Aufgrund der sich ständig ändernden Produktionsbedingungen und Produktionstechniken sowie der politischen und gesellschaftlichen Rahmenbedingungen unterliegen diese Räume einem permanenten Wandel. Einige florieren, andere stagnieren und wieder andere fallen in ihrer Bedeutung zurück.

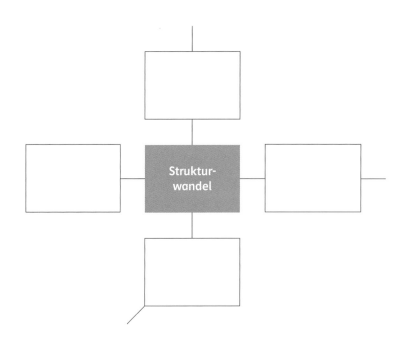

1 Gestalten Sie ein Ursache-Wirkungs-Schema, das den [Ⅲ] Strukturwandel in allen Wirtschaftssektoren darstellt.

2 Erstellen Sie ein Lexikon der in diesem Kapitel verwen-[Ⅱ] deten Fachbegriffe.

Wien – eine Wirtschaftsregion im Tertiärisierungsprozess

In den letzten Jahrzehnten kam es in den wirtschaftlich hoch entwickelten Staaten zu starken strukturellen Veränderungen. Vor allem die Großstädte mussten in der Sachgütererzeugung deutliche Rückgänge verzeichnen, während der Dienstleistungssektor immer stärker an Bedeutung gewann. Auch Wiens Wirtschaft befindet sich im Wandel.

1 Nennen Sie Merkmale, die Wien als Dienstleistungs-
[I] zentrum kennzeichnen (M1).

2 Werten Sie die Tabelle M2 aus.
[II]

3 Vergleichen Sie die Strukturdaten Wiens mit denen
[II] Österreichs (M3).

4 Beurteilen Sie die Aussage: „Ein leistungsfähiger Dienst-
[III] leistungssektor ist eine entscheidende Voraussetzung für die internationale Wettbewerbsfähigkeit eines Landes."

Mag. Renate Brauner über Wien

Wien wächst. Laut Prognosen der MA 23 wird die Stadt im Jahr 2029 zwei Millionen EinwohnerInnen haben. Dieses Bevölkerungswachstum bringt gesellschaftliche und wirtschaftliche Dynamik mit sich. Um den Wienerinnen und Wienern auch in Zukunft hervorragende Leistungen in der Daseinsvorsorge zugänglich machen zu können, müssen Investitionen in Infrastruktur, Bildung, Wohnen und Gesundheit höchste Priorität für die Politik haben. Zahlen und Daten beweisen, dass wir auf dem richtigen Weg sind:
Wien ist die lebenswerteste Stadt der Welt. Die internationale Vergleichsstudie „Quality of Living" bewertet Wien auch im Jahr 2015 wieder als die Stadt mit der weltweit höchsten Lebensqualität. Spitzenpositionen belegt Wien auch in anderen Rankings, …
Wien ist produktiv. Wissenschaftliches Know-How, die gute Verfügbarkeit an qualifizierten Arbeitskräften, eine hohe Frauenerwerbsquote, innovative Start-Ups und überdurchschnittliche Arbeitsproduktivität verleihen Wien als Wirtschaftsstandort hohe Attraktivität. Auch in den Zeiten der Krise zeichnete sich die Wirtschaftsmetropole Wien durch hohe wirtschaftliche Stabilität und gesellschaftlichen Zusammenhalt aus.
(https://www.wien.gv.at/statistik/pdf/wieninzahlen.pdf, abgerufen am 9.4.2016)

M1 *Wien in Zahlen*

Beschäftigungsverhältnisse	2008	2018
Insgesamt	**771158**	**848531**
Männer	391714	434824
Frauen	379444	413707
Primärer Sektor	**557**	**916**
Männer	284	582
Frauen	273	379
Sekundärer Sektor	**115456**	**107963**
Männer	91257	85717
Frauen	24199	22246
Tertiärer Sektor	**635344**	**726373**
Männer	297552	346820
Frauen	337792	379553
Sonstige	**19801**	**13234**
Männer	2621	1705
Frauen	17180	11529

M2 *Unselbstständige Beschäftigungsverhältnisse in Wien nach Wirtschaftssektor 2008 und 2018; Anmerkung: Primärer Sektor = Landwirtschaft, Fischerei; Sekundärer Sektor = Bergbau, Sachgüterproduktion, Energie- und Wasserversorgung, Bauwesen; Tertiärer Sektor = Dienstleistungen; Sonstige = inaktive Beschäftigungsverhältnisse (Präsenzdienst, Karenz- und Kinderbetreuungsgeldbezug) sowie Beschäftigungsverhältnisse unbekannter Wirtschaftstätigkeit. (Hauptverband der Sozialversicherungsträger, https://www.wien.gv.at/statistik/ arbeitsmarkt/tabellen/ub-sektor-zr.html, abgerufen am 3.6.2020)*

	Wien	Österreich
Einwohner (Jahresbeginn 2020)	1,91 Mio.	8,9 Mio.
BRP 2018	96400 Mio. EUR	398500 Mio. EUR
BRP 2018 in %	24,19	100
BRP pro Kopf 2018	51000 EUR	43640 EUR
BRP 2018 nach Wirtschaftssektoren in %		
I	0,1	1,3
II	14,7	28,7
III	85,2	70

M3 *Ausgewählte Strukturdaten im Vergleich; Anmerkung: I = Primärer Sektor, II = Sekundärer Sektor, III = Tertiärer Sektor (Statistik Austria, Volkswirtschaftliche Gesamtrechnung; https://de. statista.com/statistik/daten/studie/317867/umfrage/prognose- zur-bevoelkerungsentwicklung-in-wien/; https://de.statista.com/ statistik/daten/studie/19292/umfrage/gesamtbevoelkerung-in- oesterreich/, abgerufen am 3.6.2020)*

1. Semester

1 Erläutern Sie die wesentlichen Etappen der Europäi-
[II] schen Einigung von 1957 bis heute.

1948

Weit besser ist's, sich zu vertragen,
Als sich die Köpfe einzuschlagen.
Europas Völker sich verbinden,
Krise und Not zu überwinden.

ECA OEEC

1948

M1 *Karikatur zur Gründung des Europarates*

2 Interpretieren Sie die Karikatur aus dem Jahr 1948 vor
[III] der Gründung des Europarates und beurteilen Sie, ob
die damaligen Wünsche umgesetzt werden konnten.

3 Stellen Sie dar, inwiefern Europa kulturell-historisch und
[III] institutionell Gemeinsamkeit und Stärke repräsentiert.

4 Stellen Sie in Stichwörtern die naturräumliche Gliede-
[I] rung Europas dar.

....

....

....

5 Ordnen Sie die Klimadiagramme einer Klimazone zu.
[II] Begründen Sie Ihre Zuordnung.

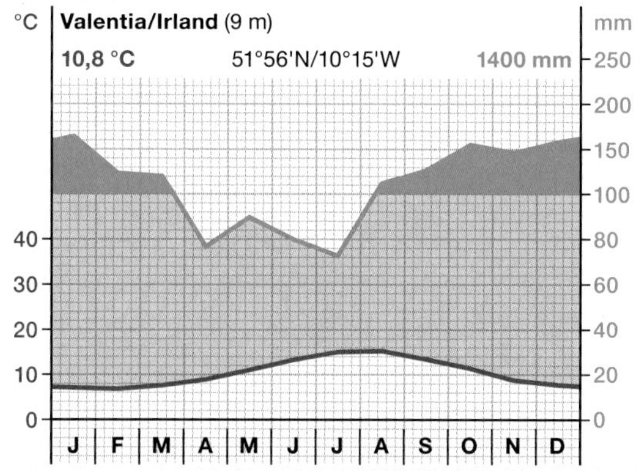

M2

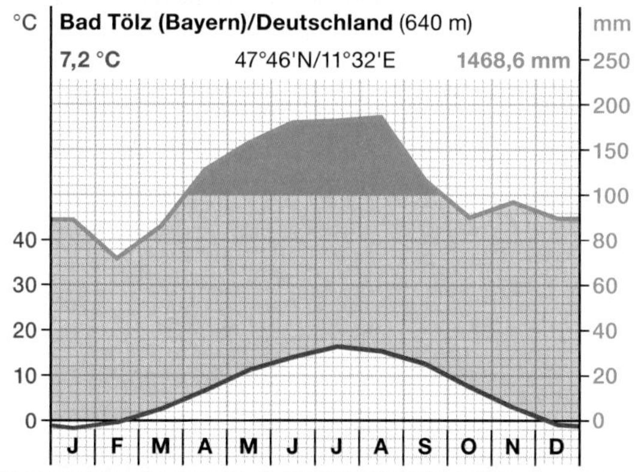

M3

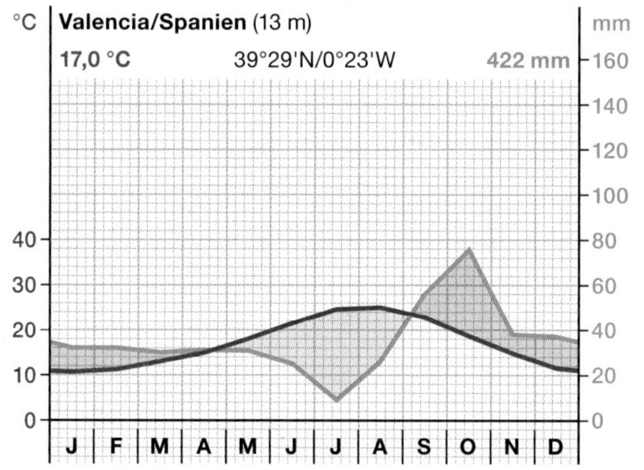

M4

6 Erklären Sie die gesellschaftliche Gliederung
[II] Europas.

....

....

....

....

7 Erörtern Sie mit Hilfe der Karte auf S. 24 die wirtschaft-
[III] lichen Disparitäten in Europa.

....

....

....

....

8 Erklären Sie die folgenden Begriffe:
[II]
Bruttoinlandsprodukt

....

....

....

....

Kaufkraftparität

....

....

Bruttoregionalprodukt

....

....

....

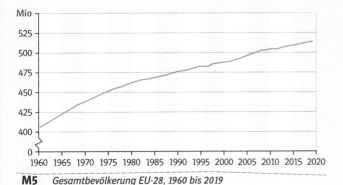

M5 *Gesamtbevölkerung EU-28, 1960 bis 2019*

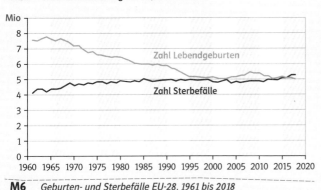

M6 *Geburten- und Sterbefälle EU-28, 1961 bis 2018*

9 Werten Sie die beiden oben stehenden Grafiken M5 und
[Ⅲ] M6 aus. Erörtern Sie die Gründe für das Bevölkerungswachstum. Wie lässt sich das Bevölkerungswachstum
trotz des Rückgangs der Geburtenraten erklären?

Durchschnittliche Lebenserwartung bei Geburt im Jahr 2019
(in Lebensjahren)

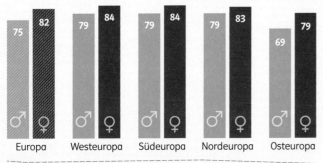

M7 *Durchschnittliche Lebenserwartung in Europa 2019*

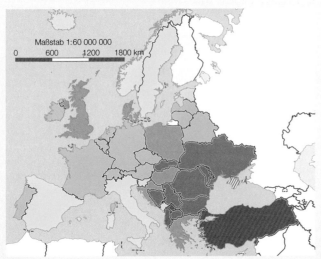

M8 *Kindersterblichkeit in Europa 2018*

10 Werten Sie die Grafik zur Lebenserwartung (M7) sowie
[Ⅲ] die Karte zur Kindersterblichkeit (M8) aus. Vergleichen
Sie die beiden Darstellungen. Beurteilen Sie, ob zwi-
schen Kindersterblichkeit und Lebenserwartung ein
Zusammenhang besteht, und nennen Sie die Gründe.

**NGO-Bericht: Die Niederlande haben das beste Gesund-
heitswesen in Europa**
Jedes Jahr vergleicht die schwedische Nichtregierungs-
organisation (NGO) Health Consumer Powerhouse (HCP)
die Gesundheitssysteme in Europa. Zur Bewertung nutzt
sie 48 Indikatoren. Darunter fallen Patientenrechte und
Patienteninformationen, Zugänglichkeit, Prävention und
Ergebnisse. Die Niederlande führen die Wertung unter
den 36 europäischen Ländern zum fünften Mal in Folge
an. Sie erzielten 898 von 1000 möglichen Punkten.
Im direkten EU-Vergleich folgen Finnland, Dänemark und
Belgien. Am schlechtesten schneiden im EU-Vergleich
Rumänien, Litauen und Polen ab. Im gesamteuropäischen
Vergleich haben die Schweizer das zweitbeste Gesundheitssystem. Norwegen folgt auf dem dritten Platz. (…)
Die Überlebensraten bei Herzkrankheiten, Schlaganfällen
und Krebs steigen. Und das trotz der Diskussion, die es
über Faktoren der Lebensweise wie Fettleibigkeit, den
Verzehr von Fastfood und zu viel Sitzen gibt, die die Situation verschlechtern sollen.
Sogar die Säuglingssterblichkeit, von HCP „als aussage-
kräftigster Einzelindikator" bezeichnet, geht zurück. Das
gilt insbesondere für die baltischen Staaten, die sehr
stark von der Finanzkrise betroffen sind.
Dennoch zeigt der EHCI (Euro Health Consumer Index)
2014, dass die Schere zwischen den ärmeren und reicheren Ländern auseinandergeht. Neun westeuropäische
Länder erreichen mehr als 600 von 1000 möglichen Punkten.
Andere wohlhabende Länder wie Frankreich, Österreich
und Schweden folgen mit einigem Abstand. Danach klafft
eine große Lücke zu der nächsten Gruppe. Sie setzt sich
aus zentraleuropäischen Ländern und den Mittelmeerlän-
dern zusammen.
*(http://www.euractiv.de/section/innovation/news/ngo-
bericht-die-niederlande-haben-das-beste-gesundheits-
wesen-in-europa/, abgerufen am 20.4.2016)*

M9 *Gesundheitswesen in Europa*

11 Analysieren Sie den Bericht zum Gesundheitswesen
[Ⅲ] in Europa (M9) und stellen Sie Zusammenhänge zur
Kindersterblichkeit, zur Lebenserwartung sowie zur
Wirtschaftskraft der jeweiligen Staaten her.

12 Stellen Sie dar, mit welchen Bereichen sich Sozialpolitik
[Ⅲ] beschäftigt.

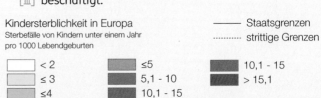

M10 *Karikatur zur EU-Flüchtlingspolitik*

13 Interpretieren Sie die Karikatur.
[II]

....

....

....

14 Erklären Sie die folgenden Begriffe:
[II] Binnenmigration

....

Außenmigration

....

Flucht

....

Asyl

....

Asylwerber/in

....

Asylberechtigte/r

....

....

15 Erläutern Sie aus der Perspektive eines Flüchtlings die
[II] Situation in einem Flüchtlingslager (M11).

„Austria not very good"
(…) Menschen sitzen in der prallen Hitze am Gehsteig
mit Plastiksackerln und dem, was sie am Leib tragen.
(…) Wir parken und sofort bildet sich eine Menschen-
traube um uns. Niemand wirkt gefährlich oder bedroh-
lich, ist laut. Mir kommt der Gedanke, dass ich mir in der
U-Bahn mehr Sorgen um meine Schlüssel und meine
Geldbörse mache als hier. Sofort sind helfende Hände
da, packen mit an. Jemand fragt nach Wasser, ich hab
einen Sechserträger Mineralwasser in der Hand und will
ihn ihm geben. „No, only one. Only for me", winkt er ab.
Im Lager gibt es kaum Schatten, kein Gras, kaum Bäume.
Außerhalb des Lagers liegt kaum Müll. Es ist sehr sauber
in Traiskirchen. Auf jedem Festival gibt es mehr Müll, und
das bei fast 4 000 Menschen. Auf jedem Festival gibt es
allerdings auch saubere Klos, ausreichend Duschen,
ärztliche Versorgung, Zelte mit Boden, Essen, Wasser.
Hier nicht. Hier gibt es nicht mal Privatsphäre.
(…) Ein kleiner Bub stupst mich schüchtern an und zeigt
auf das Sackerl mit Stofftieren. Er bekommt eines und
auch er strahlt mich glücklich an. (…)
Nachdem sich der erste Ansturm gelegt hat, gehe ich
ein paar Schritte und kämpfe mit den Tränen. Ein junger
Mann aus Afghanistan fragt mich nach meinem Namen
und meiner Herkunft. „Ah, Austria, very good", sagt er in
gebrochenem Englisch. Nein, nicht so, denke ich mir.
„Austria" ist nur „very good" für die, die auf der richtigen
Seite des Zauns geboren sind. „Austria" ist „very good"
zu mir, weil ich mich nicht entscheiden muss, ob ich mich
bei der Schlange bei der Essensausgabe anstelle oder
bei der beim Arzt. Ich kann beides haben, rund um die
Uhr.
Ich brauche nur einen Termin. Wer hier einen solchen
verpasst, fällt aus der Grundversorgung. Auch wenn sie
nichts davon wussten. Sie verpassen ihn, weil sie die
Sprache/n nicht verstehen. So simpel, so bürokratisch.
Keine Grundversorgung bedeutet dann: Kein Klo. Kein
Schlafplatz. Kein Arzt. Kein Wasser. Kein Essen. Kein Geld.
Nichts. Einfach nichts.
Es fällt auf, wie viele Kinder im Lager sind. Eine afghani-
sche Familie hat ein Kind mit vier Monaten. Der Vater
beherrscht etwas Deutsch, wir können uns aber verstän-
digen. Die Mutter wirkt apathisch, depressiv, erledigt. Ich
bin hin- und hergerissen zwischen extremen Emotionen:
Auf der einen Seite diese tiefe, ehrliche, echte Freude
der Flüchtlinge über jede Kleinigkeit und über jedes
Lächeln, auf der anderen gnadenlose Wut auf diejenigen, die immer wieder die gleichen abscheulichen Lügen
verbreiten: Es würden nur junge Männer nach Österreich
kommen, alle Wirtschaftsflüchtlinge, jeder hat alles,
Markenkleidung und Smartphones. Nichts davon stimmt,
kein einziges Wort.
*(http://www.news.at/a/traiskirchen-erfahrungsbericht,
Thomas Reitmayer, 20.8.2015, abgerufen am 20.4.2016)*

M11 *Traiskirchen*

M12 *Schweinezucht in Bayern*

M13 *Hühnerfarm in Niedersachsen*

16 Analysieren Sie die beiden Fotos (M12 und M13) und
[II] stellen Sie die Vor- und Nachteile von industrialisierter
Landwirtschaft und ökologischer Landwirtschaft dar.

17 Erklären Sie die Begriffe „Eutrophierung" und „Boden-
[II] verdichtung".

....

....

....

....

18 Diskutieren Sie die Frage: „Ist Agro-Treibstoff biologisch
[III] und umweltverträglich?"

....

....

....

....

....

....

....

....

Motive für Auslandsinvestitionen
Befragung deutscher Industrieunternehmen

M14 *Warum im Ausland investiert wird*

19 Erläutern Sie die Grafik (M14). Beurteilen Sie, welche
[II] Standortfaktoren hier mitspielen.

Royal Dutch Shell	396,6
BP	303,7
Volkswagen	278,3
Glencore	219,8
Daimler	197,5
Total	184,1
Exor Group	175,0
Gazprom	131,3
Allianz	126,8
AXA	125,6

M15 *Die zehn größten Unternehmen Europas
nach Umsatz 2019 (in Mrd. US-Dollar)*

20 Wählen Sie zwei der in der Tabelle M15 genannten
[II] Großkonzerne und recherchieren Sie: Hauptsitz, Niederlassungen, Arbeitsplätze, weltweite Verflechtungen.

21 Recherchieren Sie die zehn umsatzstärksten Unterneh-
[II] men Österreichs und vergleichen Sie die Umsätze mit
denen der europäischen Konzerne.

22 Erstellen Sie ein Porträt eines österreichischen Unter-
[II] nehmens, das auch international von Bedeutung ist.

Markenwert in Milliarden Euro

LVMH Group	75,96
Nestlé	39,05
AB Inbev	38,15
Unilever	28,84
Kering	26,08
Deutsche Telekom	25,48
British American Tobacco	24,62
Volkswagen	24,57
Christian Dior	24,08
Heineken	23,9
Novartis	23,49
Daimler	22,41
Nokia	21,11
Diageo	19,61
Vodafone	19,6

M16 *Die wertvollsten europäischen Unternehmen nach Umsatz 2019*

23 Klären Sie, welche der in der Grafik M16 genannten
[I] Unternehmen Ihnen bekannt sind, und stellen Sie fest, welche Produkte diese Unternehmen herstellen bzw. vertreiben.

24 Recherchieren Sie zu den Ihnen nicht bekannten Unter-
[II] nehmen. In welchem Wirtschaftszweig sind sie tätig? Wo ist der Hauptsitz? Wo befinden sich Niederlassungen? Wie viele Menschen beschäftigen sie? Über welche weltweiten Verflechtungen verfügen sie?

25 Nehmen Sie Stellung: Wie wichtig ist ein Markenpro-
[III] dukt für Sie?

....

....

....

....

....

....

....

26 Benennen Sie, aus welchen Gründen Österreich eine
[I] beliebte Tourismusdestination ist.

....

....

....

....

Tourismus in Europa 2015 – Gewinner und Verlierer

Etliche europäische Destinationen verbuchten zweistellige relative Zuwächse. Es handelt sich dabei um kleinere Zielgebiete wie Island (+30%), Rumänien (+17%), die Slowakei (+16%), Montenegro (+15%), Irland (+14%). Deutliche Zuwächse gab es aber auch in Portugal (+10%), Griechenland (+9%) und Kroatien (+8%), wo es gelungen ist, die Nachfrage in der Sommervor- und -nachsaison zu steigern. Griechenland profitierte von erhöhten Flugkapazitäten und dem Ausweichen von Urlaubern aus Destinationen, die als unsicher galten. Rückgänge gab es lt. derzeit vorliegenden Daten in Bulgarien, der Türkei, den Baltischen Ländern und Finnland. Die nordischen Länder waren besonders vom Ausfall russischer Gäste betroffen. Die Schweiz erlebte Auswirkungen ihrer Währungspolitik. Obwohl die Auslands-Ankünfte um rd. 2% zunahmen, gingen die Nächtigungen um rd. 2% zurück.
(https://www.austriatourism.com/tourismusforschung/tourismus-in-zahlen/tourismus-international-statistik/europatourismus-quartal-4-und-jahr-2015/, abgerufen am 7.12.2016)

M17 *Tourismus in Zahlen*

27 Überlegen Sie mögliche Ursachen für die Zuwächse
[II] und die Rückgänge in den in M17 genannten Ländern.

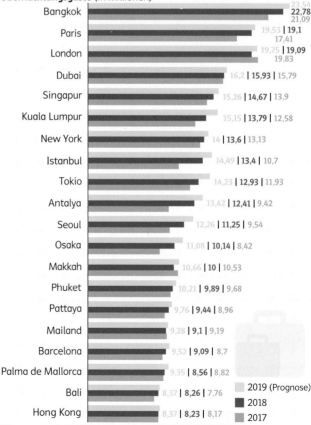

Beliebteste Reiseziele weltweit nach Anzahl der internationalen Übernachtungsgäste (in Millionen)

Ziel	2019 (Prognose)	2018	2017
Bangkok	23,54	22,78	21,09
Paris	19,53	19,1	17,41
London	19,75	19,09	19,83
Dubai	16,2	15,93	15,79
Singapur	15,26	14,67	13,9
Kuala Lumpur	15,15	13,79	12,58
New York	14	13,6	13,13
Istanbul	14,49	13,4	10,7
Tokio	14,23	12,93	11,93
Antalya	13,42	12,41	9,42
Seoul	12,26	11,25	9,54
Osaka	11,08	10,14	8,42
Makkah	10,66	10	10,53
Phuket	10,21	9,89	9,68
Pattaya	9,76	9,44	8,96
Mailand	9,28	9,1	9,19
Barcelona	9,52	9,09	8,7
Palma de Mallorca	9,35	8,56	8,82
Bali	8,37	8,26	7,76
Hong Kong	8,37	8,23	8,17

M18 *Beliebteste Reiseziele nach Anzahl der Übernachtungen*

28 Werten Sie die Grafik M18 aus.
[II]

Wettbewerbspolitik und Regionalpolitik bewerten

M1 *Die vier Freiheiten*

Die Europäische Union: aus der Vergangenheit lernen – in der Gegenwart leben – in die Zukunft blicken

Kompetenzorientierte Lernziele

→ die Bedeutung der EU für die eigene Lebenswelt erkennen

→ die Bedeutung des Vertrages von Maastricht bewerten

Wie stark uns die EU im Alltag beeinflusst, fällt uns oft gar nicht auf. Etwa im Supermarkt, wo wir speziell gekennzeichnete Lebensmittel vorfinden, oder im Gespräch mit einem Landwirt, der uns von den strengen Auflagen für die Haltung seiner Tiere erzählt. Die beliebte Politikerin, die gerade in das Europäische Parlament gewählt wurde, oder der Cousin, der ein Semester in Spanien studiert und dafür ein EU-Mobilitätsstipendium erhalten hat. Aber auch die Möglichkeit, einen Großteil der europäischen Länder ohne Reisepass zu besuchen und dort mit dem Euro bezahlen zu können, haben wir der EU zu verdanken.

Trotz ihrer Verdienste als größtes Friedensprojekt aller Zeiten und ihrer sozialen und wirtschaftlichen Erfolge zeigen aktuelle Umfragen, dass die EU zunehmend kritisch gesehen wird. In diesem Kapitel findet daher eine Zusammenschau von Vergangenheit (die bedeutendsten Schritte in der Integration der EU), Gegenwart (aktuelle Herausforderungen) und Zukunft (offene Fragen) der EU statt.

Vergangenheit: Den EU-Verträgen auf der Spur

Alle Handlungen der EU finden auf der Basis von Verträgen statt, die von sämtlichen Mitgliedstaaten freiwillig und demokratisch unterzeichnet wurden (= Prinzip der Rechtsstaatlichkeit):

1951 Vertrag über die Europäische Gemeinschaft für Kohle und Stahl (EGKS)
Der Grundstein für eine europäische Wirtschaftsgemeinschaft (Ziel: Abbau von Zöllen und Grenzen).

1957 Römische Verträge zur Gründung der Europäischen Wirtschaftsgemeinschaft (EWG) und der Europäischen Atomgemeinschaft (EURATOM)
Ein weiterer Vorstoß in Richtung gemeinsamer Markt ohne Handelsbeschränkungen.

1967 EG-Fusionsvertrag
EGKS, EWG und EURATOM fusionieren zur Europäischen Gemeinschaft (EG) und verfügen erstmals über eigene Institutionen (zB Europäisches Parlament).

1986 Einheitliche Europäische Akte (EEA)
Erste umfassende Reform der Römischen Verträge: Vollendung des Binnenmarktes, mehr Befugnisse für die EG-Organe sowie eine gemeinsame Außenpolitik.

Der Europäische Binnenmarkt (= gemeinsamer Wirtschaftsraum der EU) zeichnet sich durch die „vier Freiheiten" (M1) aus. Durch die Öffnung der nationalen Märkte findet freier Dienstleistungs- und Warenverkehr in der EU statt. Für die Konsumentinnen und Konsumenten bedeutet das mehr Angebot und bessere Preise und für die Unternehmen mehr Absatzmöglichkeiten. Durch die Abschaffung der Grenzkontrollen können sich Personen in der EU so frei bewegen wie im eigenen Land, in den anderen EU-Staaten leben, arbeiten oder ihren Ruhestand verbringen. Der freie Kapitalverkehr erlaubt den EU-Bürgerinnen und EU-Bürgern ihr Geld auch in den anderen Ländern anzulegen.

1992 Vertrag über die Europäische Union – Vertrag von Maastricht

Dieser Vertrag läutete die Geburtsstunde der Europäischen Union ein und schuf eine neue wirtschaftliche und politische Struktur, bestehend aus drei Säulen. Schwerpunkte waren die Einrichtung der Europäischen Währungsunion mit einer gemeinsamen Währung, eine gemeinsame Außen- und Sicherheitspolitik und die Zusammenarbeit bei Justiz und Inneres. Überragende Bedeutung kommt der ersten Säule zu, die die Wirtschafts- und Währungspolitik aller Mitglieder bestimmt. In den restlichen zwei Säulen erfolgt die Zusammenarbeit zwischenstaatlich. Der Vertrag enthält folgende Bekenntnisse:
- die Unionsbürgerschaft
- die Identität und Unabhängigkeit Europas
- das Subsidiaritätsprinzip: Die EU wird nur dann in Zuständigkeitsbereichen ihrer Mitgliedsländer tätig, wenn sie die Aufgaben besser lösen kann.

1997 Vertrag von Amsterdam

Der Vertrag ist eine Ergänzung zu den restlichen Verträgen, der sich vor allem mit Themen der Beschäftigungspolitik, der Vertiefung der Bestimmungen von Maastricht, der Eingliederung der Schengen-Zusammenarbeit und der Schaffung von Grundlagen für zukünftige Erweiterungen beschäftigte. Dieser Vertrag sollte die EU für bevorstehende Erweiterungen rüsten. Zur Enttäuschung vieler gelang dies nicht ausreichend.

2001 Vertrag von Nizza

Auch dieser Vertrag sollte die EU für die kommende Beitrittswelle rüsten, was erneut nur bedingt gelang. Wichtige Kernbereiche waren Größe und Zusammensetzung der Organe, Stimmengewichtung und Verfahren bei Abstimmungen sowie Verstärkung der Zusammenarbeit.

2007 Vertrag von Lissabon

Nach langen, zähen Verhandlungen konnten sich die Staats- und Regierungschefs auf diesen neuen Grundlagenvertrag einigen. Er vereinfachte die Arbeitsweise und die Abstimmungsregeln und schuf das Amt der Präsidentin bzw. des Präsidenten des Europäischen Rates sowie einer außenpolitischen Vertretung der EU.

Gegenwart und Zukunft: Aktuelle und zukünftige Herausforderungen der EU

2020 steht die EU vor vielen ungelösten Problemen: Uneinigkeit im Umgang mit den Migrationsströmen und bei der Meisterung aktueller Krisen (zB der Coronavirus-Pandemie), Ungleichgewichte in der EWWU, die zukünftige Zusammenarbeit mit Großbritannien nach dessen EU-Austritt usw.

- Wie gut ist die EU für zukünftige Erweiterungen gerüstet? Wo liegen die Grenzen?
- Wird es zukünftig auch zu weiteren Vertiefungen in der Zusammenarbeit kommen (können)?
- Ist die EU für die Herausforderungen der Globalisierung gerüstet?
- Wie kann sich die EU wieder bürgernäher und transparenter präsentieren?

Fraglich ist, wie die EU zukünftige Erweiterungen verkraften wird. Derzeit haben neben der Türkei vor allem Länder des Westbalkans den so genannten „Kandidatenstatus" inne. Eine steigende Mitgliederzahl bedeutet vermehrt unterschiedliche kulturelle und politische Hintergründe und Interessenslagen der einzelnen Länder und damit verbunden steigendes Konfliktpotenzial. Positiv zu sehen ist hingegen die dadurch noch gewichtigere Stellung der EU in der Welt und die Vereinigung eines großen, friedlichen Europas. Keine leichte Aufgabe wird es zudem sein, die weiter auf uns zukommenden Migrationsströme gemeinschaftlich zu koordinieren und in das Staatengeflecht zu integrieren. Die Finanz- und Schuldenkrise hat gezeigt, dass eine gemeinsame Wirtschafts- und Finanzpolitik in Zukunft unerlässlich sein wird. Vielleicht werden unsere Kinder in den „Vereinten Nationen von Europa" leben (= Abschaffung der Nationalstaaten zugunsten eines neuen europäischen Staates). Ebenfalls vorstellbar ist aber, dass wir in geraumer Zukunft in einem Europa „der unterschiedlichen Geschwindigkeiten" leben. Dass also manche Länder den Integrationsweg schneller beschreiten (die Zusammenarbeit weiter vertiefen) als andere.

Im Zuge der Globalisierung wird der Wettbewerb immer härter werden. Um weiterhin auf dem Weltmarkt konkurrieren zu können, wird es daher zentral sein, als große Wirtschaftsmacht geschlossen aufzutreten.

Vermehrt macht sich in der EU-Bevölkerung eine „EU-Verdrossenheit" breit.

Als Antwort auf die vielen Herausforderungen, die auf die EU zukommen, hat sie sich für die Jahre 2021 bis 2027 die folgenden fünf Ziele gesetzt:
1. ein intelligenteres Europa (Innovation, Digitalisierung, wirtschaftlicher Wandel, Förderung von KMU)
2. ein grüneres, CO_2-freies Europa (Übereinkommen von Paris, erneuerbare Energien, Kampf gegen den Klimawandel)
3. ein stärker vernetztes Europa (strategische Verkehrs- und Digitalnetze)
4. ein sozialeres Europa (hochwertige Arbeitsplätze, Bildung, Kompetenzen, soziale Inklusion, Gleichheit beim Zugang zu medizinischer Versorgung)
5. ein bürgernäheres Europa

---

1 Geben Sie je ein Beispiel für die „vier Freiheiten" aus
[I] Ihrer eigenen Lebenswelt.

2 Erläutern Sie die Bedeutung des Vertrages von Maast-
[II] richt sowie seine zentralen Inhalte.

3 Sammeln Sie Zeitungsartikel zu aktuellen Themen der
[II] EU und erstellen Sie eine Collage.

So funktioniert die EU – Institutionen und Aufgaben

Die Europäische Union ist ein weltweit einzigartiges Gebilde. Wie in demokratischen Staaten üblich, wird auch in der EU zwischen Exekutive (ausführende Gewalt), Legislative (gesetzgebende Gewalt) und Judikative (rechtsprechende Gewalt) unterschieden. Jedes „Rädchen" erfüllt dabei bestimmte Aufgaben und trägt so zu einem reibungslosen Ablauf bei:

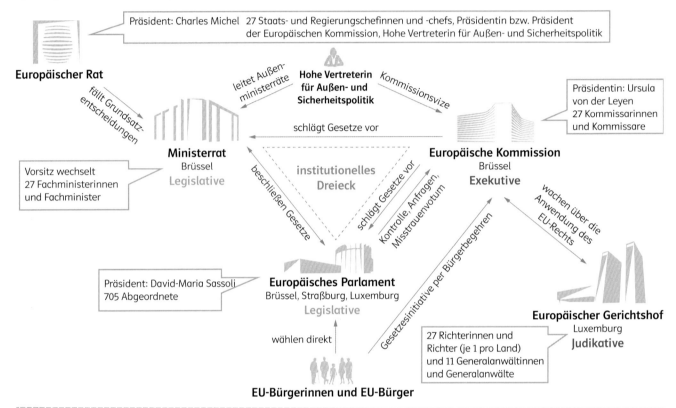

M1 *Funktionsweise der EU*

Die Europäische Kommission – die Stimme der Expertinnen und Experten

Die Kommission ist dem Wohl der Gemeinschaft verpflichtet und arbeitet daher unabhängig und frei von Weisungen der Mitgliedstaaten. Sie wacht über die Anwendung des europäischen Rechts („Hüterin der Verträge") und muss bei Verstößen (zB ein Mitgliedstaat hat eine EU-Richtlinie nicht fristgerecht umgesetzt) eingreifen und falls nötig den Europäischen Gerichtshof einschalten.

Sie gibt Empfehlungen und Stellungnahmen ab und hat das Recht, dem Europäischen Parlament und Ministerrat Gesetze (Rechtsnormen) vorzuschlagen. Die Kommission ist aber auch zuständig für die Durchführung von Rechtsakten und die Ausführung des Haushalts („Herrin des Verfahrens"). Außerdem vertritt sie die EU in der Welt. Die Wahl der Kommissarinnen und Kommissare, die jeweils für einen eigenen Fachbereich zuständig sind, erfolgt auf fünf Jahre. Ein noch relativ junges Amt ist jenes der Hohen Vertreterin bzw. des Hohen Vertreters der EU für Außen- und Sicherheitspolitik. Sie bzw. er ist für die Beziehungen zu Ländern außerhalb der EU zuständig und zugleich Vizepräsidentin bzw. Vizepräsident der Europäischen Kommission.

— Europäische Rechtsnormen —

Verordnung	Richtlinie	Entscheidung	Stellungnahme/Empfehlung
allgemeine und **verbindliche** Geltung für **alle EU-Bürgerinnen und -Bürger**	**verbindliche** Zielvorgaben für einzelne **Mitgliedstaaten**	**verbindlich** für **denjenigen**, den sie betrifft (Mitgliedstaat oder einzelne Bürgerinnen und Bürger)	**unverbindliche** Äußerung/Stellungnahme

M2 *Zuständigkeiten der EU-Kommission*

Der Rat der Europäischen Union (Ministerrat) – die Stimme der Mitgliedstaaten

Der Rat setzt sich – je nach Thema – aus den unterschiedlichen Fachministerinnen und Fachministern aller Mitgliedstaaten zusammen. So tagt er zB zu „Auswärtigen Angelegenheiten" oder „Bildung, Jugend und Kultur". Gemeinsam mit dem Europäischen Parlament genehmigt der Rat den Haushaltsplan der EU und entscheidet über die Gesetzesentwürfe der Europäischen Kommission. Er kann die Kommission auch auffordern, Gesetze zu einem bestimmten Bereich zu erarbeiten und überträgt ihr Befugnisse zur Durchführung von Rechtsakten. Zusätzlich versucht er eine gemeinsame Vorgehensweise in der Wirtschaftspolitik der Mitgliedstaaten festzulegen, entwickelt die gemeinsame Außen- und Sicherheitspolitik und schließt internationale Abkommen ab. Jedes Mitglied hat jeweils für sechs Monate den Vorsitz inne – Österreich zuletzt im zweiten Halbjahr 2018.

Das Europäische Parlament – die Stimme des Volkes

Die Abgeordneten werden alle fünf Jahre direkt in den Mitgliedstaaten in das Parlament gewählt. Die Zahl richtet sich nach der jeweiligen Bevölkerungszahl, wobei kein Land weniger als sechs und mehr als 96 Abgeordnete entsenden kann. In Österreich sind es aktuell 18 Personen. Das Parlament übt in der gesamten Union Kontrollfunktionen aus (zB über die Haushaltsführung der EU-Organe) und vertritt unmittelbar die Interessen der EU-Bürgerinnen und -Bürger. Es wählt die Präsidentin oder den Präsidenten der Kommission und stimmt der gesamten Zusammensetzung der Kommission zu. Die Europäische Kommission muss dem Parlament für alle ihre Handlungen Rede und Antwort stehen und könnte sogar abgesetzt werden. Das Parlament ist auch maßgeblich beteiligt an der Entscheidung über das jährliche EU-Budget und dessen Zusammensetzung. Die wichtigste Aufgabe ist aber die Gesetzgebungsfunktion gemeinsam mit dem Ministerrat.

Die EU-Bürgerinnen und -Bürger haben ein direktes Mitspracherecht bei der Initiierung von Gesetzen: Mindestens eine Million Menschen aus mindestens einem Viertel der EU-Länder können die Kommission auffordern, einen Gesetzesvorschlag zu einem bestimmten Thema vorzulegen. Die Kommission prüft diesen sorgfältig, zudem findet im Parlament eine Anhörung statt.

Der Europäische Rat – die Strateginnen und Strategen der EU

Das oberste politische Entscheidungsgremium der EU gewinnt immer mehr an Bedeutung, da hier alle EU-Staats- und Regierungschefinnen und -chefs vertreten sind. Er tagt unter dem Vorsitz seiner Präsidentin bzw. seines Präsidenten, die bzw. der für 2,5 Jahre gewählt wird. Der Europäische Rat erarbeitet Leitlinien zur EU-Politik sowie langfristige, politische Ziele und ist somit impulsgebend für die weitere Entwicklung der EU.
Der Europäische Rat tagte beispielsweise am 27. März 2020 zur Bewältigung der Corona-Krise.

Der Europäische Gerichtshof (EuGH) – Wächter über das EU-Recht

Das höchste Gericht in der EU hat die Aufgabe, europäische Gesetze und Verträge in Bezug auf Auslegung und Anwendung zu sichern.
Häufig wird in der Öffentlichkeit über den Regulierungswahn der EU geklagt. Ein bekanntes Beispiel war die 2009 wieder abgeschaffte Verordnung über die maximal erlaubte Krümmung von Gurken. Auch gegen die im Dezember 2014 eingeführte Allergenkennzeichnung wurde heftig protestiert. Dazu sei angemerkt: Österreich ist in jeder EU-Institution vertreten und somit in alle Phasen des EU-Entscheidungsprozesses eingebunden. Viele Gesetze werden zudem auf Initiative eines Mitgliedstaates erlassen. Im Falle der Allergenkennzeichnung war Österreich eine treibende Kraft. Schließlich ist es der EU ein Anliegen, die Rechtssicherheit für Konsumentinnen und Konsumenten und Unternehmerinnen und Unternehmer zu verbessern, nicht ihnen das Leben schwer zu machen.
Die EU verfügt über zahlreiche weitere Institutionen wie den Wirtschafts- und Sozialausschuss, den Ausschuss der Regionen, den Europäischen Rechnungshof, die Europäische Zentralbank, die Europäische Investitionsbank, den Europäischen Bürgerbeauftragten, den Europäischen Auswärtigen Dienst, den Europäischen Wirtschafts- und Sozialausschuss, den Europäischen Datenschutzbeauftragten sowie diverse interinstitutionelle Einrichtungen, zB die Europäische Verwaltungsakademie.

---

1 Erklären Sie die Begriffe Exekutive, Legislative und
[I] Judikative und ordnen Sie die EU-Organe zu.

2 Nennen Sie je zwei Aufgaben der EU-Organe.
[I]

3 Recherchieren Sie, mit welchen Themen sich die einzel-
[II] nen Institutionen aktuell beschäftigen.

4 Recherchieren und bewerten Sie drei weitere „unge-
[III] wöhnliche" EU-Regelungen.

5 „Die EU-Kommission forderte Österreich auf, seine
[II] Gesetze in Einklang mit der Richtlinie über die Umweltverträglichkeitsprüfung zu bringen." (Salzburger Nachrichten, 11.10.2019)
   a) Recherchieren Sie den Inhalt der genannten Richtlinie.
   b) Welchen Verbindlichkeitsgrad hat eine „Richtlinie"?
   c) Welchen Schritt kann die Kommission setzen, sollte die Richtlinie nicht eingehalten werden?
   d) In welcher Funktion wird die Kommission hier tätig (Exekutive, Legislative, Judikative)?

Politikfelder der EU

EU-Politik – zwischen Union und Nationalstaat

Mit ihren zahlreichen Aktivitäten ist die EU in unterschiedlichen Politikfeldern aktiv (M1). Allerdings darf sie in den Mitgliedstaaten nur nach dem Prinzip der begrenzten Einzelermächtigung agieren. Dabei wird vor allem nach ausschließlicher Zuständigkeit der EU und nach geteilter Zuständigkeit mit den Mitgliedstaaten unterschieden. So handeln die einzelnen Staaten nach ihrer nationalen Gesetzgebung, müssen sich aber in nahezu allen Fällen an den Rahmenbedingungen der EU orientieren. Die einzelnen Politikfelder in der EU sind sehr komplex und nicht mehr voneinander trennbar. Viele Themen wie etwa Umwelt, Beschäftigung, Verbraucherschutz, Diskriminierungsschutz oder Gleichbehandlung von Mann und Frau überschneiden sich und Gesamtlösungen werden angestrebt.

Politikfeld	Ziele	Maßnahmen und Schwerpunkte
Agrarpolitik	Erhalt des ländlichen Raums und der Arbeitsplätze in der Lebensmittelindustrie, Umwelt- und Tierschutz, Schutz vor Preisschwankungen und Marktrisiken, Lebensmittelsicherheit	Investitionen in die Modernisierung der Höfe, Unterstützung der Landwirtinnen und Landwirte bei der Erzeugung ausreichender Mengen an Lebensmitteln für Europa, ökologische Anbaumethoden, Forschung und Wissensverbreitung, Stärkung der Stellung der Landwirtinnen und Landwirte in der Wertschöpfung, Schaffung von EU-Gütesiegeln, Steigerung der Produktivität bei gleichzeitiger Minderung der Umweltfolgen, faire Handelsbeziehungen zu Entwicklungsländern
Sozial- und Beschäftigungspolitik	Gleichstellung von Mann und Frau, Recht auf Freizügigkeit, freie Berufsausübung, Sicherheit und Gesundheit am Arbeitsplatz, Gewerkschaften, Erleichterung des Übergangs von der Schule zum Beruf, einfachere Suche nach einem Arbeitsplatz, Modernisierung der Sozialversicherungssysteme, Schutz von Menschen mit Behinderung, Schaffung von neuen Arbeitsplätzen, Schutz der Arbeitnehmerrechte	Strategie Europa 2020: Erhöhung der Beschäftigungsquote, Verbesserung des Bildungsniveaus und der Forschung und Entwicklung, Verminderung der Armut
Wirtschafts- und Finanzpolitik	Wirtschaftliche Entwicklung und Stabilität, Gewährleistung der Preisstabilität (Inflationsrate unter 2%), Schutz von Spareinlagen, Sicherung der Verfügbarkeit erschwinglicher Kredite für Unternehmen und Haushalte	Wirtschafts- und Währungsunion, Fiskalpakt
Umweltpolitik	Schutz der Natur, umweltfreundlichere Wirtschaft, Sicherung von Gesundheit und Lebensqualität der Menschen in der EU	Gewährleistung der Sauberkeit des Trinkwassers und der Badegewässer, Verbesserung der Luftqualität, Lärmreduzierung; Eindämmung der Auswirkungen schädlicher Chemikalien, nachhaltige Bewirtschaftung von Land und Ökosystemen, Schutz von Wasserressourcen, Eindämmung des Klimawandels
Verkehrspolitik	Reduktion von Verkehrsüberlastungen, Treibhausgasemissionen und der Abhängigkeit von Erdöleinfuhren, Verbesserung der Infrastruktur, Verkehrssicherheit	EU-weite Fahr- und Fluggastrechte, Sicherheitsnormen, Vorschriften zur Förderung sauberer Technologien, Ausbau und Verbesserung des Transeuropäischen Verkehrsnetzes, Einführung umweltfreundlicher Verkehrstechnologien
Regionalpolitik	Wirtschaftswachstum in den Regionen und Städten, Verbesserung der Lebensqualität, Unterstützung der weniger entwickelten Regionen, Stärkung von Forschung und Innovation, Informations- und Kommunikationstechnologie	Förderung der Wettbewerbsfähigkeit von kleinen und mittleren Unternehmen, Übergang zu einer kohlenstoffemissionsarmen Wirtschaft
Energie- und Klimapolitik	Versorgungssicherheit, Wettbewerbsfähigkeit, Nachhaltigkeit	Energieunion, Energie- und Klimaziele: Verringerung der Treibhausgasemissionen, Energie aus erneuerbaren Quellen, Steigerung der Energieeffizienz, Verbundbildung bei den Stromnetzen, sichere, leistbare und klimafreundliche Energieversorgung von Haushalten und Unternehmen
Wettbewerbspolitik	Schaffung fairer und gleicher Bedingungen für Unternehmen (Verbot von Preisabsprachen, Kontrolle von Fusionen zur Vermeidung der alleinigen Marktmacht)	EU-Wettbewerbsrecht, Überwachung der staatlichen Unterstützungen von Unternehmen durch Darlehen und Zuschüsse

M1 *Einige Politikfelder der Europäischen Union*

Ein Binnenmarkt ohne Grenzen

Ziel der Europäischen Union ist es, dass die EU-Bürgerinnen und -Bürger in allen EU-Ländern studieren, wohnen, einkaufen, arbeiten oder ihren Ruhestand verbringen sowie aus einem reichhaltigen Angebot an Produkten aus ganz Europa wählen können.

Zu diesem Zweck stellt sie den freien Verkehr von Waren, Dienstleistungen, Kapital und Personen in einem EU-Binnenmarkt sicher. Durch die Beseitigung technischer, rechtlicher und bürokratischer Hindernisse ermöglicht die EU den Bürgerinnen und Bürgern den freien Handel und die freie Ausübung von Geschäftstätigkeiten.

(https://europa.eu/european-union/topics/singlemarket_ de, abgerufen am 23.4.2020)

M2   *EU-Binnenmarkt*

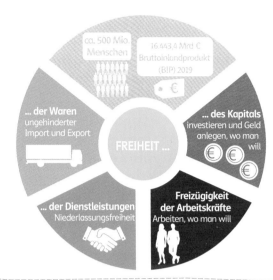

M3   *Die Freiheiten des Binnenmarktes*

17 Millionen Europäerinnen und Europäer leben oder arbeiten in einem **anderen** EU-Land.

freie Wahl des **Energieversorgers** für die Beheizung Ihres Hauses

Mehr als **9 Millionen Menschen** haben Erasmus in Anspruch genommen.

Online-Bestellungen innerhalb von 14 Tagen stornieren oder Waren zurückschicken, ohne Gründe angeben zu müssen; **fehlerhafte Waren** innerhalb von 2 Jahren ohne Zusatzkosten zurückgeben

große Pläne machen: **an Kunden in der ganzen EU verkaufen**, grenzüberschreitend **Dienstleistungen erbringen**, eine **Zweigstelle od. Tochtergesellschaft** in jedem beliebigen EU-Land eröffnen und die **richtigen Internationalen Partner finden**

Die EU unterstützt Ihr Unternehmen: Sie können sich für EU-geförderte Finanzierungsprogramme bewerben von der Europäischen Plattform für Investitionsberatung fachlich beraten werden und im Rahmen von Erasmus für junge Unternehmer einen Mentor anfordern.

Die Europäische Krankenversicherungskarte bietet Ihnen während eines vorübergehenden Aufenthalts in einem EU-Land im Bedarfsfall Zugang zu öffentlicher medizinischer Versorgung.

Die Sicherheitsanforderungen der **EU-Produktvorschriften** gehören zu den strengsten der Welt.

Die **Kosten für Inlandsgespräche** sind um zwei Drittel gesunken, ein Wechsel des Telekommunikationsanbieters ist unproblematisch und das Telefonieren, das Versenden von Textnachrichten sowie die Datennutzung sind in einem beliebigen EU-Land unter den gleichen Bedingungen wie zu Hause möglich.

Von Fluggesellschaften kann bei einer Verspätung von mehr als 3 Stunden bei der Ankunft am Reiseziel eine **Entschädigung eingefordert** werden.

Sie können eine **elektronische Zahlung in Euro innerhalb des Binnenmarktes** genauso einfach wie zu Hause vornehmen.

Bankeinlagen von bis zu 100 000 EUR sind immer gesichert.

M4   *Der EU-Binnenmarkt – Was bringt er Ihnen?*

1 Nehmen Sie Stellung: Warum funktioniert die EU-Zu-
[III] sammenarbeit in so vielen Politikfeldern, nicht aber im Umgang mit der Aufnahme von Flüchtlingen?

2 Analysieren Sie mögliche Herausforderungen und Prob-
[II] leme des Prinzips der begrenzten Einzelermächtigung.

3 Nennen Sie Beispiele für Politikfelder, die sich über-
[II] schneiden, und erarbeiten Sie die Möglichkeiten, die sich daraus ergeben.

4 Analysieren Sie mit Hilfe von M2, M3 und M4, von wel-
[II] chen Freiheiten des Binnenmarktes Sie in Ihrem Leben bisher profitiert haben und welche Sie in Zukunft in Hinblick auf Studium und Arbeitswelt nutzen können.

Der EU-Haushalt: Woher kommt und wohin fließt das Geld?

Kompetenzorientierte Lernziele

→ die Zusammensetzung des EU-Haushaltes benennen
→ die Ausgaben der EU zuordnen

→ Statistiken auswerten

Der EU-Haushalt – Zahlen und Fakten

Der EU-Haushalt – für 27 Mitgliedstaaten und etwa 448 Millionen EU-Bürgerinnen und EU-Bürger – beträgt für das Jahr 2020 rund 169 Milliarden Euro und entspricht damit nur rund einem Prozent des Bruttoinlandsproduktes (BIP) aller Mitgliedstaaten. Im Gegensatz dazu machen die Haushalte der einzelnen Mitgliedstaaten durchschnittlich rund 40 Prozent des jeweils nationalen BIP aus. Dazu kommt, dass der EU-Haushalt stets ausgeglichen sein muss und damit kein einziger Euro für die Rückzahlung von Schulden benötigt wird. **94 Prozent der Mittel**, die in den EU-Haushalt fließen, werden in den Mitgliedstaaten **für Maßnahmen und Programme** ausgegeben, die den Bürgerinnen und Bürgern unmittelbar zugutekommen.

Wer beschließt den EU-Haushalt?

Die Europäische Kommission erstellt jährlich einen Haushaltsentwurf, in dem die Höhe und die Verteilung der Gemeinschaftsausgaben vorgeschlagen werden. Im Anschluss arbeiten sowohl das Europäische Parlament als auch der Europäische Rat einen gemeinsamen Vorschlag aus. Wenn die Standpunkte des Parlaments und des Europäischen Rates voneinander abweichen, verhandeln sie – im Rahmen eines Vermittlungsverfahrens – so lange, bis sie einen für beide Seiten akzeptablen Haushaltsvorschlag erarbeitet haben.

Woher kommt das Geld?

Der EU-Haushalt wird aus Eigenmitteln und sonstigen Einnahmen finanziert. Die Eigenmittel machen hierbei 99 Prozent aus, dürfen aber nicht 1,23 Prozent des durchschnittlichen **Bruttonationaleinkommens (BNE)** der Mitgliedstaaten übersteigen. Hinweis: Das Bruttonationaleinkommen (BNE) ist die Summe der von allen Inländerinnen und Inländern erzielten Einkommen.

Die Eigenmittel setzen sich aus folgenden Positionen zusammen:
- BNE-Eigenmittel (das sind Beiträge, die die Mitgliedstaaten entsprechend ihrer Wirtschaftskraft bezahlen)
- Zölle, die bei Einfuhren aus Nicht-EU-Staaten erhoben werden
- Einnahmen, die auf den Mehrwertsteueraufkommen der Staaten beruhen
- Sonstige Einnahmen sind zB Bußgelder von Unternehmen oder Beiträge von Nicht-EU-Staaten für diverse Projekte.
Wie viel die einzelnen Positionen zu den Eigenmitteln im Jahre 2018 beigetragen haben, zeigt die Grafik M1.

Wohin fließt das Geld?

Die Ausgabenschwerpunkte werden in der Regel in einem siebenjährigen Finanzrahmen (aktuell: 2014–2020) niedergelegt. Die Grafik M2 zeigt die einzelnen Ausgabenbereiche

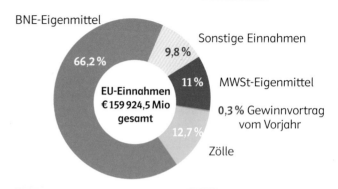

M1 Einnahmequellen 2018 (in %), (http://ec.europa.eu/budget/figures/interactive/index_de.cfm, abgerufen am 23.4.2020)

und ihre Höhe. Derzeit fließen die größten Anteile der Mittel in den Bereich „Nachhaltiges Wachstum – natürliche Ressourcen" (= GAP, Fischerei, ländliche Entwicklung, Umwelt) und in den Bereich „Wirtschaftlicher, sozialer und territorialer Zusammenhalt" (= Förderung benachteiligter Regionen). Aber auch für die Bereiche „Wettbewerbsfähigkeit für Wachstum und Beschäftigung" (= Forschung, Bildung, Infrastruktur) und „Europa in der Welt" (= auswärtiges Handeln, Entwicklung) werden hohe Geldbeträge zur Verfügung gestellt.

Methode

Statistiken auswerten

Statistische Angaben sind wesentliche Grundlagen für die Informationsbeschaffung im GW-Unterricht. Sie beruhen immer auf Zahlen, die unterschiedlich, etwa als Tabellen, Diagramme oder Schaubilder, dargestellt werden. Amtliche Statistiken zB von Statistik Austria oder Eurostat können als sehr verlässlich eingestuft werden.

Schritt für Schritt:

☐ Beschreiben: Welcher Sachverhalt ist dargestellt? Wie ist die Statistik dargestellt? Welcher Zeitpunkt oder Zeitraum ist abgebildet? Ist eine Entwicklung erkennbar?

☐ Informationen sammeln: Ist eine Datenquelle angegeben? Wer ermittelte die Daten und stellt sie der Öffentlichkeit zur Verfügung? Sind die Daten verlässlich oder könnten sie auch manipuliert sein?

☐ Material analysieren: Welche Angaben sind miteinander vergleichbar? Können Sie Besonderheiten feststellen? Können Sie diese Besonderheiten erklären? Können Sie aus der Statistik Prognosen ableiten?

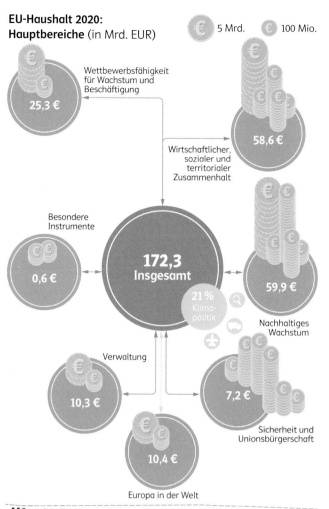

EU-Haushalt 2020:
Hauptbereiche (in Mrd. EUR)

€ 5 Mrd. € 100 Mio.

Wettbewerbsfähigkeit für Wachstum und Beschäftigung
25,3 €

58,6 €

Wirtschaftlicher, sozialer und territorialer Zusammenhalt

Besondere Instrumente
0,6 €

172,3 Insgesamt

21% Klimapolitik

59,9 €

Nachhaltiges Wachstum

Verwaltung
10,3 €

7,2 €

Sicherheit und Unionsbürgerschaft

10,4 €

Europa in der Welt

M2 *Der EU-Haushalt: Ausgaben nach Bereichen 2020*

Litauen	**610,4 €**
Ungarn	**532,8 €**
Lettland	**504,7 €**
Estland	**407,8 €**
Polen	**325,1 €**
Portugal	**318,1 €**
Griechenland	**312,6 €**
Slowakei	**308,9 €**
Slowenien	**255,8 €**
Bulgarien	**238,6 €**
Tschechien	**224,4 €**
Rumänien	**164,6 €**
Kroatien	**162,2 €**
Malta	**93,6 €**
Zypern	**88,9 €**
Spanien	**39,6 €**
Luxemburg	**30,1 €**
−42,5 €	Belgien
−64,1 €	Irland
−83,8 €	Italien
−92,4 €	Frankreich
−104,2 €	Vereinigtes Königreich
−105,2 €	Finnland
−142,4 €	Niederlande
−149,0 €	Schweden
−152,0 €	Österreich
−161,5 €	Deutschland
−206,4 €	Dänemark

M3 *Haushaltssalden 2018 der EU-Länder pro Kopf*

Wer bekommt wie viel?
(Nettozahler und Nettoempfänger)

Da die EU anstrebt, die wirtschaftlichen Unterschiede zwischen den einzelnen Ländern zu verringern, unterstützt sie entsprechend schwächere Länder besonders stark. Bei Ländern, die mehr in die EU-Kasse einzahlen, als sie von dort zurückbekommen, spricht man von „Nettozahlern". Länder hingegen, die mehr Geld von der EU erhalten, als sie einzahlen, werden als „Nettoempfänger-Länder" bezeichnet (M3).

Die Frage, ob sich mit der Mitgliedschaft in der EU für einen Staat mehr Vor- oder Nachteile ergeben, lässt sich nicht so einfach beantworten. Je nachdem, welche Bezugsgrößen herangezogen werden, kommt man zu unterschiedlichen Ergebnissen. So sollte nicht nur die absolute Höhe der geleisteten Zahlungen der Staaten herangezogen werden, sondern es müssen auch die Daten in Bezug zu der jeweiligen Wirtschaftskraft und Bevölkerungszahl der Länder gesetzt werden.

Bezieht man zB die Haushaltssalden (= Saldo aus Einzahlungen in den EU-Haushalt abzüglich Auszahlungen aus dem EU-Budget) auf die jeweilige Bevölkerungszahl der Mitgliedstaaten (M3), so zeigt sich, dass niemand so viel an die EU bezahlte wie die Bürgerinnen und Bürger Dänemarks, während hingegen Litauen pro Kopf am meisten von der EU erhielt.

EU-Haushalt – Ausgaben für Jugendliche

Für den Zeitraum 2014 bis 2020 sind im EU-Haushalt mindestens 13 Milliarden Euro – im Rahmen verschiedener Programme – für Bildung, Jugend und Sport vorgesehen. So fördert das Programm „Comenius" Kooperationen und neue Wege der europäischen Zusammenarbeit in Schulen und Kindergärten. Durch die Unterstützung von Schulpartnerschaften in anderen Staaten der EU (mit wechselseitigen Besuchen) sollen nicht nur die Fremdsprachenkenntnisse verbessert, sondern auch das Verständnis für die Vielfalt europäischer Kulturen gefördert werden.

1 Stellen Sie mit Hilfe des Internets fest, welche der vier [II] Eigenmittel-Positionen in den letzten Jahren die größte Einnahmequelle darstellte.

2 Werten Sie M1, M2 und M3 aus. Fassen Sie die wesent-[II] lichen Aussagen der Statistiken schriftlich zusammen.

3 Mit der Aktion „Comenius-Schülermobilität" haben Schü-[III] lerinnen und Schüler die Möglichkeit, drei bis zehn Monate am Unterricht an einer Schule in einem anderen EU-Land teilzunehmen. Informieren Sie sich mit Hilfe des Internets über die Rahmenbedingungen und den Ablauf eines möglichen Auslandsaufenthalts.

Wettbewerbspolitik der EU: Wettbewerb statt Konzentration

Kompetenzorientiertes Lernziel
→ die Wettbewerbspolitik der EU erklären

Warum ist Wettbewerb wichtig und was sind die Ziele der Wettbewerbspolitik?

Die EU hat sich zum Ziel gesetzt, den freien Markt im Bereich der EU – unter dem Schlagwort „Binnenmarkt" – umzusetzen. Unternehmen sollen auf allen Märkten der Mitgliedstaaten gleiche Wettbewerbsbedingungen vorfinden. Gleichzeitig sollen auch die Verbraucherinnen und Verbraucher vor ungerechtfertigt hohen Preisen, wie sie ein Monopolist (dh es gibt nur einen Anbieter) durchsetzen könnte, geschützt werden.

Wie kann der Wettbewerb gefährdet werden?

Der Wettbewerb kann gefährdet werden durch
- wettbewerbsbeschränkende Vereinbarungen (Kartelle: Preisabsprachen, Aufteilung von Absatzgebieten);
- Marktsituation bzw. Marktform (vor allem dann, wenn nur wenige Anbieterinnen und Anbieter auf dem Markt sind);
- einen Verdrängungswettbewerb (zB ein Unternehmen verdrängt Konkurrenten vom Markt);
- Preisbindung (Herstellerin oder Hersteller verpflichtet Verkäuferin oder Verkäufer, die Waren zu einem bestimmten Preis zu verkaufen).

Was sind die Grundlagen bzw. Instrumente der Wettbewerbspolitik?

Zur Sicherung des Wettbewerbs sind nicht nur entsprechende Gesetze (in Österreich ist das zB das Kartellgesetz), sondern auch staatliche Institutionen notwendig, durch die der Missbrauch der Marktfreiheiten festgestellt wird. So überprüft in Österreich die Bundeswettbewerbsbehörde (BWB) Verstöße gegen das Wettbewerbsrecht.

Auf welchen Ebenen wird Wettbewerbspolitik in der EU betrieben?

Durch die Internationalisierung des Wettbewerbs wurde es notwendig, nicht nur auf nationalstaatlicher, sondern auch auf der Ebene der EU den Wettbewerb zu überwachen. So hat die „Generaldirektion Wettbewerb" die Aufgabe, im Namen der EU-Kommission die EU-Wettbewerbsvorschriften durchzusetzen. Wegen des Gemeinsamen Binnenmarktes besteht zwischen den Wettbewerbsregeln der EU und denen der Mitgliedsländer eine weitgehende Übereinstimmung.

Die Wettbewerbspolitik der EU umfasst folgende fünf Bereiche:
- **Das Verbot von Vereinbarungen, die den Wettbewerb beschränken** (zB unerlaubte Preisabsprachen, Aufteilung der Märkte, Bildung von nicht genehmigten Kartellen).

Unerlaubte Preisabsprachen: EU verhängt Milliarden-bußgeld
Die EU-Kommission hat gegen Mitglieder eines Kartells von Fahrstuhl- und Rolltreppenherstellern wegen unerlaubter Absprachen ein Rekord-Bußgeld in Höhe von knapp einer Milliarde Euro verhängt. (Spiegel-Online, 2007)

- **Das Verbot des Missbrauchs einer marktbeherrschenden Stellung**
- **Kontrolle von Unternehmenszusammenschlüssen:** So sind Zusammenschlüsse bzw. Übernahmen von Unternehmen, die zu einer marktbeherrschenden Stellung führen würden, untersagt.

Brüssel stoppt transatlantische Mega-Börsenfusion
Die EU-Kommission hat am Mittwoch die geplante Riesenfusion der Deutschen Börse in Frankfurt mit der New York Stock Exchange Euronext in New York verhindert. New York und Frankfurt wären durch die Fusion weltgrößter Börsenbetreiber geworden. (Kronenzeitung, 1.1.2012)

- **Liberalisierung von Märkten, vor allem in den Bereichen Verkehr, Energie und Telekommunikation:** Für neue Unternehmen ist es schwer in diese genannten Märkte „einzudringen". Daher verfolgt die EU-Kommission in diesen Bereichen das Konzept, Infrastruktur und Geschäftstätigkeit zu trennen, wobei normalerweise die Infrastruktur im Eigentum des bisherigen Monopolinhabers bleibt. Dieser muss aber neuen Anbieterinnen und Anbietern einen Marktzugang gewähren. Damit soll der Wettbewerb belebt werden.

Im ÖBB-Konzern wurde auf Basis des Bundesbahnstrukturgesetzes 2003 die ÖBB-Infrastruktur AG und die Personenverkehrs AG eingerichtet und damit auch die Möglichkeit geschaffen, dass private Anbieter Bahnstrecken befahren können. So betreibt die WESTbahn Management GmbH seit dem Jahr 2011 als Eisenbahnverkehrsunternehmen die Strecke zwischen Wien und Salzburg.

- **Kontrolle staatlicher Beihilfen an Unternehmen**
  Nach EU-Recht sind staatliche Beihilfen an Unternehmen grundsätzlich verboten. Ausnahmen sind dann möglich, wenn die positiven Wirkungen überwiegen (zB die Beihilfen der Regionalentwicklung dienen) und von der EU-Kommission genehmigt werden.

Fallbeispiel – Lebensmitteleinzelhandel in Österreich

Hofer, Spar, Rewe dominieren Lebensmittelhandel noch stärker

Die drei größten Supermarktketten Hofer, Spar und Rewe (Billa, Merkur, Penny) dominieren den österreichischen Lebensmittel-Einzelhandel mittlerweile zu 83,9 Prozent. Dies ist ein weiterer Anstieg der Marktkonzentration. Die Dominanz von Hofer, Spar und Rewe hat Folgen, nicht nur für Konsumenten. Der stationäre Lebensmittelhandel wies in Österreich schon bisher eine beispiellos hohe Konzentration auf, doch diese ist in den vergangenen Jahren weiter gestiegen. Erreichten 2005 noch die Top Fünf einen Marktanteil von 88 Prozent, haben sie heute bereits knapp 95 Prozent. Das heißt im Umkehrschluss, alle anderen Lebensmittelhändler müssen sich mit den verbleibenden 5 Prozent des Marktes zufriedengeben. Da mehr als vier von fünf Österreichern bei Rewe, Spar oder Hofer einkaufen, bedienen die Supermarktketten eine entsprechend große Konsumentenmenge, weshalb sie für ihre Lieferanten unverzichtbar geworden und aus dem Markt nicht mehr wegzudenken sind. Damit einher geht eine hohe Marktmacht, auch gegenüber den Lieferanten aus der Lebensmittelindustrie.
(https://www.sn.at/wirtschaft/oesterreich/hofer-spar-rewe-dominieren-lebensmittelhandel-nochstaerker-40208356, 18.9.2018, abgerufen am 20.4.2020, gekürzt)

M1 *Konzentration im Lebensmitteleinzelhandel*

M2 *Karikatur*

Lebensmittelpreise im europäischen Vergleich

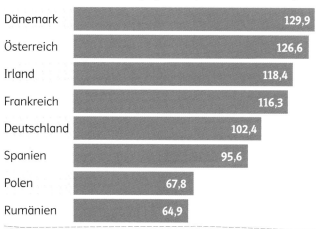

Staat	Preisniveauindex (im Jahr 2018, EU-Durchschnitt = 100)
Dänemark	129,9
Österreich	126,6
Irland	118,4
Frankreich	116,3
Deutschland	102,4
Spanien	95,6
Polen	67,8
Rumänien	64,9

M3 *Lebensmittelpreise im Vergleich in ausgewählten Ländern*

Kartellstrafen im Lebensmittelhandel
Größte Geldbußentscheidungen in Österreich in Euro

Spar	2015, 2016	40,2 Mio.
Rewe	2013	20,8 Mio.
Rauch Fruchtsäfte	2016	1,7 Mio.
Berglandmilch	2013	1,1 Mio.
Brau Union	2012	750.000
Vöslauer	2015	653.775
NÖM	2014	583.200
Pfeiffer/Zielpunkt	2015	562.500
Stiegl	2012, 2014	366.875
Kärntnermilch	2013	375.000
MPreis	2014	225.000
AFS Franchise	2014	225.000
Emmi	2013	210.000
Kärntner Brauereien	2014	195.000
Ottakringer	2012	190.000
Pago International	2015	152.460

Grafik: © APA, Quelle: APA/BWB

APA

M4 *Kartellstrafen im Lebensmittelhandel*

Wichtig: Beantworten Sie die Fragen vor dem Hintergrund der Konzentration im österreichischen Lebensmitteleinzelhandel!

1 Erläutern Sie die zentralen Aussagen der Grafik M3.
[II]

2 Erklären Sie die Grafik M4 und überlegen Sie, ob ein inhaltlicher Zusammenhang zu Grafik M3 gegeben ist bzw. sein könnte.
[II]

3 Erklären Sie anhand der beiden Fragen die zentrale Botschaft der Karikatur M2:
[II]
 a) Beschreiben Sie in eigenen Worten, was Sie auf dieser Karikatur sehen.
 b) Welcher Sachverhalt bzw. welche Situation wird in der Karikatur angesprochen?

4 Versuchen Sie herauszufinden, mit welchen Argumenten der Handel die höheren Lebensmittelpreise rechtfertigt.
[II]

Wie die EU-Wettbewerbspolitik unser Leben beeinflusst

Die Wettbewerbsregelungen der EU wurden zum Schutze der Unternehmen gleichermaßen wie der Verbraucherinnen und Verbraucher geschaffen. Konkret versuchen sie einerseits den fairen Wettbewerb zwischen den Unternehmen zu gewährleisten und andererseits eine größere Auswahl, niedrigere Preise sowie eine höhere Produktqualität für die Konsumentinnen und Konsumenten zu sichern. Nachfolgend wird anhand eines typischen Arbeitsplatzes von Jugendlichen beispielhaft veranschaulicht, wo überall das EU-Wettbewerbsrecht lenkend eingreift.

Am 18. Mai 2017 hat die Kommission gegen Facebook eine Geldstrafe von 110 Mio. Euro verhängt. Begründung: Im Jahr 2014 hatte die Kommission nach der EU-Fusionskontrollverordnung die Übernahme von WhatsApp durch Facebook genehmigt. Allerdings hatte Facebook damals unrichtige bzw. irreführende Angaben gemacht.

Am 27. Juni 2017 stellt die Kommission fest, dass Google gegen die EU-Kartellrechtsvorschriften verstoßen hat. Das Unternehmen hat seine marktbeherrschende Stellung als Suchmaschine missbraucht, indem es einem anderen Google-Produkt, Google Shopping, einen unrechtmäßigen Vorteil verschafft hatte. Der Schweregrad dieses Verstoßes zeigt sich in der Höhe der Geldbuße: 2,4 Mrd. Euro.

2009 hat die EU-Kommission eine Rekordstrafe in Höhe von 1,06 Mrd. Euro gegen den Chiphersteller Intel verhängt. Konkret hat das Unternehmen führenden Computerherstellern Rabatte gewährt, damit seine Prozessoren gekauft wurden. Somit hat der Konzern seine marktbeherrschende Stellung ausgenutzt.

2014 wurde den Unternehmen Infineon, Philips, Samsung und Renesas für ihre Teilnahme an einem Kartell für Smartcard-Chips eine Geldbuße von 138 Mio. Euro auferlegt. Smartcard-Chips werden z B für SIM-Karten von Handys, Bankkarten, Personalausweisen und Pässen verwendet.

Im September 2017 erklärte die Kommission die Steuervergünstigungen Luxemburgs von rund 250 Mio. Euro zugunsten von Amazon für unzulässig. Solche versteckten Beihilfen sind in der EU verboten.

Im Februar 2020 verhängte die Kommission gegen NBC eine Geldbuße in Höhe von 13,5 Mio. Euro. Das amerikanische TV-Network hatte in den Jahren zuvor europäische Händler beim Verkauf von Fanartikeln (zB Jurassic Park, Trolls und Minions) rechtswidrig daran gehindert, die Artikel grenzübergreifend und an verschiedene Zielgruppen zu verkaufen. Damit wurde der freie Handel behindert.

Die EU-Kommissarin für Wettbewerbsfragen, Margrethe Vestager, hat die Ergebnisse des Verfahrens gegen Irland wegen möglicher Verstöße gegen das EU-Wettbewerbsrecht vorgestellt. Dabei geht es um massive Steuervergünstigungen für Apple. Apple muss nun 13 Milliarden Euro an Steuern zurückzahlen. Der Konzern lässt einen erheblichen Teil seines weltweiten Geschäfts über Tochterunternehmen in Irland laufen. Dort beträgt der Steuersatz lediglich 12,5%. Doch Irland gewährte Apple darüber hinaus zusätzliche Steuervergünstigungen, so dass Apple auf seine europäischen Gewinne unterm Strich extrem niedrige Steuern zahlte.

Seit 2015 prüft die Kommission, inwieweit der grenzüberschreitende elektronische Handel Einschränkungen unterliegt. Konkret besteht der Verdacht, dass marktbeherrschende Unternehmen durch so genanntes Geoblocking (= das Aussperren von Nutzerinnen und Nutzern mit IP-Adressen aus bestimmten Regionen) den freien Handel behindern könnten.

M1 *Wettbewerbsverfahren*

Wie funktioniert die Anwendung der Wettbewerbsregeln?

Das EU-Wettbewerbsrecht gilt, neben den jeweiligen nationalen Bestimmungen, in allen Mitgliedstaaten der EU. Aufgabe der EU-Kommission ist es zu untersuchen, ob die Wettbewerbsregeln von Unternehmen verletzt werden (könnten). Sie kann jedoch nur dann eingreifen, wenn mehrere EU-Staaten betroffen sind. Nach eingehender Prüfung kann die Kommission entscheiden, wettbewerbswidriges Verhalten zu verbieten, Veränderungen zu fordern oder ein Bußgeld zu verhängen. In Härtefällen kann die Kommission bis zu 10 Prozent des Umsatzes eines Unternehmens als Strafe einfordern. Die Entscheidungen sind für Unternehmen und Regierungen bindend, können jedoch gerichtlich angefochten werden.

Wie kann ich mich als Verbraucherin oder Verbraucher gegen wettbewerbswidriges Verhalten schützen?

Sollte Ihnen ein wettbewerbswidriges Verhalten eines Unternehmens auffallen, haben Sie die Möglichkeit, dieses an die zuständigen Behörden zu melden. Geht es um ein Unternehmen, das nur in Österreich aktiv ist, sollten Sie sich an eine Verbraucherorganisation (zB Verein für Konsumenteninformation) oder die Bundeswettbewerbsbehörde wenden. Betrifft das wettbewerbswidrige Verhalten mehr als drei EU-Länder, kann die EU-Kommission auch direkt kontaktiert (per E-Mail oder in einem Brief) und über die beobachteten Mängel informiert werden. Die Kommission wird dann eine Untersuchung einleiten und die Vorwürfe überprüfen.

Das Wettbewerbsrecht in Zahlen

2016 hat die Europäische Kommission rund 900 Beschlüsse im Bereich des Wettbewerbsrechts getroffen (va in Bezug auf staatliche Subventionen). Die verhängten Bußgelder für Unternehmen und Regierungen beliefen sich auf 3,75 Mrd. Euro. Dieses Geld fließt nicht in das EU-Budget, sondern reduziert die Beiträge der Mitgliedstaaten zum Budget. Schätzungen zufolge sparten die Verbraucherinnen und Verbraucher durch die Entscheidungen der Kommission zwischen 6,8 und 10,2 Mrd. Euro.

M2 *Die höchsten Einzelstrafen in EU-Kartellverfahren in Mio. Euro*

Altstoff Recycling Austria hinderte Wettbewerber am Zugang zu Infrastruktur und am Eintritt in Abfallwirtschaftsmarkt Brüssel

Das österreichische Abfallunternehmen ARA (Altstoff Recycling Austria) ist von der EU-Kommission am Dienstag zu einer Geldstrafe von sechs Millionen Euro wegen Verstoßes gegen das Kartellrecht verdonnert worden. EU-Wettbewerbskommissarin Margrethe Vestager erklärte, die ARA habe Wettbewerber am Zugang zur grundlegenden Infrastruktur und am Eintritt in den Abfallwirtschaftsmarkt gehindert. Das Unternehmen will das Bußgeld zur Gänze aus dem Eigenkapital zahlen, die Tarife für die Verpackungsentsorgung will man nicht erhöhen, sagte Vorstand Christoph Scharff am Dienstag. *(http://derstandard.at/20004466182/ARASechs-Millionen-Euro-Kartellstrafe-fuer, 20.9.2016, abgerufen am 23.10.2016)*

M3 *ARA fasst sechs Millionen Euro Kartellstrafe aus*

---

1 Rufen Sie den Link http://ec.europa.eu/competition/
[I] consumers/why_de.html auf und sehen Sie sich das Video „Wie Wettbewerb Ihr Leben positiv beeinflusst" an. Fassen Sie die zentralen Aussagen zusammen. Reflektieren Sie das Video auch kritisch: Hat Wettbewerb nur Vorteile?

2 Recherchieren Sie aktuelle Fälle, in denen die EU-Kom-
[II] mission wettbewerbswidriges Verhalten festgestellt hat.

....

....

3 Fassen Sie die wesentlichen Aussagen der Grafik M2
[II] stichwortartig zusammen.

....

....

....

4 Informieren Sie sich bei drei Unternehmen der Grafik
[II] M2 über Details des Kartellverfahrens. Recherchieren Sie auch, ob es in jüngster Zeit noch höhere Einzelstrafen als jene von Google gab.

Agrarpolitik der EU

Agrarpolitik – damals und heute

Infolge der Lebensmittelknappheit nach dem Zweiten Weltkrieg war es der Europäischen Union (damals Europäischen Gemeinschaft) ein großes Anliegen, die Versorgung der Bevölkerung mit Nahrungsmitteln langfristig sicherzustellen. Zu diesem Zweck wurde 1962 die Gemeinsame Agrarpolitik (GAP) eingeführt. Ihre primären Ziele waren neben der Bereitstellung von leistbaren Lebensmitteln auch die Sicherung der Einkommen der Landwirtinnen und Landwirte. Heute fördert die GAP aufgrund der aktuellen und künftigen Herausforderungen auch die Steigerung der Nahrungsmittelproduktion, um trotz des starken Anstiegs der Weltbevölkerung auf über neun Milliarden Menschen in den kommenden Jahrzehnten die Versorgung mit Lebensmitteln und die Qualität dieser zu sichern. Zudem spielen die Landschaftspflege und der Erhalt der Wirtschaft im ländlichen Raum sowie der nachhaltige Umgang mit den natürlichen Ressourcen eine wesentliche Rolle.

Reformen: Qualität statt Quantität?

In ihren Anfängen sicherte die GAP mit garantierten Mindestpreisen für Lebensmittel und Zölle für eingeführte Waren sowie Ausfuhrbeihilfen zur Steigerung der Exporte die europäische Wettbewerbsfähigkeit auf dem Weltmarkt. Die landwirtschaftliche Produktivität stieg daraufhin allerdings so stark an, dass es in den 1970-er Jahren zu einer kostspieligen Überproduktion kam. Die produzierten Überschüsse wurden eingelagert oder zu subventionierten Preisen exportiert. Die Agrarreform 1992 reagierte darauf mit einer Preissenkung und direkten Einkommensbeihilfen, um die damit verbundenen Einkommensausfälle auszugleichen. Die EU-Förderungen waren an die Erträge gekoppelt. Je mehr ein bäuerlicher Betrieb produzierte, desto mehr Gelder standen ihm zu. Eine weitere Reform 2003 brachte dann eine wesentliche Veränderung: Die Prämienzahlung war nun nicht mehr von der Produktion, sondern von der ordentlichen Bewirtschaftung von Flächen unter Einhaltung strenger Auflagen in den Bereichen Umwelt, Tierschutz und Lebensmittelsicherheit abhängig.

Für Direktzahlungen und Programme zur Förderung ländlicher, strukturschwacher Regionen werden etwa 40 Prozent des EU-Budgets verwendet. Noch vor 50 Jahren flossen rund 75 Prozent in die Landwirtschaft, obwohl es damals deutlich weniger EU-Mitgliedstaaten gab.

Kritik: Bauernsterben durch EU-Politik?

Heute arbeiten in der EU 12 Millionen Menschen in der Landwirtschaft und weitere vier Millionen im Lebensmittelsektor, die gemeinsam etwa sechs Prozent des europäischen Bruttoinlandsprodukts erwirtschaften. Insgesamt wird rund die Hälfte der Gesamtfläche der EU landwirtschaftlich genutzt. Der Beruf der Landwirtin oder des Landwirts ist heutzutage allerdings nicht zuletzt aufgrund sinkender Einkommen nicht mehr attraktiv. Kleine landwirtschaftliche Betriebe können allein durch den Verkauf ihrer Produkte kein ausreichendes Einkommen mehr erzielen. Viele Bäuerinnen und Bauern müssen einer zusätzlichen beruflichen Tätigkeit nachgehen oder ihre Erzeugnisse durch Direktverkauf vertreiben. Wenige Großbetriebe vertreiben die kleinen lokalen Produzentinnen und Produzenten, weil sie ihre Produkte viel billiger erzeugen und verkaufen können, was wiederum zu Überproduktion führt. Durch die EU-Subventionen können sie diese Überschüsse aber zu einem niedrigen Preis exportieren, was vor allem für die Landwirtschaft in den Entwicklungsländern, die ihre Produkte mangels Förderungen nicht so billig verkaufen kann, ein großes Problem darstellt.

Aktuelle Herausforderungen und Reformen

Die 2013 beschlossene Reform der GAP (Zeitraum 2014–2020), bei der unter anderem zusätzliche finanzielle Unterstützungen in ökologische Landwirtschaft, Kleinbetriebe und naturbedingt benachteiligte Gebiete geflossen sind, wurde 2016 um mehrere Maßnahmen erweitert. Es handelt sich dabei weniger um eine Reform als um die Besserung bereits geltender Mechanismen in den Bereichen Erzeugerorganisation, Stärkung der landwirtschaftlichen Versicherungen und der Instrumente zur Einkommensstabilisierung, Bestimmungen zu Ökologisierungszahlungen und Zahlungen an Landwirte.

Neue Herausforderungen sind etwa die Folgen technischer Innovationen und Digitalisierung für Produktion, Verarbeitung und Vermarktung von Lebensmitteln, aber auch der Umgang mit Klimawandel und Nachhaltigkeit, der mit Inkrafttreten des Pariser Klimaschutzübereinkommens (COP 21) einhergeht.

Getreide	310,1 Mio. Tonnen		Äpfel	12,3 Mio. Tonnen
Milch	162,4 Mio. Tonnen		Rindfleisch	7,9 Mio. Tonnen
Ölsaaten	30,9 Mio. Tonnen		Eier	7,6 Mio. Tonnen
Kartoffeln	25,3 Mio. Tonnen		Birnen	2,2 Mio. Tonnen
Schweinefleisch	22,9 Mio. Tonnen		Olivenöl	3,0 Mio. Tonnen
Zucker	15,0 Mio. Tonnen			
Geflügelfleisch	13,1 Mio. Tonnen		Wein	165 Mio. Hektoliter

M1 *Lebensmittel für die Tonne*

Warum anderswo weniger in der Tonne landet

20 Prozent aller Lebensmittel in der EU werden weggeworfen. Die Mitgliedsländer verfolgen unterschiedliche Ansätze, um dieser Verschwendung zu begegnen – ein Vergleich.

Dänemark ist europäischer Spitzenreiter im Kampf gegen Lebensmittelverschwendung: Innerhalb von fünf Jahren konnte das Land seine Essensabfälle um 25 Prozent senken. Der Grund hierfür ist allerdings kein Gesetz oder eine staatliche Initiative. Der Erfolg geht vor allem auf eine Einzelperson zurück: Selina Juul. Die 39-Jährige hat ihr Leben dem Kampf gegen die Verschwendung von Lebensmitteln gewidmet. (…)

Frankreich hat Gesetz gegen Lebensmittelverschwendung

Frankreich hat ein Gesetz gegen Lebensmittelverschwendung. (…) Seit dem 11. Februar 2016 müssen französische Supermärkte ab 400 Quadratmetern Größe nicht verkaufte Lebensmittel an ehrenamtliche Organisationen spenden. Die Strafen sind allerdings relativ milde. Hält sich ein Supermarkt nicht daran, muss er maximal 3 750 Euro Strafe bezahlen.

Tschechien verhängt hohe Strafen

Tschechien greift da härter durch. Auch hier sind Supermärkte verpflichtet, unverkaufte Lebensmittel an Wohltätigkeitsorganisationen weiterzugeben. Verstößt ein Supermarkt gegen das Gesetz, sollen dort allerdings bis zu 390 000 Euro fällig werden.

Auch in Italien gibt es ein Gesetz gegen Lebensmittelverschwendung. Anders als Frankreich oder Tschechien will Italien aber keine Strafen verhängen. Hier gibt es stattdessen Anreize wie Steuererleichterungen, die Unternehmen dazu bewegen sollen, Lebensmittel nicht wegzuwerfen. In Restaurants gibt es Kampagnen mit dem Ziel, die Gäste zu ermutigen, nicht gegessenes Essen aus Restaurants mitzunehmen. Eigentlich ist das in Italien verpönt.

Deutsche Regierung setzt auf Freiwilligkeit

Die deutsche Regierung hat sich das Ziel gesetzt, die Lebensmittelverschwendung bis 2030 zu halbieren, hat dafür aber keine konkreten Maßnahmen, geschweige denn ein Gesetz geplant. (…) Passendere Portionsgrößen in Restaurants und Kantinen sollen dabei helfen, dass weniger Nahrungsmittel im Müll landen. Vor allem Jugendliche und junge Familien sollen mit Informationen über das Internet stärker sensibilisiert werden. Strafen wie in anderen europäischen Ländern sind hier aber nicht geplant.

(https://www.tagesschau.de/inland/containern-lebensmittel-verschwendung-101.html , 5.6.2019, abgerufen am 22.4.2020, gekürzt und leicht abgeändert)

M2 *Verschwendung von Lebensmitteln*

Lebensmittelverschwendung in der EU

Schätzungen zufolge werden in der EU pro Jahr 88 Millionen Tonnen Lebensmittel verschwendet. Dies entspricht umgerechnet einer Menge von 173 Kilogramm pro Person. Welche Sektoren tragen am meisten zur Lebensmittelverschwendung bei? Und was können Sie als Verbraucher tun?

In der Landwirtschaft, bei der Lebensmittelverarbeitung, in Geschäften, Restaurants und Zuhause – Lebensmittel gehen entlang der gesamten Versorgungs- und Verbrauchskette verloren oder werden verschwendet. Schätzungen zufolge sind im Durchschnitt die Haushalte mit 53 Prozent und die verarbeitende Industrie mit 19 Prozent die Hauptverursacher der Lebensmittelverschwendung in der EU. Was die Konsumenten anbelangt, müssen die Bürger besser über Lebensmittelverschwendung und ihre Ursachen informiert werden. Eine Eurobarometer-Umfrage zeigt, dass die Bedeutung der Haltbarkeitsangaben bei Lebensmitteln nur unzureichend verstanden wird. Diese Unklarheit trägt auch zur Lebensmittelverschwendung bei. Sechs von zehn Europäern geben aber an, stets das Mindesthaltbarkeitsdatum und das Verbrauchsdatum zu prüfen.

Die Lebensmittelverschwendung bedeutet zugleich die Verschwendung von wertvollen und oft knappen Ressourcen wie Wasser, Boden, Arbeitszeit oder Energie. Es ergeben sich erhebliche Auswirkungen auf die Umwelt: Die Lebensmittelverschwendung trägt mit einer weltweiten CO_2-Bilanz, die etwa 8 Prozent der gesamten vom Menschen verursachten Treibhausgasemissionen entspricht (laut Angaben der FAO), zum Klimawandel bei. Für jedes produzierte Kilo Lebensmittel werden 4,5 Kilogramm CO_2 in die Atmosphäre abgegeben.

Die Lebensmittelverschwendung zu reduzieren, ist nicht nur im Hinblick auf Wirtschaft und Umwelt eine notwendige Aufgabe, sondern auch eine moralische Pflicht: Nach Angaben der FAO leiden weltweit 793 Millionen Menschen an Unterernährung. Laut Eurostat konnten sich im Jahr 2014 circa 55 Millionen Menschen der EU28 (dh 9,6 Prozent) jeden zweiten Tag keine nahrhafte Mahlzeit leisten.

(https://www.europarl.europa.eu/news/de/headlines/society/20170505STO73528/lebensmittelverschwendung-in-der-eu-infografik, 12.5.2017, abgerufen am 22.4.2020, gekürzt und leicht geändert)

M3 *Lebensmittel für die Tonne*

---

1 Recherchieren Sie im Internet verschiedene EU-Gütesiegel. Welche Qualitätsmerkmale garantieren diese?
[I]

2 Beurteilen Sie mit Hilfe von M3 den unterschiedlichen Umgang mit nicht verkauften Lebensmitteln in verschiedenen EU-Ländern.
[III]

3 Nehmen Sie Stellung zur globalen Lebensmittelüberproduktion und -verschwendung und erarbeiten Sie Maßnahmen zu deren Reduktion.
[III]

4 Beurteilen Sie die Bedeutung der europäischen Agrarpolitik für die Regionalentwicklung.
[III]

Zwei Möglichkeiten der Landwirtschaft

Kompetenzorientierte Lernziele

→ Methoden landwirtschaftlicher Produktion kritisch hinterfragen

→ das persönliche Konsumverhalten von Lebensmitteln reflektieren

Industrielle Viehhaltung in Dänemark – Fleisch als billiges Massenprodukt

Noch vor wenigen Jahrzehnten konnten es sich nur wenige Menschen leisten, täglich Fleisch zu essen. Dieses Lebensmittel war teuer und daher etwas Besonderes, das viele Menschen nur einmal wöchentlich oder zu besonderen Anlässen aßen. Heute ist Fleisch für beinahe alle Menschen in Europa zugänglich, da die Preise stark gesunken sind. 85 Prozent der Österreicherinnen und Österreicher etwa essen beinahe täglich Fleisch und Wurstwaren. Allein der Verbrauch von Schweinefleisch hat sich seit 1950 fast verdreifacht. Möglich wurde das durch die industrielle Fleischproduktion, bei der Schweine, Rinder und Hühner in Massen gezüchtet werden. Durch die hohen Stückzahlen und eine immer stärker automatisierte Produktion, um Arbeitskräfte und die damit verbundenen Kosten einzusparen, konnte der Preis immer stärker sinken. Durch die geringen Gewinne pro Stückzahl rentiert sich jedoch nur die Massenproduktion, sodass Großbetriebe die kleinbäuerlichen Betriebe immer stärker verdrängt haben. Dänemark exportiert mehr als zwei Drittel aller landwirtschaftlichen Produkte in über 100 Länder der Welt.

Dänemark gehört zu den größten industriellen Fleischproduzenten in Europa. Pro Einwohner werden nirgendwo so viele Schweine geschlachtet wie in Dänemark. Die Tiere in Massentierhaltung leben auf engstem Raum in hoher Zahl in geschlossenen Ställen auf harten Betonböden. Sie können so nicht ihrem natürlichen Bewegungsdrang nachgehen und sind zudem einer mangelhaften Stallhygiene ausgesetzt, was wiederum ihr Immunsystem schwächt. Zur Senkung des Infektionsrisikos werden den Schweinen routinemäßig und zur Behandlung von Erkrankungen massenweise Antibiotika verabreicht.
Zudem werden in vielen Betrieben gentechnisch veränderte Futtermittel verwendet, da diese im Vergleich zu den natürlichen kostengünstiger sind. Um die Ernteerträge auf den Feldern zu steigern, werden außerdem Pestizide in großer Menge eingesetzt, die wiederum die Qualität des Getreides stark beeinträchtigen.

M1 *Schweine in Massentierhaltung*

Slowenien – Spezialitäten und Qualität

Die Landwirtschaft in Slowenien steht im Gegensatz zur Massentierhaltung in Großbetrieben in Ländern wie Dänemark, den Niederlanden und Deutschland. Es gibt vor allem familiäre Kleinbetriebe mit einer durchschnittlichen landwirtschaftlichen Nutzfläche von 5,6 Hektar pro Hof. Nur 6 % der Flächen in Slowenien werden von Großgrundbesitzerinnen und -besitzern und landwirtschaftlichen Gesellschaften bewirtschaftet. Bemerkenswert ist, dass der Anteil der ökologisch bebauten Flächen (über 29 000 ha) bei fast 20 % liegt und damit weit über dem Durchschnitt der EU. Durch die geringe Anzahl an Großunternehmen ist die Produktivität der Landwirtschaft geringer als in vielen anderen EU-Staaten, weshalb die Preise der qualitativ hochwertigen Produkte deutlich höher sind. Im Gegensatz zu den günstigen Massenprodukten aus Exportländern wie Dänemark setzt die slowenische Landwirtschaft daher auf regionale Spezialitäten. Vor allem der slowenische Wein ist für seine hohe Qualität bekannt.

Während in Dänemark massenweise für den Export produziert wird, produziert die slowenische Landwirtschaft vor allem für den Eigenverbrauch. Slowenien hat einen Selbstversorgungsgrad von 80 Prozent. Die Bevölkerung bevorzugt Produkte, die im eigenen Land hergestellt wurde. Dafür hat sich der Begriff „domestic before foreign" durchgesetzt. Exportiert werden vor allem Fleisch, Milch und Milchprodukte sowie Getränke. Hauptabnehmer ist Italien. Insgesamt hat Slowenien aber eine negative Handelsbilanz, das heißt, die Importe übersteigen die Exporte.

M2 *Weinbau in Jeruzalem (Slowenien)*

Gläserner Schlachthof in Dänemark: Tötung inklusive

Bei den Eingeweiden erblassen die ersten Besucher, die jungen Frauen in der Gruppe halten sich Tücher vor die Nase. Was die Arbeiter hier im laut Eigenwerbung „modernsten Schlachthof der Welt" aus den Därmen und Bäuchen der Schweine holen, stinkt auch durch die Doppelverglasung hindurch. Es ist die einzige Stelle, an der die Realität rücksichtslos in das saubere Besuchsprogramm drängt. Agnete Poulsen verzieht keine Miene. Die resolute Dänin ist Besuchsgruppenleiterin im Show-Schlachthof des Fleischkonzerns Danish Crown im Örtchen Horsens. Gerade begleitet sie eine Schar junger BWL-Studenten, zwei Dutzend von täglich mehr als hundert Besuchern. „Wir erzählen hier keine Geschichten, wir zeigen, was ist", sagt Poulsen. „Das ist hier eine Industrie."

Die dänische Einstellung: Egal, ob ein Auto hergestellt oder ein Schwein zerlegt wird – es gibt nichts zu verbergen. Und wenn im Zoo ein Tier getötet und verfüttert werden soll, dann macht man auch das in aller Öffentlichkeit. Dänemark geht mit Massentierhaltung und industrieller Nahrungsmittelproduktion anders um als Deutschland: Bauernhöfe veranstalten mehrmals im Jahr Tage der offenen Scheunentore und auch Danish Crown – zweitgrößter Schweineschlachter und drittgrößter Fleischexporteur der Welt – gehört mehrheitlich Tausenden Landwirten. Schon vor Baubeginn in Horsens wünschten die sich eine Art gläsernen Schlachthof. Die Unternehmensführung war skeptisch, die PR-Abteilung panisch. Zu Unrecht: Das Interesse ist riesig, in Reisebussen kommen Dänen und auch immer mehr ausländische Besucher zu den kostenlosen Führungen. Die Gesamtzahl der Besucher nähert sich der Marke von 200 000, ein Viertel davon Schulkinder. Alle gehen die gesamte Runde, stellt Agnete Poulsen klar. Soll heißen: vom Schwein bis zum Schinken, Tötung inklusive.

(http://www.spiegel.de/wirtschaft/service/schweine-schlachten-zum-zuschauen-fleischproduktion-in-daenemark-a-96922.html, Nicolai Kwasniewski, 25.4.2014, abgerufen am 12.10.2016)

M3 *Fleischindustrie in Dänemark*

„Wirtschaftlich betrachtet, habe ich einfach zu wenig Ferkel pro Sau produziert, als die Tiere draußen waren. Bei Freilandhaltung ist die Sterblichkeit im Schnitt zehn Prozent höher als im Stall. Draußen gab es bis zu 24 Ferkel pro Sau. Drinnen überleben um die 30 Ferkel. Das ist ökonomisch betrachtet ein großer Unterschied."
Züchter und Mitarbeiter von Danish Crown Peter Hjort Jensen in der NDR-Reportage

„Es wäre besser, wenn wir das nicht machen müssten. Aber letztendlich müssen wir mit der Produktion von Schweinen Geld verdienen. Ich glaube, das hier [der sterile Massenaufzucht- und Schlachtbetrieb, in dem er arbeitet] ist ein guter Kompromiss. Als ich noch ein Kind war, liefen die Schweine noch frei rum und haben dann ihre Ferkel bekommen. Das waren pro Jahr 15 Ferkel. Jetzt produzieren sie jährlich 31 Ferkel. Das ist der Unterschied."
Mitarbeiter von Danish Crown Karl-Eric Pederson in der NDR-Reportage
(http://www.heise.de/tp/artikel/41/41808/1.html, abgerufen am 12.10.2016)

M4 *Aussage von Danish-Crown-Mitarbeitern*

1 Vergleichen Sie die Landwirtschaft in Dänemark und
[II] Slowenien in Hinblick auf Qualität und Preise der Erzeugnisse und Rahmenbedingungen der Produktion.

2 Nehmen Sie Stellung zum Artikel M3 und zur Aussage
[III] der dänischen Landwirte über die Bedingungen der Tierhaltung (M4).

3 Nehmen Sie persönlich Stellung: Würden Sie Fleisch
[III] kaufen, das aus artgerechter Tierhaltung stammt, wenn es deutlich teurer ist als das Billigfleisch aus Massentierhaltung? Muss Fleisch jeden Tag auf den Tisch kommen? Wer kann sich teure, qualitativ hochwertige Nahrungsmittel leisten?

Verkehrspolitik der EU

Verkehrspolitik – eine wirtschaftliche Vernetzung

Die Verkehrspolitik ist der bedeutendste Wirtschaftssektor der Europäischen Union und wesentlich für die Verteilung von Gütern, Mobilität und Schaffung von Arbeitsplätzen und Wohlstand. Deshalb wurden in den letzten Jahren große Summen in ein gut funktionierendes Verkehrsnetz investiert, um den europäischen Binnenmarkt auszubauen und zu stärken.

Europa braucht zur Förderung des Wirtschaftswachstums und des Handels belastbare und reibungslose Verkehrsanbindungen. Aus diesem Grund setzte sich die EU das Ziel, einen einheitlichen Verkehrsraum zu schaffen. Dabei sollten faire Wettbewerbsbedingungen für alle 28 Mitgliedstaaten und alle Verkehrsträger (Schiene, Straße, Luftfahrt und Schifffahrt) höchste Priorität haben. Ein grenzüberschreitendes Verkehrsnetz hat den Vorteil, die Wettbewerbsfähigkeit der Verkehrswirtschaft Europas zu fördern.

Um dieses Vorhaben bestmöglich umsetzen zu können, müssen eine langfristige Finanzierung für neue Investitionen und für die Modernisierung gewährleistet und etwaige administrative Barrieren zwischen den Staaten abgebaut werden. Administrative Hemmnisse wären beispielsweise voneinander abweichende Normen, unterschiedliche Verwaltungsvorschriften und unangepasste Steuern. Eine Öffnung hin zu einem einheitlichen Verkehrsnetz bedeutet zugleich einen freien Zugang zu den nationalen Märkten, technische Kompatibilität und Infrastruktur. Außerdem würde das Bruttoinlandsprodukt gefördert werden, da mehr Fracht und Passagiere befördert werden könnten. Eines der führenden Projekte ist das **Transeuropäische Verkehrsnetz** (TEN-T). Die Leitlinien für Transeuropäische Verkehrsnetze und die Verordnung „Connecting Europe Facility" (CEF) bilden gemeinsam die Regelung für die Finanzierung des Projekts und dienen der Errichtung einer binnenmarktorientierten Verkehrsinfrastruktur. Bis 2050 sollte keine Bürgerin und kein Bürger länger als 20 Minuten von der nächsten Anbindung des TEN-T entfernt sein (M1).

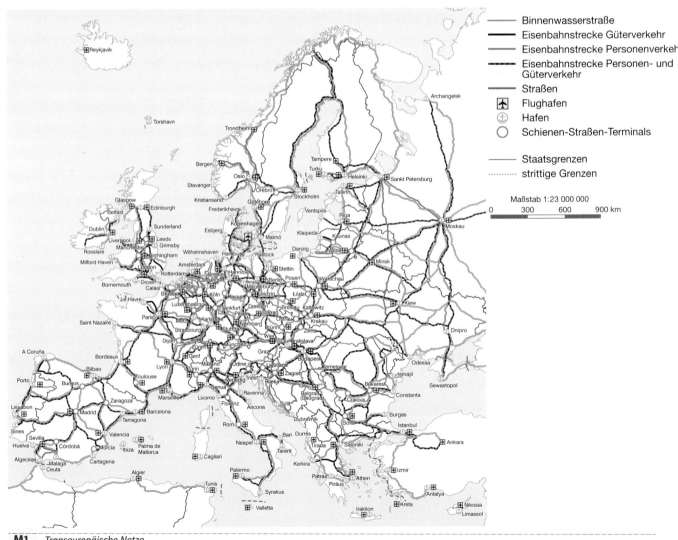

M1   *Transeuropäische Netze*

Nachhaltigkeit und Zukunftsprognosen

Neben den Herausforderungen wie der Entlastung der Straßen und des Luftverkehrs, dem Wettbewerb mit anderen rasch wachsenden Verkehrsmärkten und einer unterschiedlich entwickelten Infrastruktur der Mitgliedstaaten beschäftigt sich die Verkehrspolitik auch mit Umweltschutz und Nachhaltigkeit.

Die vom Verkehr verursachten Emissionen tragen dazu bei, dass die EU-Politik diverse Initiativen ins Leben gerufen hat. Hauptziele dieser Projekte sind die Verringerung der Verkehrsbelastung im Stadtinneren, die verstärkte Nutzung von sauberen Verkehrsmitteln wie Eisenbahn oder Schifffahrt sowie die Entwicklung von alternativen Treibstoffen für Kraftfahrzeuge und für die Binnenschifffahrt. Nach wie vor ist der Straßenverkehr jener Bereich, in dem der höchste Emissionsausstoß gemessen wird (M2).

Auch in Zukunft wird sich die Verkehrspolitik der Europäischen Union mit Hauptthemen und Herausforderungen wie der optimalen Verknüpfung des gesamten EU-Raums und dessen Verkehrsmitteln, einer Weiterentwicklung des Binnenmarkts, mit der Erhöhung des Wettbewerbes und der Reduzierung des Emissionshaushaltes auseinandersetzen, um ein gemeinsames Verkehrsnetz zu gewährleisten, das auch weiterhin eine uneingeschränkte Mobilität ermöglicht.

Treibhausgasemission – EU (in Gramm pro Personenkilometer)

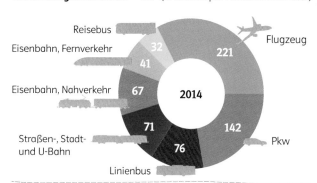

M2   *Treibhausgasemissionen in der EU nach Verkehrssektor*

Die Öresundbrücke – Kopenhagen/ Dänemark – Malmö/Schweden

Mit der Öresundbrücke wurde die erste feste Verbindung zwischen Dänemark und Schweden verwirklicht, und die europäischen Nationen rückten insgesamt ein wenig dichter zusammen

Der Öresund ist eine Wasserstraße in der Ostsee, die Dänemark von Schweden trennt und deren Breite auf der Höhe von Kopenhagen und Malmö ca. 16 km beträgt. Durch die Nähe der beiden Städte, die in ihren Ländern jeweils bedeutende Wirtschaftszentren verkörpern und in deren Einzugsgebiet ca. 3,5 Millionen Menschen leben, konzentrierte sich der Wunsch Skandinaviens nach einer festen Anbindung an das europäische Festland schon bald auf diese Region. (…) Oben befindet sich die Autobahn mit vier Fahr- und zwei Standspuren. Ca. 8 Meter darunter verkehren die Züge der schwedischen und dänischen Staatsbahnen. (…) Vom Startpunkt Malmö aus gesehen führt die Route zunächst über eine 3739 m lange Vorlandbrücke zur eigentlichen Öresundbrücke, auch „Hochbrücke" genannt, die aus einer Schrägseilbrücke mit einer Hauptspannweite von 490 m besteht. Anschließend gelangt man wiederum über eine Vorlandbrücke zu einer

4 km langen, künstlich aufgeschütteten Insel. (…) Von dort aus geht es noch durch einen 3,7 km langen Unterwassertunnel, bis man schließlich Kopenhagen erreicht. Der Tunnel war erforderlich, um die Anflugschneise des Kopenhagener Flughafens nicht zu beeinträchtigen.
(nach: http://www.bernd-nebel.de/bruecken/index.html?/ bruecken/3_bedeutend/oeresund/oeresund.html, abgerufen am 7.12.2016)

M3   *Die Öresundbrücke*

---

1 Nennen Sie die Hauptziele der europäischen Verkehrs-
[I] politik.

2 Analysieren Sie die Vor- und Nachteile der europäischen
[II] Verkehrspolitik.

3 Diskutieren Sie, welche Möglichkeiten zur Reduktion
[III] des Straßenverkehrs es gibt und welche Vor- und Nachteile mit Ihrem Lösungsansatz verbunden sind.

4 Erläutern Sie die Vorteile, die durch den Bau der Öre-
[II] sundbrücke für die Wirtschaft sowie für Privatpersonen entstanden.

Alpentransit

Kompetenzorientierte Lernziele

→ Vor- und Nachteile des grenzüberscheitenden Alpentransits erörtern

→ Auswirkungen, Maßnahmen und Ziele des Alpentransits
kritisch bewerten

Die Alpen – (k)ein Hindernis für den Verkehr

In der Mitte Europas liegt ein Gebirgszug, der sich über insgesamt acht Länder erstreckt – die Alpen. Die Durch- bzw. Überquerung des Alpenraumes, kurz „Alpentransit" genannt, ist daher ein wichtiges Thema im Bereich Mobilität und Transport von Gütern und Personen in Europa. Seit dem wirtschaftlichen Aufschwung nach dem Zweiten Weltkrieg und dem Siegeszug des Automobils in den 1950-er Jahren kam es zu einer massiven Zunahme des Verkehrs. Durch die technischen Weiterentwicklungen und die Aus- und Neubauten von überregionalen Tunnelanlagen und Autobahnen in den darauffolgenden Jahren entwickelten sich die Alpen nach und nach zum am besten erschlossenen Hochgebirge. Insgesamt gibt es fast 100 Alpentunnel, außerdem fast 200 Pässe über die Alpen.

Besonders in den Verdichtungsräumen nördlich und südlich der Alpen ist der Transitverkehr, der so genannte Durchfahrtsverkehr durch mehrere Staaten, von besonderer Bedeutung. Hier befinden sich nämlich die Engpässe des Güter- und Personenverkehrs. Sowohl auf der Straße als auch auf der Schiene kommt es speziell in diesen Regionen zu erheblichen Verkehrsbelastungen. Schließlich ist eine Überquerung oder eine Durchfahrt der Alpen nur an bestimmten Alpenpässen oder Tunnel möglich.

Verkehrspolitik und Alpentransit

Mit dem Beitritt Österreichs zur Europäischen Union und der Öffnung der Grenzen und des europäischen Wirtschaftsraumes kam es vermehrt zu verkehrstechnischen Überlastungen für den österreichischen Alpenraum. Die ausgestoßenen Stickoxide griffen den Waldbestand entlang der Transitrouten an, die Luftverschmutzung wirkte sich negativ auf die Tourismusgebiete des Hochgebirges aus und die Emissionen wurden allmählich zu einer gesundheitlichen Belastung für die Anrainerinnen und Anrainer.

Die Verkehrspolitik reagierte und erste Verträge zum Schutz der Alpen wurden geschlossen.

Die so genannte Alpenkonvention ist ein Abkommen zwischen den Alpenstaaten zum Schutz der Natur und des Lebensraums. Das Hauptziel dieser Konvention ist die Förderung von umweltfreundlichen Verkehrsträgern wie der Bahn.

Erste Bemühungen um Transitverträge zwischen Österreich und der EU (1995 bis 2003) zur Reduzierung des Lkw-Verkehrs und zur Verminderung von umweltschädlichen Abgasen scheiterten. Die Folge war ein freier Transitverkehr durch Österreich und somit eine weitere Zunahme des Lkw-Verkehrs, besonders an den meistbefahrenden Alpenpässen wie dem Brenner, dem Schoberpass und dem Wechsel. Eine Verbesserung brachte eine Erhöhung der Mautpflicht für alle Kraftfahrzeuge auf österreichischen Autobahnen und Schnellstraßen (M2).

Eine Verkehrsumlegung auf die Bahn wurde in den letzten Jahren vermehrt in Anspruch genommen. Grund dafür waren der Ausbau und die Modernisierung des Schienennetzes. Die Bahn wird auch in anderen Alpenländern, speziell in der Schweiz, vermehrt als Hauptmittel zur Entlastung des Straßenverkehrs und zur Minderung der Umweltbelastungen eingesetzt. Bestes Beispiel dafür ist der längste und modernste Eisenbahntunnel der Welt, der Gotthardtunnel mit einer Länge von 57 km, der im Jahr 2016 eröffnet wurde. Für die aufwändigen Infrastrukturprojekte werden jedoch enorm große Flächen verbraucht. Die intensive Nutzung kann zu neuen Naturgefahren führen. So sind Muren, Lawinen und Überschwemmungen teilweise durch die Verkehrserschließung und Versiegelung bedingt. Zudem wird durch die Treibhausgasemissionen der natürliche Waldbestand entlang der Transitstrecken stark angegriffen.

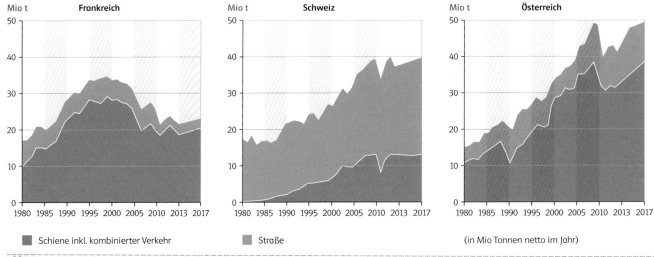

M1 *Beförderte Mengen im alpenquerenden Güterverkehr im Ländervergleich*

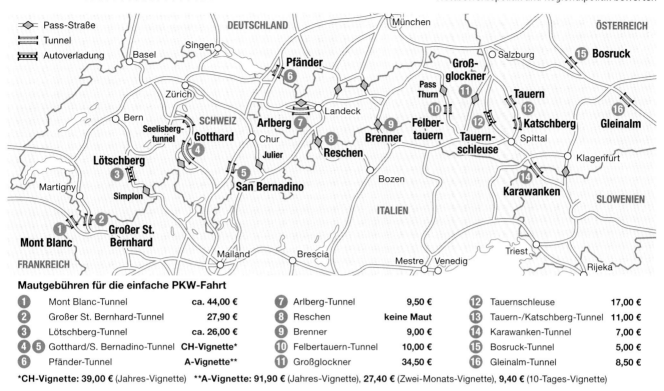

Mautgebühren für die einfache PKW-Fahrt

①	Mont Blanc-Tunnel	ca. 44,00 €	⑦	Arlberg-Tunnel	9,50 €	⑫	Tauernschleuse	17,00 €
②	Großer St. Bernhard-Tunnel	27,90 €	⑧	Reschen	**keine Maut**	⑬	Tauern-/Katschberg-Tunnel	11,00 €
③	Lötschberg-Tunnel	ca. 26,00 €	⑨	Brenner	9,00 €	⑭	Karawanken-Tunnel	7,00 €
④⑤	Gotthard/S. Bernadino-Tunnel	**CH-Vignette***	⑩	Felbertauern-Tunnel	10,00 €	⑮	Bosruck-Tunnel	5,00 €
⑥	Pfänder-Tunnel	**A-Vignette****	⑪	Großglockner	34,50 €	⑯	Gleinalm-Tunnel	8,50 €

***CH-Vignette: 39,00 €** (Jahres-Vignette) ****A-Vignette: 91,90 €** (Jahres-Vignette), **27,40 €** (Zwei-Monats-Vignette), **9,40 €** (10-Tages-Vignette)

M2 *Mautkosten im Alpenraum*

EU-Kommission plant einheitliche Maut für ganz Europa
Die EU-Kommission hat ihre Pläne für eine europäische Maut konkretisiert: In Zukunft sollen Autofahrer innerhalb der Europäischen Union für die Strecke zahlen, die sie tatsächlich gefahren sind – und nicht mehr wie beim Kauf einer Vignette für einen bestimmten Zeitraum. (…)
Die Kommission kämpft schon seit Jahren für eine europäische Maut – und gegen ein Ende der Kleinstaaterei bei den Straßengebühren. Eine streckenbasierte Maut erfasse besser, inwieweit ein Fahrer die Straßen genutzt habe und sei ein besseres Maß für Emissionen und Umweltverschmutzung, sagte Bulc. Die Kommission schlägt deshalb vor, nach einer Übergangsphase zeitbasierte Systeme in den Mitgliedstaaten wieder abzuschaffen. (…)
Die Kommission plant allerdings in zwei Schritten und weiß, dass eine rasche Umstellung auf ein einziges europäisches System kaum realisierbar wäre. Bis 2023 soll nach den Vorschlägen der Kommission eine streckenbasierte Maut für Lastwagen eingeführt werden, bis zum Jahr 2027 dann für alle Fahrzeuge „anderer Kategorien", also auch Personenwagen. Es gibt allerdings keine Verpflichtung zur Maut. Mitgliedstaaten sollen nach wie vor selbst entscheiden dürfen, ob sie Geld für die Nutzung ihrer Straßen verlangen. Wenn sie sich dafür entscheiden, sollten sie sich allerdings am europäischen Modell orientieren.

Mit dem Modell wolle man diejenigen belohnen, die sauber fahren, sagte Verkehrskommissarin Bulc. Emissionsfreie Autos sollen deshalb 75 Prozent weniger zahlen als andere. Die Mitgliedstaaten sollten die Höhe der Gebühren an die jeweilige Umweltfreundlichkeit der Fahrzeuge anpassen. Die Einnahmen sollen die Länder wieder in die Infrastruktur investieren, also in die Sanierung von Brücken und Straßen. (…)
Die Kommission will das Bezahlen außerdem komfortabler machen. In Zukunft sollen Autofahrer auf dem Weg durch Europa nicht mehr an Mautstationen halten müssen oder Vignetten auf die Windschutzscheibe kleben. Bulc sprach von einem einheitlichen Erfassungsgerät für alle Länder. (…)
In der EU erheben derzeit 24 Mitgliedstaaten eine Maut, meist für Lastwagen. In Frankreich, Italien, Spanien, Portugal und Kroatien gilt für Autos eine streckenbezogene Gebühr. Österreich, Bulgarien, Lettland, Rumänien, die Slowakei, Slowenien, Tschechien und Ungarn verlangen Vignetten für die Nutzung ihrer Autobahnen. Weitere Länder erheben eine örtliche Maut.
(https://www.sueddeutsche.de/auto/verkehr-eu-kommission-plant-einheitliche-maut-fuer-ganz-europa-1.3529514, 31.5.2017, Markus Palser und Pia Ratzesberger, abgerufen am 21.4.2020)

M3 *Pkw-Maut für alle?*

---

1 Erklären Sie, warum Österreich den Titel „Transitland
[II] Nummer 1" trägt.

2 Vergleichen Sie den Alpentransit auf Straße und
[II] Schiene und stellen Sie die Vor- und Nachteile dar.

3 Stellen Sie fest, welche Vor- und Nachteile ein einheit-
[III] liches Mautsystem bringen würde. Begründen Sie Ihre
Standpunkte.

Energiepolitik der EU: Strategien gegen Klimawandel und Abhängigkeit

Welche Bedeutung hat und vor welchen Herausforderungen steht die EU-Energiepolitik?

Die Energiewirtschaft ist von strategischer Bedeutung für jede Volkswirtschaft, denn ohne Energie läuft nichts. Sie liefert uns Licht und Wärme, ermöglicht die Beförderung von Menschen und Waren und ist unentbehrlich für alle Wirtschaftszweige. Als zweitgrößte Wirtschaftsmacht der Erde verbraucht die EU ein Fünftel der weltweit erzeugten Energie, besitzt selbst aber nur sehr geringe Vorräte. Europa benötigt daher riesige Mengen an fossiler Energie (Öl, Erdgas und Kohle) und importiert davon einen hohen Anteil.

• **Bekämpfung des Klimawandels**

Die Erderwärmung ist eine der größten Bedrohungen für unseren Planeten. Wenn die Erderwärmung das vorindustrielle Niveau um mehr als 2 °C übersteigt, dürfte der Klimawandel unumkehrbar werden und schwerwiegende langfristige Folgen haben. Niedriger liegende Gebiete der Erde – dazu gehören auch große Teile Europas – könnten aufgrund des steigenden Meeresspiegels verschwinden, schwere Unwetter würden an Häufigkeit zunehmen und dadurch enorme Kosten verursachen. Als einer der Hauptverursacher für die Treibhausgasemissionen gilt die Energiewirtschaft, die bis zu 80 % von fossilen Brennstoffen abhängig ist. Bei ihrer Verbrennung entsteht CO_2, das wichtigste Treibhausgas.

• **Hohe Energieabhängigkeit in der EU – Gewährleistung der Versorgung**

Die Energieabhängigkeit der EU betrug im Jahr 2018 insgesamt 56 Prozent. 87 Prozent des Erdöls, 74 Prozent des Erdgases und ungefähr 44 Prozent der Festbrennstoffe wie Kohle wurden in diesem Jahr aus Nicht-EU-Ländern importiert. Diese Energieimporte kosten Europa zirka 300–400 Milliarden Euro pro Jahr.

Die Energieabhängigkeit variiert aber sehr stark zwischen den einzelnen Mitgliedstaaten, wie die Karte M1 sehr anschaulich zeigt.

Im Jahr 2018 war die Energieabhängigkeit in Estland und Dänemark am geringsten ausgeprägt. Am stärksten von Energieeinfuhren abhängig waren hingegen Malta, Luxemburg, Zypern, Belgien, Italien und Portugal. Die Energieabhängigkeit Italiens betrug im Jahr 2018 zirka 76 Prozent und lag damit deutlich über dem Wert der EU-28. Große Stromausfälle sind in Europa heute selten geworden. Das liegt auch an der von der EU veranlassten Zusammenarbeit zwischen den Netzbetreibern. Beim Erdöl und Gas ist Europa jedoch in hohem Ausmaß von Einfuhren – teilweise von sehr weit weg – abhängig. So kann die EU nur etwa ein Drittel ihres Erdgasverbrauchs aus eigenen Vorkommen decken. Der Rest muss importiert

werden. Hauptlieferant ist Russland. Schätzungen zufolge wird die Abhängigkeit Europas von Erdgasimporten in den kommenden 20 Jahren auf etwa 80 Prozent steigen.

• **Technische Sicherheit der Energieerzeugung**

Die Katastrophe von Fukushima in Japan im März 2011 (Zerstörung eines Atomkraftwerkes durch ein Erdbeben, M2) hat in aller Deutlichkeit gezeigt, wie wichtig die nukleare Sicherheit ist. Die EU muss daher mit strengen Normen dafür sorgen, dass die Erzeugung von Strom über Atomkraftwerke und die Entsorgung der radioaktiven Abfälle sicher abläuft.

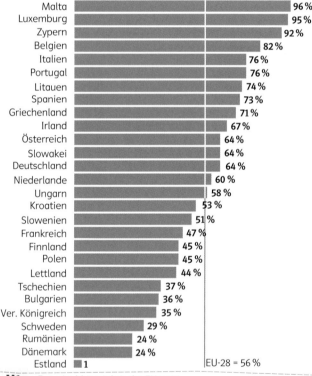

Land	Wert
Malta	96 %
Luxemburg	95 %
Zypern	92 %
Belgien	82 %
Italien	76 %
Portugal	76 %
Litauen	74 %
Spanien	73 %
Griechenland	71 %
Irland	67 %
Österreich	64 %
Slowakei	64 %
Deutschland	64 %
Niederlande	60 %
Ungarn	58 %
Kroatien	53 %
Slowenien	51 %
Frankreich	47 %
Finnland	45 %
Polen	45 %
Lettland	44 %
Tschechien	37 %
Bulgarien	36 %
Ver. Königreich	35 %
Schweden	29 %
Rumänien	24 %
Dänemark	24 %
Estland	1

EU-28 = 56 %

M1 *Energieabhängigkeit der EU 2018*

M2 *Fukushima*

Welche Energiestrategie verfolgt die EU?

Mit dem Klima- und Energiepaket im Jahr 2007 hat die EU die Zusammengehörigkeit von Klima- und Energiepolitik besonders deutlich gemacht. Darin schreibt die EU ihre wesentlichen energie- und klimapolitischen Grundlagen fest. Als Zieldreieck gilt „**Sicherheit, Wettbewerbsfähigkeit, Nachhaltigkeit**", oder anders gesagt: Diversifizierung der Energiequellen, kostengünstige Energiebereitstellung für die Verbraucherin und den Verbraucher und klimafreundliche Produktion. Die EU hat sich selbst folgende **Energie-** und **Klimaziele** für die Jahre 2020, 2030 und 2050 gesetzt, wobei als Basisjahr 1990 herangezogen wird:

Ziele für das Jahr	Verringerung der Treib- hausgas- emissionen	Energie aus erneuerbaren Quellen	Steigerung der Energie- effizienz
2020	20 % (Mindestwert)	20 %	20 %
2030	40 %	27 % (Mindestwert)	27–30 %
2050	80–95 %	keine Angabe	keine Angabe

Mit Hilfe der folgenden Strategien sollen diese Energie- und Klimaziele erreicht werden:

- **Energie sparen**
  Den Energieverbrauch zu senken ist nicht leicht, aber unbedingt notwendig. Die beharrliche Steigerung der Energieeffizienz in den Haushalten, Betrieben und im Verkehr (zB E-Mobilität) ist ein wichtiger Schlüssel für eine erfolgreiche Energie- und Klimapolitik.

- **Erneuerbare Energien ausbauen**
  Der Ausbau erneuerbarer Energien, also die Nutzung der Wasserkraft, der Windkraft, der Biomasse und der Foto- voltaik, hat eine enorme Bedeutung für die Stärkung der Versorgungssicherheit und schafft neue hochqualifizierte Arbeitsplätze. Europas expandierender Markt für erneuer- bare Energien hat zu einer starken Kostensenkung dieser Technologien beigetragen. Beispielsweise sind die Preise von Fotovoltaik-Paneelen in den letzten sieben Jahren um 70 Prozent gesunken.

Wie grün ist Europas Energie? (in %)

M3 *Anteil erneuerbarer Energien am Energieverbrauch in der EU 2017*

- **Energieversorgung sicherstellen**
  Konventionelle Energieträger (Erdöl und Erdgas) werden auch in Zukunft eine entsprechende Rolle in der Energie- versorgung der EU spielen. Vor diesem Hintergrund müs- sen für Projekte, die zu einer Steigerung der Versorgungs- sicherheit beitragen (zB Erschließung alternativer Bezugsquellen, Bau von neuen Pipelines und Speichern für Krisenzeiten), entsprechende Rahmenbedingungen geschaffen werden. Inwieweit die ehrgeizigen Energie- und Klimaziele auch tatsächlich erreicht werden können, gilt als fraglich.

1 In 13 der 27 Mitgliedstaaten der EU werden derzeit
[II] Atomkraftwerke betrieben. Recherchieren Sie, welche Länder dies sind und wie hoch der Anteil der Strom- erzeugung der EU aus Kernkraft ist.

2 Die EU-Energieverbrauchskennzeichnung informiert
[I] über Energieeffizienz und -verbrauch von unterschiedli- chen Gütern. Ein wichtiges Beispiel ist das Energielabel für Elektrogeräte. Stellen Sie fest, wie viele Energieeffi- zienz-Klassen für Elektrogeräte es gibt.

3 Der Einsatz erneuerbarer Energieträger ist ein Kern-
[II] punkt jeder nachhaltigen Energiepolitik. Ermitteln Sie, wie hoch in Österreich derzeit der Anteil an erneuerbarer Energie am Gesamtverbrauch ist.

4 Der Öl- und Gaskonzern OMV hat mit dem russischen
[II] Staatskonzern GazProm weitere Vereinbarungen zum Ausbau der strategischen Zusammenarbeit getroffen. Recherchieren Sie die Kernpunkte der geplanten Zu- sammenarbeit.

Alpine Windparks und Smart Grids

Kompetenzorientierte Lernziele

→ Träger, Instrumente, Funktionsweise und Ziele der Wettbewerbs- und Regionalpolitik kritisch bewerten

→ Vor- und Nachteile von Windenergie nennen

→ Smart Grids erklären

Windenergie in Europa und in Österreich – Zahlen und Fakten

Von allen Energien, die in Europa zur Erzeugung von Strom genutzt werden, ist die Windkraft im letzten Jahrzehnt am stärksten gewachsen. In diesem Zeitraum hat sie die größte Kraftwerksleistung ans Netz gebracht und damit 2015 sogar die Atomkraft überholt. Aufgrund dieser Entwicklung ist die

Windenergie mittlerweile zur drittgrößten Kraftwerksleistung in Europa herangewachsen. Insgesamt drehten sich Ende 2019 in der EU Windräder mit einer Gesamtleistung von rund 192 000 Megawatt (MW). Damit deckt die Windenergie bereits 15 Prozent des gesamten Strombedarfs der EU.

M1   *Windenergie in Österreich: Windkraftanlagen und Gesamtleistung*

In Österreich erzeugten Ende des Jahres 2019 die 1 340 Windkraftanlagen mit einer Leistung von 3 159 Megawatt umweltfreundlichen Strom für über 2 Millionen Haushalte. Das sind mehr als 50 Prozent aller Haushalte Österreichs. Mit der Stromerzeugung aus Windenergie können jährlich 3,9 Millionen Tonnen CO_2 vermieden werden. Ein einziges der modernen 3-MW-Kraftwerke spart jährlich so viel CO_2 ein, wie 2 000 Pkw in Summe ausstoßen.

Windpark Steinriegel – größter alpiner Windpark Europas

M2   *Windpark Steinriegel*

Der Windpark Steinriegel auf der Rattener Alm in der Steiermark wurde von der Wien Energie (= Wiener Stadtwerke) auf 1 600 Höhenmetern errichtet. 21 Windräder liefern Ökostrom für zirka 24 000 Haushalte.

Fallbeispiel Smart Grid – das intelligente Netz

In der Gemeinde Köstendorf in Salzburg (ca. 2 700 Einwohnerinnen und Einwohner) wird ein kleines Kapitel „Energiegeschichte" geschrieben. In einem Testgebiet mit 90 Objekten wird erprobt, wie Smart Grids dazu beitragen, eine Vielzahl dezentraler „Einspeiser" von erneuerbarer Energie und E-Autos effizient ins Stromnetz zu integrieren. Damit können nicht nur Kosten, sondern auch CO_2-Emissionen eingespart werden. Die Salzburg AG erprobt als erstes Versorgungsunternehmen die intelligenten Netze der Zukunft auf der Ebene des Niederspannungsnetzes. Die ersten Erfahrungen in Köstendorf sind sehr positiv. Das Netz läuft trotz der vielen Herausforderungen ohne Probleme. Sechs Haushalte haben eine Speicherförderung des Landes Salzburg erhalten und Batteriespeicher angeschafft, um den

Strom aus ihren Fotovoltaik-Anlagen auch verstärkt in Zeiten, in denen die Sonne nicht scheint, verfügbar zu haben. In einem nächsten Schritt soll die Speicherung der Stromüberschüsse aus den zahlreichen Fotovoltaik-Anlagen auch in den Formen von Wärme und Gas erfolgen. Unter „Power-to-Heat" (= elektrische Energie wird zu Wärme) versteht man die Erzeugung von Wärme unter dem Einsatz von Strom. So wird bereits die Warmwasserversorgung öffentlicher Gebäude mit Hilfe von Wärmepumpen (vor allem in den Sommermonaten) kostengünstig gesichert. Als „Power-to-Gas" (= elektrische Energie wird zu Gas) wird ein chemischer Prozess bezeichnet, in dem mittels Wasserelektrolyse unter Einsatz von Ökostrom Gas hergestellt wird, das in das öffentliche Gasnetz eingespeist wird.

Köstendorf – eine energieeffiziente Gemeinde: Ausgewählte Zahlen und Daten

- Installierte Leistung aller Fotovoltaik-Anlagen: 2013 kWpeak (= kWp*, Stand am 20.4.2020)
- 1. Energiemesse im Flachgau (Veranstalter)
- zahlreiche Elektroautos
- eigener Energielehrpfad
- Großwärmepumpe (Stromwärme aus Fotovoltaik, zB für die Warmwassererzeugung im Sommer für Seniorenwohnhaus, Schule)
- mehrere Projekte im Energiebereich, die gemeinsam mit der HAK Neumarkt/Wallersee durchgeführt wurden. Beispiele:
  - Energiedatenerhebung in der Gemeinde
  - Zukunft der Elektro-Mobilität
  - *) kWpeak = ist eine Maßeinheit, die die maximale Leistung einer Fotovoltaik-Anlage angibt. Mit einem kWp kann man in Österreich etwa 700–900 kWh Strom pro Jahr erzeugen.

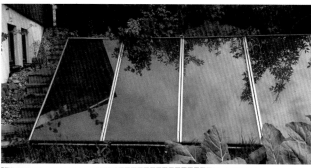

M3 *Köstendorf – Energiedatenerhebung*

M4 *Köstendorf – Zukunft der E-Mobilität*

Von der Einbahn zum Gegenverkehr

Seit der Erfindung der Elektrizität funktionierte das Verteilernetz für Strom nach demselben Prinzip: Der Strom gelangte von einem zentralen Kraftwerk über ein Netz an Hoch-, Mittel- und Niederspannungsleitungen an die Endverbraucher – sehr vereinfacht gesagt floss der Strom in eine Richtung. Unser Energiesystem steht nun vor einer Revolution. Immer mehr Einzelhaushalte und Betriebe haben Fotovoltaikanlagen, Biomasse-Heizkraftwerke oder Kleinwasserkraftwerke und speisen die Energie, die sie nicht selbst benötigen, auch in das Netz ein. Sie sind gleichzeitig Konsumenten und Produzenten von Strom. Die Folge: Es entsteht sozusagen „Gegenverkehr im Stromnetz". Denn, wenn immer mehr Erzeuger dezentral Energie ins Netz einspeisen, muss der Strom in beide Richtungen fließen können. Die Spannung im Netz muss stabil bleiben, damit das Gesamtsystem funktioniert und die Versorgung gesichert ist. Dazu braucht es Management im Netz. Und dieses wird zukünftig nicht nur mit unterschiedlichen Spannungen, sondern auch mit vielen Informationen von Konsumenten, zentralen und dezentralen Kraftwerken, Umspannwerken und Trafostationen umgehen müssen. Eine moderne Energieversorgung, die

Sonnen-, Wind- und Wasserkraft ausbaut und den Klimaschutz verstärkt, setzt auf viele, verteilte Erzeuger mit schwankendem Energieangebot: Das braucht ein Netz, das mehr kann als heute. Smart Grids – die intelligenten Netze – sind solchen Herausforderungen gewachsen. Aber sie können noch mehr: Smart Grids können auch steuern, wann welches Gerät Strom bekommt.

Beispiel – Elektroauto: Frau Winkler kommt um 18.00 Uhr mit ihrem Auto von der Arbeit nach Hause. Damit es am nächsten Morgen wieder voll aufgeladen ist, schließt sie es an die Ladestation an. Tatsächlich geladen wird es aber nicht ab 18.00 Uhr, wo alle Strom verbrauchen (zB zum Kochen, Fernsehen), sondern erst um 2.00 Uhr in der Früh, wenn in Norddeutschland aus Windkraftwerken in der Nordsee Strom erzeugt wird. Strom ist ja nicht speicherbar und muss verbraucht werden, wenn er erzeugt wird. Intelligente Stromnetze können also regulieren, wann welches Gerät Strom bekommt, und damit können auch „Belastungsspitzen" vermieden werden.
(www.salzburg-ag.at, stark gekürzt, abgerufen am 7.12.2016; vgl. auch Video auf www.youtube.com „So funktionieren Smart Grids")

M5 *Was sind und wie funktionieren Smart Grids?*

---

1 Recherchieren und listen Sie die wichtigsten Vor- und
[I] Nachteile der Windenergie auf (www.igwindkraft.at).

2 Der Bau und der Betrieb von Windkraftanlagen stellen
[II] einen bedeutenden Wirtschaftsfaktor dar. Informieren Sie sich über die Details unter www.igwindkraft.at → Wirtschaftsfaktor.

3 „Bis zum Jahr 2030 soll der Strom zu 100 Prozent aus
[II] erneuerbaren Energiequellen kommen." (lt. Regierungsprogramm der Bundesregierung) Dieses Ziel wird nur dann erreicht werden, wenn auch die Windkraft massiv ausgebaut wird. Recherchieren Sie, inwieweit dieser Ausbau – beginnend ab dem Jahr 2020 – erfolgte.

4 Erklären Sie mit eigenen Worten den Begriff und die
[II] Vorteile von Smart Grids.

Die Europäische Währungsunion (EWU) – ein Teil des Aufbaus Europas in Etappen

Kompetenzorientierte Lernziele

→ zentrale Anliegen der Europäischen Währungsunion erläutern

→ Konvergenzkriterien erklären

Vom Schilling zum Euro

Im **Vertrag von Maastricht** vereinbarten die Staats- und Regierungschefinnen und -chefs der EU bis zum Jahre 1999 einerseits eine **Wirtschafts-** und **Währungsunion** und andererseits eine **politische Union** zu verwirklichen. Eine einheitliche Währung, eine gemeinsame Geldpolitik, die von einer zentralen Notenbank aus betrieben wird, sind die markanten Kennzeichen einer Währungsunion. Dabei war es zunächst das Ziel, den Europäischen Binnenmarkt endgültig zu verwirklichen und vor allem währungspolitisch abzusichern.

Am 1. Jänner 1999 war es so weit: Hunderttausende Menschen feierten in elf Ländern der Europäischen Union die Geburt des Euros. Am 1. Jänner 2002 erfolgte die Ausgabe des Euro-Bargeldes und ab 1. März 2002 war der Euro alleiniges gesetzliches Zahlungsmittel in Österreich und elf weiteren EU-Ländern. Derzeit hat der Euro-Club 19 Mitglieder (M2). Nach außen hin, also im Vergleich zu anderen Währungen, ist der Euro, der von mehr als 300 Millionen Menschen von Lappland bis Sizilien verwendet wird, relativ stabil.

Für viele Bürgerinnen und Bürger der Eurozone ist der Euro eine Erfolgsgeschichte. So sind Preisvergleiche für die Konsumentin und den Konsumenten über die Grenzen hinweg problemlos möglich und auch der Geldwechsel beim Reisen entfällt. Aber auch die Unternehmerinnen und Unternehmer sind im Rahmen ihrer Exporte innerhalb der Eurozone gegen Kursschwankungen geschützt. Im Rahmen der Währungsunion sollen die in M1 dargestellten zentralen Anliegen verwirklicht werden.

Keine Geldwechselspesen

Förderung des **Zusammenhalts** der Mitgliedstaaten auf den Gebieten Politik, Friedenssicherung

Verhinderung von **Wechselkursschwankungen** und Abwertungsstrategien einzelner Länder

Preisstabilität unter den Mitgliedern bedingt durch Euro und Stabilitätspakt

Beweggründe für die **Europäische Wirtschafts- & Währungsunion**

Stärkung der **Wettbewerbsfähigkeit** der Europäischen Wirtschaft, Förderung der Beschäftigung und des Wachstums

Preisvergleiche mit ausländischen Waren leichter möglich

Verwirklichung des **Binnenmarktes**

Wettbewerbsvorteile für Unternehmen
- Sie zahlen nur in Euro.
- Der Euro wird international ein gefragtes Zahlungsmittel.

M1 *Beweggründe für die Europäische Währungsunion*

Elf EU-Länder nehmen seit Beginn an der Währungsunion teil, und zwar Belgien, Finnland, Frankreich, Deutschland, Irland, Italien, Luxemburg, Niederlande, Österreich, Portugal und Spanien. Griechenland trat im Jahre 2001, Slowenien im Jahre 2007, Malta und Zypern im Jahre 2008 bei. Weitere Beitritte: Slowakei (2009), Estland (2011), Lettland (2014) und Litauen (2015). Folgende Staaten haben ebenfalls den Euro eingeführt, obwohl sie nicht der EU angehören: Andorra, Monaco, San Marino und der Vatikanstaat so wie auch Montenegro, das sich im Jahre 2006 aus dem Staatenbund Serbien/Montenegro löste und unabhängig wurde. Auch die Republik Kosovo verwendet den Euro.

M2 *Wer ist Mitglied?*

Wie wird man Mitglied der Eurozone?

Eine Währungsunion kann nur dann längerfristig funktionieren, wenn die gemeinsame Währung ihren Wert nach innen (Entwicklung der Inflationsrate) und nach außen (Stabilität der Wechselkurse) behält. Dies wiederum setzt voraus, dass nur solche Staaten an einer Währungsunion teilnehmen sollen, die wirtschaftlich möglichst ähnlich entwickelt sind und die eine stabilitätsorientierte Wirtschaftspolitik betreiben. Um zu gewährleisten, dass nur Länder der Währungsunion beitreten können, die sich hinreichend und dauerhaft wirtschaftlich angeglichen haben, wurden im Vertrag von Maastricht Kriterien bzw. Beitrittsbedingungen zur EWU festgelegt.

Preisstabilität
nicht mehr als 1,5 Prozentpunkte über dem Durchschnitt jener drei Länder mit der niedrigsten Inflationsrate

Haushaltsdisziplin
Neuverschuldung:
max. 3 % des BIP
Gesamtverschuldung:
max. 60 % des BIP

Konvergenzkriterien

Währungsstabilität
keine großen Schwankungen in den letzten zwei Jahren vor dem Beitritt zur Währungsunion

Niedrige Zinsen
langfristiger Zinssatz höchstens 2,0 Prozentpunkte über dem durchschnittlichen Zinssatz der drei preisstabilsten Länder

M3 *Eintrittskriterien in die Eurozone*

Diese in der Grafik M3 vorgestellten Kriterien – besser bekannt unter dem Begriff **Konvergenzkriterien** (lat. convegere = sich annähern) – müssen nicht nur beim Eintritt in die EWU, sondern auf Dauer gesehen erfüllt werden.
Im Rückblick auf die achtzehn Jahre seit der Einführung des Euro zeigt sich, dass die Erreichung der Konvergenzkriterien **Neuverschuldung** und **Gesamtverschuldung** für viele der Euro-Länder eine große Herausforderung war bzw. noch immer ist. Vor allem die Gesamtverschuldung liegt, wie die Grafik M4 zeigt, in vielen Staaten weit über der Maastricht-Grenze von 60 Prozent.
Die Verschärfung der Schuldenkrise hat gezeigt, dass die bisherigen Spielregeln der EWU (Einhaltung der Konvergenzkriterien) nicht ausreichten, die stark wachsenden Schulden mehrerer Euroländer in den Griff zu bekommen. So wurde im Dezember 2011 ein neuer Vertrag, der **Fiskalpakt**, beschlossen, dessen Ziel es ist, im Bereich der Haushalts- und Wirtschaftspolitik noch stärker zusammenzuar-

Staatsverschuldung in der EU 2018

in Prozent des BIP (vorläufig)

Maastricht-Grenze 60 %

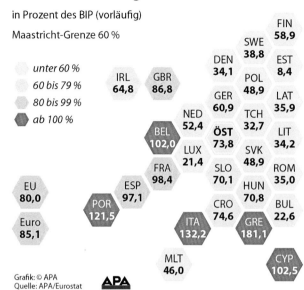

unter 60 %
60 bis 79 %
80 bis 99 %
ab 100 %

Grafik: © APA
Quelle: APA/Eurostat

M4 *Gesamtverschuldung in EU-Staaten 2018*

beiten. So sollen die Staatshaushalte der einzelnen Länder – nach Möglichkeit – ausgeglichen sein oder einen Überschuss aufweisen. Das gilt bereits dann als erreicht, wenn der konjunkturbereinigte*) jährliche Saldo ohne Anrechnung einmaliger und befristeter Maßnahmen nicht höher als 0,5 Prozent des nominellen BIP**) ist.
*) Unter der Konjunktur versteht man das mehr oder weniger regelmäßige Auf und Ab der gesamtwirtschaftlichen Entwicklung, das anhand des Wirtschaftswachstums gemessen wird.
**) Nominelles BIP: Wertsteigerungen, die durch Preiserhöhungen entstanden sind, werden nicht ausgeklammert.

1 Nennen und erläutern Sie einige zentrale Anliegen,
[II] die im Rahmen der EWU verwirklicht wurden.

2 Um an der Europäischen Währungsunion teilnehmen
[II] zu können, müssen bestimmte Kriterien erfüllt werden. Erklären Sie, warum es diese Konvergenzkriterien gibt.

3 Die Gesamtverschuldung Österreichs betrug im Jahre
[II] 2019 70,4 Prozent des BIP und lag damit sehr deutlich über der Maastricht-Zielmarke von 60 Prozent des BIP. Der Überschuss im österreichischen Haushalt betrug im Jahr 2019 0,7 Prozent des BIP.

a) Wie hoch darf – laut Fiskalpakt – das konjunkturbereinigte jährliche Defizit sein?
b) Recherchieren Sie, ob Länder wie Österreich, Frankreich, Spanien, Portugal, Italien usw., die diese Regeln verletzen, mit Konsequenzen zu rechnen haben.

4 Die Euro-Banknoten sind mit zahlreichen Sicherheits-
[II] merkmalen versehen, die Fälschungen unterbinden bzw. die Unterscheidung von echten und gefälschten Noten gewährleisten sollen. Recherchieren und erläutern Sie die einzelnen Sicherheitsmerkmale.

Die Europäische Zentralbank – die Hüterin der Währung

Kompetenzorientierte Lernziele

→ die Organe der EZB erläutern und deren wesentliche Aufgaben erläutern

→ Maßnahmen der EZB beurteilen

Wer ist für welche Aufgaben innerhalb der Europäischen Währungsunion zuständig?

Die Europäische Zentralbank (EZB) steht, wie die Grafik M1 zeigt, an der Spitze des Europäischen Systems der Zentralbanken (ESZB). Neben der EZB umfasst das ESZB die nationalen Zentralbanken aller EU-Länder. Die Nationalbanken der 19 Länder, in denen der Euro Zahlungsmittel ist, bilden zusammen mit der EZB das Eurosystem. Für die EU-Länder, die (noch) nicht am Eurosystem teilnehmen, liegt die Zuständigkeit für die Geldpolitik bei der jeweiligen nationalen Zentralbank, wobei auch diese Länder ihre geldpolitischen Entscheidungen eng mit der EZB abstimmen.

Die EZB hat ihren Sitz in Frankfurt am Main. Sie ist bei der Wahrnehmung ihrer Aufgaben unabhängig, das heißt, weder EU-Institutionen (zB die Europäische Kommission) noch nationale Regierungen können ihr Weisungen erteilen.

Wichtigstes Organ der EZB ist der **EZB-Rat**. Er setzt sich aus den Mitgliedern des Direktoriums und den Zentralbankpräsidentinnen und -präsidenten der Euroländer zusammen. Die Mitglieder des EZB-Rats haben, unabhängig von der Größe des Herkunftslandes, grundsätzlich nur eine Stimme. Das **Direktorium der EZB** setzt sich aus der Präsidentin bzw. dem Präsidenten und der Vizepräsidentin bzw. dem Vizepräsidenten und bis zu vier weiteren Mitgliedern zusammen, die vom Europäischen Rat gewählt werden. Derzeit ist die Französin Christine Lagarde Präsidentin der EZB. Dem **erweiterten Rat** gehören neben dem EZB-Rat die Präsidentinnen und Präsidenten der Zentralbanken der Nicht-Euroländer an. Er hat nur eine beratende Funktion.

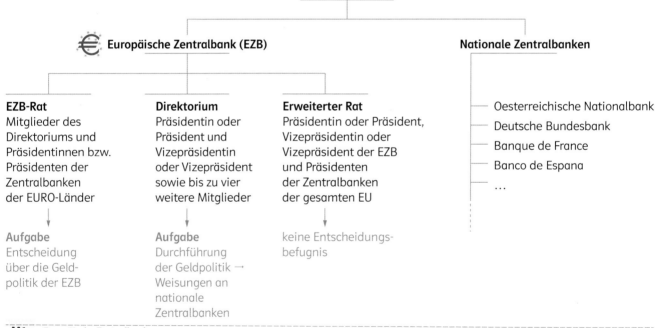

Europäisches System der Zentralbanken (ESZB)

Europäische Zentralbank (EZB)

Nationale Zentralbanken

EZB-Rat
Mitglieder des Direktoriums und Präsidentinnen bzw. Präsidenten der Zentralbanken der EURO-Länder

Aufgabe
Entscheidung über die Geldpolitik der EZB

Direktorium
Präsidentin oder Präsident und Vizepräsidentin oder Vizepräsident sowie bis zu vier weitere Mitglieder

Aufgabe
Durchführung der Geldpolitik → Weisungen an nationale Zentralbanken

Erweiterter Rat
Präsidentin oder Präsident, Vizepräsidentin oder Vizepräsident der EZB und Präsidenten der Zentralbanken der gesamten EU

keine Entscheidungsbefugnis

- Oesterreichische Nationalbank
- Deutsche Bundesbank
- Banque de France
- Banco de Espana
- ...

M1 *Europäische Zentralbanken*

Aufgaben der Organe

Die **Hauptaufgaben des EZB-Rates** – er ist das wichtigste Organ der EZB – bestehen vor allem darin,

- die **Geldpolitik** in der Eurozone festzulegen (zB Entscheidungen über die Höhe der Leitzinsen oder über die Versorgung der Geschäftsbanken mit Zentralbankgeld zu treffen) und
- die **Ausgabe von Banknoten** zu genehmigen.

Das **Direktorium** der **EZB** sorgt für die Ausführung der Beschlüsse des EZB-Rates und ist für die Abwicklung der laufenden Geschäfte zuständig.

Der **Erweiterte Rat** hat nur eine beratende Funktion. Zukünftige Mitglieder sollen damit auch bereits stärker auf die Entscheidungsprozesse im Eurosystem vorbereitet werden.

Die **Oesterreichische Nationalbank** ist ebenso wie die übrigen nationalen Zentralbanken Bestandteil des ESZB. Ihre Hauptaufgaben bestehen vor allem darin,

- die geldpolitischen Entscheidungen der EZB umzusetzen und
- die Geldversorgung Österreichs und aller anderen EU-Länder mit Banknoten und Münzen sicherzustellen.

M2 *Zuständigkeiten*

Welche geldpolitischen Ziele verfolgt die EZB?

Die EZB hat nach dem Vertrag von Maastricht das vorrangige Ziel, die **Geldwertstabilität (= den Wert des Euro)** zu bewahren, also die Inflation möglichst niedrig zu halten. Geldwertstabilität laut EZB ist dann gegeben, wenn die Zunahme des harmonisierten Verbraucherpreisindex (HVPI), also der durchschnittliche Preisanstieg in den Ländern des Eurosystems, weniger als zwei Prozent gegenüber dem Vorjahr beträgt.

Die Preisentwicklung wird von einer Vielzahl von Faktoren bestimmt. Beispielsweise kann die Ursache einer Preissteigerung in einer starken Nachfrageausweitung begründet liegen. Inflation kann aber auch angebotsseitige Ursachen haben. So können ein Anstieg von Rohstoffpreisen oder Löhnen die Kosten der Unternehmen nach oben treiben. Da nach Meinung der EZB die Inflation sehr häufig durch ein übermäßiges Wachstum der Geldmenge im Euroraum (= geldmengenbedingte Inflation) ausgelöst wird, versucht die EZB, die Preisstabilität durch eine gezielte Steuerung der Geldmenge sicherzustellen.

Mit Hilfe welcher geldpolitischen Instrumente erreicht die EZB ihre Ziele?

Die EZB verfügt zu diesem Zweck über eine Reihe von Instrumenten. Diese sind darauf ausgerichtet, das **Kreditangebot** der Geschäftsbanken über **Liquiditätsmaßnahmen** zu steuern oder die **Kreditnachfrage** der Haushalte und Unternehmen über die **Zinshöhe** zu beeinflussen.

Beispiel – Beeinflussung der Liquidität:
Benötigen die Geschäftsbanken für die Vergabe von Krediten an Unternehmen und Haushalte Zentralbankgeld und stellt die Notenbank dieses Zentralbankgeld tatsächlich bereit, so kommt es zu einer Liquiditätszuführung, also zu einer Erhöhung der Geldmenge. Bei normalen Marktreaktionen wird das Angebot an Krediten (= Kreditvolumen) also steigen und die Zinsen werden tendenziell sinken.

Beispiel – Beeinflussung des Zinssatzes:
Die Bereitschaft der Nichtbanken (Haushalte und Unternehmen) Kredite aufzunehmen, hängt vor allem von der jeweiligen Zinshöhe ab. Erhöht die Zentralbank die Zinsen, so wird bei normalen Marktreaktionen die Kreditnachfrage sinken und das Kreditvolumen ebenfalls zurückgehen, dh die Geldmenge wird sinken.

Die geldpolitischen Instrumente der EZB können in drei zentrale Gruppen eingeteilt werden:

M3   *Geldpolitische Instrumente der EZB*

Offenmarktgeschäfte
Kurz- oder längerfristiger Ankauf bzw. Verkauf von Wertpapieren durch die Zentralbank von den Geschäftsbanken. Der Zinssatz für diese Geschäfte **(= Leitzinssatz)** ist der wichtigste Zinssatz im Eurosystem und unterliegt, wie die Grafik M4 zeigt, starken Schwankungen.

Ständige Fazilitäten
Als Fazilitäten bezeichnet man die Zinssätze der EZB an Banken. Es gibt zwei Arten von Fazilitäten. Spitzenrefinanzierungsfazilität: Geschäftsbanken können sich kurzfristig bei der Zentralbank Geld ausborgen. Einlagenfazilität: Geschäftsbanken können Geldüberschüsse bei der Zentralbank anlegen.

Mindestreserve
Geschäftsbanken müssen bei der Notenbank Mindestguthaben (zum Zwecke der Sicherheit) halten.

Entwicklung der Leitzinssätze seit 2000

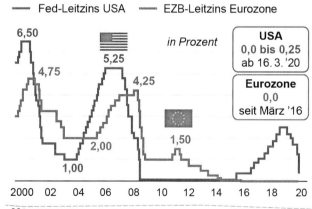

M4   *Entwicklung der Leitzinssätze*

---

1 Nennen Sie die Organe der EZB und beschreiben Sie
[II] deren Zusammensetzung. Erläutern Sie die wichtigsten Aufgaben der einzelnen Organe.

2 Das vorrangige Ziel der EZB ist es, die Preisstabilität
[II] zu gewährleisten.
    a) In welchem Vertrag wurde dieses Ziel festgelegt?
    b) Erklären Sie, wie der EZB-Rat das Ziel „Preisstabilität" festgelegt hat.

3 Erläutern und begründen Sie die voraussichtliche
[II] Wirkung folgender Maßnahmen:
    a) Die EZB senkt den Leitzinssatz.
    b) Die EZB führt den Geschäftsbanken Liquidität zu.

4 Beurteilen Sie, wie sich eine Erhöhung des Mindest-
[III] reservesatzes auf die Geldmenge auswirkt (Erhöhung oder Verringerung).

Die Europäische Zentralbank vor neuen Herausforderungen

Kompetenzorientierte Lernziele

→ Deflation definieren und untersuchen

→ Quantitative Easing erklären und dessen Funktionsweise erläutern

„Deflation" – ein eher seltenes Ereignis?

Sinkende Preise und Investitionen der Unternehmen, Banken, die weniger Geld an die Bürgerinnen und Bürger verleihen. In der Eurozone läuten die Alarmglocken. Die Angst, dass sich Europa auf dem Weg in die **Deflation** befindet, steigt. Das Diagramm M1 lässt eindeutig erkennen, dass die Inflationsraten in Österreich seit dem Jahre 2011 rückläufig sind. Aber auch in fast allen anderen EU-Staaten ist die Inflation praktisch zum Stillstand gekommen, wie aus der Grafik M3 ersichtlich wird.

Worum genau handelt es sich aber nun beim „Phänomen Deflation", das Politikerinnen und Politiker und Wirtschaftswissenschaftlerinnen und Wirtschaftswissenschaftler gleichermaßen in Sorge versetzt?

Wenn in einer Volkswirtschaft das Gesamtniveau der Preise längerfristig sinkt, die Inflationsraten also negativ sind, spricht man von Deflation. Sie stellt somit das Gegenstück zur Inflation dar. In einer solchen Situation steigt die Kaufkraft, das Geld wird also mehr wert. Das Grundproblem der Deflation ist, vereinfacht gesagt, dass aus unterschiedlichen Beweggründen zu wenig konsumiert wird. Durch den Nachfragerückgang sinken die Güterpreise. In Erwartung fallender Preise schieben die Konsumentinnen und Konsumenten ihre Konsumentscheidungen und in weiterer Folge die Unternehmerinnen und Unternehmer ihre Investitionsentscheidungen auf. Durch die sinkenden Ausgaben ist nun weniger Geld im Umlauf und die Umlaufgeschwindigkeit des Geldes nimmt ab. Damit sinkt die Geldmenge im Vergleich zur Gütermenge – Geld wird verhältnismäßig mehr wert und es kommt zur Deflation.

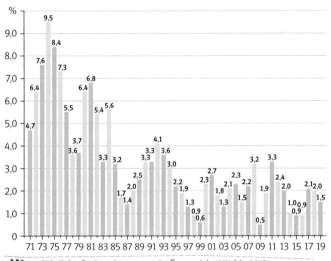

M1 *Jährliche Preissteigerungen in Österreich 1971 bis 2019*

M2 *Wirtschaft im Ungleichgewicht – Deflation*

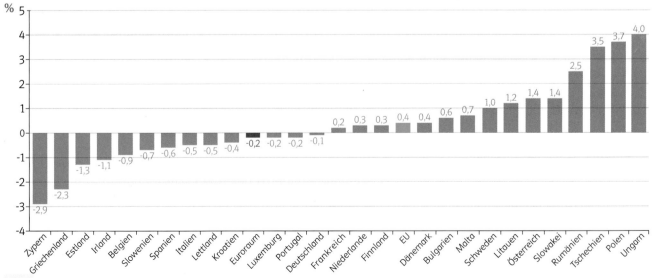

M3 *Inflationsraten in den EU-Mitgliedstaaten im August 2020*

Wie reagierte die Europäische Zentralbank auf diese neue Herausforderung?

Die Finanz- und die damit verbundene Wirtschaftskrise im Jahr 2009 hatte bzw. hat auch weltweit schwerwiegende Folgen für die Notenbanken. So wie die EZB sahen sich die Zentralbanken gezwungen, ihre Geldpolitik neu zu gestalten. Das zentrale Ziel der EZB ist eine Inflationsrate von knapp unter zwei Prozent. Um ihr Ziel zu erreichen, hat die EZB ihre Zinsen extrem gesenkt, Kredite massiv verbilligt und hat selbst Milliarden beinahe ohne Zinsen an die europäischen Banken verliehen. Seit März 2015 kaufte sie monatlich – im Rahmen eines eigenen Programms mit dem Namen „**Quantitative Easing**" – Anleihen in Milliardenhöhe von den Geschäftsbanken in der Eurozone an. Das Gesamtvolumen der Ankäufe verschiedener Anleihensarten betrug bis August 2020 stolze rund 2,8 Billionen Euro.

Quantitative Easing – kurz gefasst

Was ist Quantitative Easing (Quantitative Lockerung)?

Quantitative Easing – kurz QE genannt – ist eine Geldpolitik der Zentralbanken für außergewöhnliche Umstände (zB im Falle sehr niedriger Inflation bzw. Deflation). Die Geldmenge wird dabei massiv ausgeweitet (dh die Notenbank druckt Geld), und mit dem zusätzlichen Geld werden Wertpapiere von Geschäftsbanken gekauft.

Welche Ziele verfolgt die EZB mit diesem geldpolitischen Instrument?

Im Zentrum steht die Bekämpfung einer (drohenden) Deflation bzw. Rezession. Durch die Ausweitung des Geldangebots sollen folgende Zwischenziele erreicht werden:

- Senkung der Realzinsen (= Nominalzinsen minus Inflationsrate)
- Erhöhung des Geldangebots der Geschäftsbanken
- Verstärkte Vergabe von Krediten durch die Geschäftsbanken
- Steigerung des privaten Konsums und der Investitionen durch Unternehmen
- Abwertung der eigenen Währung (Exporte → billiger; Importe → teurer)
- Stimulierung des Wirtschaftswachstums
- Erhöhung der Inflation

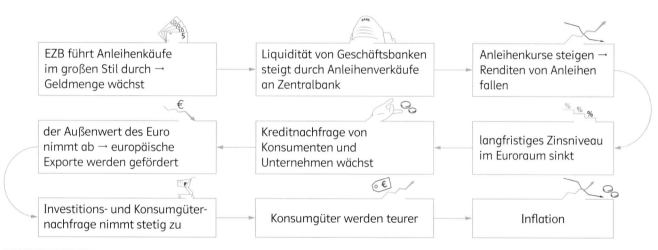

M4 *Warum sollten die Preise steigen, wenn die EZB Anleihen kauft?*

1 Definieren Sie den Begriff Deflation und untersuchen [II] Sie, welche Faktoren zu Deflation führen können und wie sich diese auswirkt.

2 Erklären Sie – in kurz gefasster Form – den Begriff [II] „Quantitative Easing" (QE).

3 Erläutern Sie, welche Ziele die EZB mit diesem geldpoli-[II] tischen Instrument verfolgt.

4 Erklären Sie die einzelnen Schritte, wie das geldpoliti-[II] sche Instrument QE funktioniert bzw. laut Plan funktionieren sollte (M4).

5 Kreuzen Sie an, wie sich die jeweiligen Einflussgrößen [II] beim Einsatz eines QE-Programms verändern/verändern sollten.

Änderung der Geldmenge durch Quantitative Easing der EZB		
	steigt	**sinkt**
Geldmenge		
Kreditvergabevolumen der Banken		
Kurs von Anleihen		
Rendite von Anleihen		
Langfristiges Zinsniveau		
Kreditnachfrage durch Nichtbanken		
Außenwert des Euro		
Exporte der Euroländer		
Investitions- und Konsumgüternachfrage		
Preisniveau in Euroländern		

Die Europäische Regionalpolitik – Solidarität als Grundwert

Kompetenzorientierte Lernziele

→ räumliche Disparitäten kennzeichnen und anhand ausgewählter Beispiele veranschaulichen

→ Träger, Instrumente, Funktionsweise und Ziele der Regionalpolitik kritisch bewerten

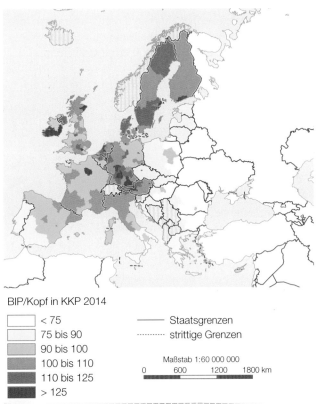

BIP/Kopf in KKP 2014

< 75	—— Staatsgrenzen
75 bis 90	·········· strittige Grenzen
90 bis 100	
100 bis 110	Maßstab 1:60 000 000
110 bis 125	0 600 1200 1800 km
> 125	

M1 *BIP pro Kopf in den EU-Regionen 2019*

Die Europäische Union zählt zu den wohlhabendsten Gebieten der Welt. Doch innerhalb ihrer Grenzen ist der Wohlstand sehr ungleich verteilt. Die Karte M1 zeigt sehr eindrucksvoll, welche der 276 NUTS-2-Regionen der EU unter dem EU-Durchschnitts-Einkommen liegen (beispielsweise die Region Nordwestbulgarien mit 35 % des EU-Durchschnitts) sowie welche ein deutlich höheres BIP pro Kopf verzeichnen (zB Luxemburg mit 263 % des EU-Durchschnitts).

NUTS-Regionen sind geographische Gebiete innerhalb der EU, die nach bestimmten Bevölkerungsgrenzen in drei Kategorien aufgeteilt werden. Die NUTS-Ebene 2 umfasst eine Population von 800 000 bis 3 Mio. Menschen. Diese

Einordnung ermöglicht den grenzüberschreitenden statistischen Vergleich von EU-Regionen.

Eines der wichtigsten Anliegen der EU ist es, diese große Kluft zwischen Arm und Reich schrittweise zu verringern. Das wichtigste Förderinstrument hierfür ist die **Regionalpolitik**. Damit sollen regionale und strukturelle Defizite ausgeglichen, das Wirtschaftswachstum in den europäischen Regionen und Städten angekurbelt sowie in weiterer Folge die Lebensqualität aller EU-Bürgerinnen und -Bürger verbessert werden.

Besondere Bedeutung hat hierbei der Solidaritätsgedanke, da die meisten Mittel den weniger entwickelten Regionen zugutekommen. Somit sollen auch diese Regionen ihren Rückstand aufholen und ihr wirtschaftliches Potenzial voll entfalten können.

Ursprung und aktuelle Zielsetzung

Im Laufe der europäischen Integration wurde die Regionalpolitik mehrfach verändert, ihre Wurzeln reichen aber bis zu den Gründungsverträgen von Rom. 1957 erklärten die Unterzeichnerstaaten „ihre Volkswirtschaften zu einigen und deren harmonische Entwicklung zu fördern, indem sie den Abstand zwischen einzelnen Gebieten und den Rückstand weniger begünstigter Gebiete verringern".

2014 bis 2020 orientierte sich die Regionalpolitik an den Zielen der Entwicklungsstrategie „Europa 2020":
* Förderung von Wachstum und Beschäftigung durch Innovation, Bildung und die Unterstützung kleiner Unternehmen,
* Anpassung an den Klimawandel und Reduzierung der Energieabhängigkeit sowie
* Verringerung von Armut und sozialer Ausgrenzung.

Funktionsweise und Verteilung der Fördermittel

In der Förderperiode 2014 bis 2020 budgetierte die EU für die Regional- und Kohäsionspolitik 351,8 Mrd. Euro (= nahezu ein Drittel des gesamten EU-Haushalts). Diese Mittel sind auf fünf verschiedene Fonds, die **Europäischen Struktur- und Investitionsfonds (ESI-Fonds)**, aufgeteilt.

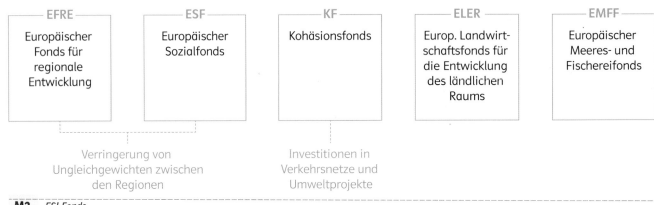

M2 *ESI-Fonds*

EU-Regionalförderung

Mittel für Kohäsionspolitik,
Vorschlag für 2021-2027
in Milliarden Euro (Preise 2018)

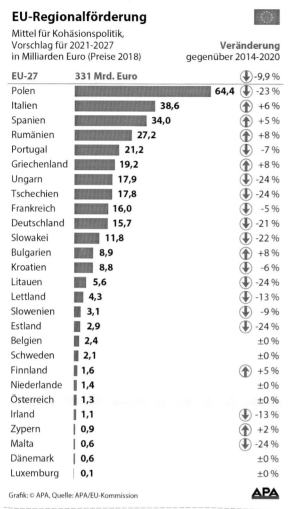

		Veränderung gegenüber 2014-2020
EU-27	**331 Mrd. Euro**	⬇ -9,9 %
Polen	**64,4**	⬇ -23 %
Italien	**38,6**	⬆ +6 %
Spanien	**34,0**	⬆ +5 %
Rumänien	**27,2**	⬆ +8 %
Portugal	**21,2**	⬇ -7 %
Griechenland	**19,2**	⬆ +8 %
Ungarn	**17,9**	⬇ -24 %
Tschechien	**17,8**	⬇ -24 %
Frankreich	**16,0**	⬇ -5 %
Deutschland	**15,7**	⬇ -21 %
Slowakei	**11,8**	⬇ -22 %
Bulgarien	**8,9**	⬆ +8 %
Kroatien	**8,8**	⬇ -6 %
Litauen	**5,6**	⬇ -24 %
Lettland	**4,3**	⬇ -13 %
Slowenien	**3,1**	⬇ -9 %
Estland	**2,9**	⬇ -24 %
Belgien	**2,4**	±0 %
Schweden	**2,1**	±0 %
Finnland	**1,6**	⬆ +5 %
Niederlande	**1,4**	±0 %
Österreich	**1,3**	±0 %
Irland	**1,1**	⬇ -13 %
Zypern	**0,9**	⬆ +2 %
Malta	**0,6**	⬇ -24 %
Dänemark	**0,6**	±0 %
Luxemburg	**0,1**	±0 %

Grafik: © APA, Quelle: APA/EU-Kommission

APA

M3 *Mittel für die Kohäsionspolitik*

Diese Mittel stehen allen EU-Regionen zur Verfügung, jedoch ist die Höhe der Unterstützung abhängig vom Entwicklungsstand der jeweiligen Region. Daraus ergibt sich eine Einteilung in drei Förder-Kategorien (M2). In Österreich besitzen mit Ausnahme des Burgenlands (Übergangsregion) alle Bundesländer den Status „mehr entwickelt". Voraussetzung für den Erhalt europäischer Mittel ist ein Programm, das mit der Europäischen Kommission vereinbart werden muss. Das Geld soll vor allem für Bereiche verwendet werden, in denen die größten Fortschritte zu erwarten sind (zB Stärkung von Klein- und Mittelbetrieben, Umsetzung von Innovationen, Schaffung von Verkehrsverbindungen und Qualifizierung von Arbeitskräften). Zudem wird von den Regionen eine finanzielle Beteiligung in unterschiedlicher Höhe verlangt, um sicherzustellen, dass die Gebiete tatsächlich Interesse an den Maßnahmen haben. Dadurch kann sich das mögliche Projektvolumen mehr als verdreifachen.

EU-Regionalpolitik in bzw. für Österreich

Österreich standen bis 2020 Fördergelder in der Höhe von 5,18 Mrd. Euro aus den ESI-Fonds zur Verfügung, wobei der Landwirtschaftsfonds die meisten Mittel beisteuerte. Insgesamt erhielt Österreich seit 1995 mehrere Milliarden Euro Fördergelder, die ua dafür genutzt wurden, tausende Arbeitsplätze zu schaffen, hunderte Forschungsprojekte umzusetzen sowie den landwirtschaftlichen Sektor innovativer, krisensicherer sowie klimafreundlicher zu gestalten. Am meisten hat sicherlich das Burgenland von den Förderungen profitiert. 1995 wurde dem Bundesland der Ziel-1-Status (BIP/Kopf < 75% des EU-Schnitts) gewährt, was dazu führte, dass seither mehr als eine Mrd. Euro in das Land geflossen ist (durch die Beteiligung Österreichs sogar rund 4 Mrd. Euro). Mit Hilfe dieser Mittel konnten Technologiezentren, Wirtschaftsparks, Thermen, Hotels und weitere neue Firmen gegründet werden, was dazu führte, dass das Burgenland heute aus wirtschaftspolitischer Sicht bedeutend besser dasteht als noch vor 25 Jahren.

Beispiel: Erneuerbare Energie in Güssing

Durch eine neue Anlage, die durch Holzvergasung Wärme, Elektrizität sowie synthetischen Diesel erzeugt, konnten in Güssing viele neue Arbeitsplätze geschaffen werden. Die EU unterstützte dieses Projekt mit 1,3 Mio. Euro.

Leistungen der Regionalpolitik

Mit Hilfe der Regionalpolitik wurden zehntausende Projekte in Höhe von 800 Mrd. Euro umgesetzt. Dadurch konnten viele der gesetzten Ziele erreicht werden, nicht zuletzt die Verbesserung des ökologischen Systems sowie der Aufbau eines effizienten transeuropäischen Verkehrsnetzes (TEN-T). Die Regionalpolitik spielte auch eine große Rolle bei der Abfederung der Auswirkungen der Finanzkrise.

Kritik und Ausblick

In den letzten Förderperioden sah sich die Regionalpolitik massiver Kritik ausgesetzt. Beispielsweise wurde durch den Einsatz von Subventionen der Wettbewerb in bestimmten Branchen (zB Kohlenindustrie, Schiffbau) teilweise verfälscht. Häufig wurden Fördergelder in nicht mehr zeitgemäße, unrentable Bereiche gepumpt, was zu Lasten von zukunftsträchtigeren Branchen ging. Weitere Probleme ergaben sich durch die Vielzahl von Finanzierungsquellen, mangelnde Transparenz und die aufwändigen Verfahren zur Mittelvergabe. In der Förderperiode 2014–2020 wurde deshalb auf noch klarere Regeln sowie messbare Zielvorgaben Wert gelegt, um sicherzustellen, dass jeder eingesetzte Euro einen maximalen Nutzen erzielt. Insgesamt hat die Kommission hierfür 80 Vereinfachungsmaßnahmen vorgeschlagen.

---

1 Kennzeichnen Sie die Motive der EU-Regionalpolitik.
[II]

2 Nennen Sie die einzelnen ESI-Fonds und erklären Sie,
[II] wofür diese zuständig sind.

3 Bewerten Sie die Funktionsweise der Regionalpolitik.
[III]

4 Recherchieren Sie zwei Projekte in Ihrem Bundesland,
[II] die von ESI-Fonds unterstützt werden.

Arm und Reich in der EU – Luxemburg und Bulgarien

Kompetenzorientierte Lernziele

→ räumliche Disparitäten anhand ausgewählter Beispiele veranschaulichen

→ die Rolle der Regionalpolitik bei der Überwindung der Kluft zwischen Arm und Reich kritisch bewerten

Die EU erwirtschaftet die Hälfte ihres BIP auf nur 14% ihrer Gesamtfläche – dem so genannten Fünfeck, gebildet aus den Städten London, Hamburg, München, Mailand und Paris. Die wirtschaftlichen und sozialen Unterschiede in Europa sind erheblich und wurden durch die Erweiterungen 2004 und 2007 deutlich verschärft. Nachfolgend werden nun jene beiden Länder verglichen, die in Bezug auf ihren Wohlstand die größte Kluft aufweisen: Luxemburg und Bulgarien.

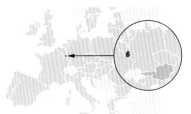

Luxemburg
Fläche: 2590 km²
Bevölkerung: 0,6 Mio.

Vergleich

Bulgarien
Fläche: 111000 km²
Bevölkerung: 7,2 Mio.

Das Durchschnitts-Einkommen in Luxemburg lag 2007 bei 260% des EU-Schnitts; 2018 bei 263%.

BIP pro Kopf
in KKS (EU-28 = 100)
= BIP/Kopf bereinigt um Kaufkraftunterschiede

Als Bulgarien 2007 der EU beitrat, lag das BIP pro Kopf bei 41% des EU-Schnitts, 2019 konnte es auf 51% gesteigert werden.

Durchschnittlich verdient man in Luxemburg im Jahr fünfmal so viel wie in Bulgarien. Damit liegt Luxemburg an erster und Bulgarien an letzter Stelle in der EU. Relativierend muss hinzugefügt werden, dass in Luxemburg viele Ausländerinnen und Ausländer arbeiten, die zwar das BIP des Landes steigern, aber nicht dort wohnen.

2007 waren 15,9% von Armut bedroht. 2018 stieg die Zahl auf 21,9%.

Armutsgefährdung
= Personen, die von Armut oder sozialer Ausgrenzung bedroht sind

2007 waren 44,8% von Armut bedroht. Elf Jahre später lag der Wert bei 32,8%.

Während Bulgariens Anteil an armutsgefährdeten Personen in den letzten Jahren stetig gesunken ist, ist jener von Luxemburg kontinuierlich angestiegen. Dennoch weist Bulgarien den höchsten Prozentsatz an Armutsgefährdeten in der EU auf.

2007 lag die Arbeitslosenquote in Luxemburg bei 4,2%. 2019 kletterte die Rate auf 5,6%.

Arbeitslosenquote
= Arbeitslose/Erwerbsbevölkerung (15–64 Jahre)

In Bulgarien sank die Arbeitslosenquote im selben Zeitraum von 6,9% auf 4,2%.

Bei diesem zentralen Indikator weist Bulgarien einen deutlich besseren Wert als Luxemburg auf.

In Luxemburg kostete eine Arbeitsstunde im Jahr 2008 durchschnittlich 31,00 €. 2019 waren es 41,60 €.

Arbeitskosten
= Gesamtarbeitskosten/ jährlich geleistete Arbeitsstunden

2008 lag eine Arbeitsstunde bei 2,60 €, 2019 bei 6 €.

In Bulgarien können somit sieben Stunden zum Wert einer Stunde in Luxemburg gearbeitet werden.

Luxemburg belegte 2019 den 9. Platz (von knapp 180 Ländern).

Korruptionswahrnehmungsindex
= Grad der wahrgenommenen Korruption bei Amtsträgerinnen und Amtsträgern sowie Politikerinnen und Politikern

Bulgarien lag 2019 auf Rang 74.

Der Index sagt viel über den Zustand eines Landes aus (je höher, desto negativer für Wirtschaft, Bildung usw.). Bulgarien weist innerhalb der EU den schlechtesten und erneut bedenklichsten Wert auf.

M1 *Luxemburg und Bulgarien – ein Vergleich*

Gründe für Luxemburgs Reichtum

Luxemburg verdankt einen Großteil seines Reichtums der Stahl- und Eisenindustrie. Als diese in den 1970-er Jahren in die Krise schlitterte, setzte das kleine Großherzogtum auf Steuererleichterungen für den Finanzsektor (heute ist Luxemburg ein international bedeutender Finanzplatz) sowie den Dienstleitungsbereich. Auch offene Grenzen und die Öffnung des Arbeitsmarktes für Ausländerinnen und Ausländer (2/3 Ausländeranteil) und Einpendlerinnen und Einpendler (rund 140 000 Menschen aus Nachbarländern) spielten eine wesentliche Rolle.

Gründe für Bulgariens Armut

Bulgarien gelang es nach dem Übergang vom Kommunismus zur Demokratie (1990) nur bedingt, funktionsfähige marktwirtschaftliche Strukturen zu schaffen. Als es 2007 als ärmstes Land der EU beitrat, wies es große Defizite in den Bereichen Justiz und Bekämpfung der organisierten Kriminalität auf. Knapp zehn Jahre später sind viele Probleme die gleichen geblieben. Das politische System und der Bankensektor sind instabil, die Justiz undurchsichtig und das Steuersystem kompliziert und für Schlupflöcher bekannt. Nach wie vor ist die öffentliche Infrastruktur, insbesondere im Verkehrs- und Gesundheitswesen sowie bei Bildung und Forschung, wenig entwickelt. Staatliche Unternehmen sind überschuldet (Bahn, Energiesektor, Krankenhäuser) und können nicht privatisiert werden. Das Land leidet unter Bevölkerungsrückgang. All diese Umstände führen zu mangelndem Vertrauen auf Seiten der Bevölkerung sowie potenzieller Investorinnen und Investoren.

Errungenschaften der EU-Regionalpolitik in Bulgarien

In der aktuellen Förderperiode werden Bulgarien 10 Mrd. Euro gewährt. Luxemburg erhält im Vergleich derzeit 59,7 Mio. Euro, was nicht einmal 1 % der Fördergelder Bulgariens entspricht. Nach dem Beitritt Bulgariens brauchte es erst Zeit, um Veränderungen zu bewirken. Mit Hilfe der Regional- und Kohäsionspolitik konnten jedoch wesentliche Reformen auf den Weg gebracht und erste Erfolge erzielt werden. So wurden zahlreiche neue Jobs geschaffen, Bildungschancen erhöht, die Verkehrsinfrastruktur ausgebaut, kulturelle Einrichtungen modernisiert, öffentliche Gebäude mit energiesparenden Maßnahmen ausgestattet usw. Vergleicht man diese Resultate mit den anfangs definierten Vorgaben, muss jedoch kritisch festgestellt werden, dass die Ziele der EU nur zum Teil erreicht werden konnten. Mit

M2 *Die Donaubrücke zwischen Bulgarien und Rumänien wurde mit 70 Mio. Euro von der EU gefördert.*

ein Grund könnte der häufig angeprangerte Umstand sein, dass Teile der Fördergelder versickert bzw. korrupten Organisationen zum Opfer gefallen sind.

Schlussfolgerung

Zweifelsohne handelt es sich bei den hier diskutierten Kennzahlen um eine kleine Auswahl, die keinen Anspruch auf Vollständigkeit erhebt. Dennoch lassen sich zwei zentrale Schlüsse ziehen: Zum einen ist Bulgarien im Jahr 2007 im Vergleich zu Luxemburg aus einer deutlich schwierigeren Position heraus in die EU gestartet. Zum anderen ist es Bulgarien im Gesamtvergleich auch nach 13 Jahren in der EU nur zum Teil gelungen, den Rückstand aufzuholen. Dennoch muss anerkannt werden, dass sehr wohl Fortschritte verzeichnet werden konnten – nicht zuletzt aufgrund der umfangreichen EU-Fördergelder – und Neuausrichtungen in Wirtschaft und Gesellschaft offensichtlich mehr Zeit brauchen.

M3 *Karikatur*

---

1 Holen Sie zu den angegebenen Kennzahlen in M1 jeweils auch die Werte Österreichs ein. Stellen Sie dar, wo Österreich im Vergleich liegt.
[II]

2 Recherchieren Sie weitere Daten (zB Exportquote, Wettbewerbsfähigkeit, Budgetdefizit) für die beiden Länder in M1 und interpretieren Sie die Ergebnisse.
[II]

3 Überlegen Sie, warum die Kluft zwischen Arm und Reich eine Gefahr darstellt. Bewerten Sie, welche Rolle die EU-Regionalpolitik hierbei spielt.
[III]

4 Öffnen Sie den Link http://ec.europa.eu/regional_policy/en/information/maps/social_progress und vergleichen Sie die Werte Luxemburgs mit einer Region Bulgariens sowie Ihrem Bundesland. Erörtern Sie die Unterschiede.
[II]

Verflechtungen der EU – die EU als Global Player

Die EU als Global Player zwischen Kompromissfindung und Rivalität

Das Europa, wie wir es heute kennen, besteht aus einem Gebilde aus unterschiedlichen Bündnissen und Allianzen. Diese Bündnisse vertreten gemeinsame Interessen mit der Überzeugung, wirtschaftliche Ziele im Verband besser erreichen zu können. Weltweit existieren zahlreiche Verflechtungen zwischen unterschiedlichen Staaten, da sie sich ihrer wechselseitigen Abhängigkeit bewusst sind. Dies gilt besonders für den Außenhandel, für die Nutzung von mobilen Arbeitskräften und für Investitionen.

Schon sehr früh setzte der Gedanke für eine gemeinsame Europapolitik ein und wurde im Zeitverlauf gestärkt. Die Entstehung der EU trug entscheidend zu einem gemeinsamen Leben in Frieden bei. Für viele Bürgerinnen und Bürger der heutigen Europäischen Union existiert ein Gefühl von kultureller, politischer und kultureller Zusammengehörigkeit. Schließlich verfügt die EU über ausgebildete föderale Strukturmerkmale, handelt vorzugsweise nach normativen Vorgangsweisen und setzt mit 19 EU-Staaten mit einer gemeinsamen Währung ein Zeichen für Gemeinsamkeit und Stabilität.

Dennoch ist die EU weder ein Staat noch eine Nation, ein Staatenbund oder ein Bundesstaat. Die EU ist eine Organisation aus souveränen Staatenbündnissen, die sich im Laufe der Zeit zu einer Wirtschaftsmacht etablierte und für viele internationale Staaten zu einer beliebten Mitspielerin, aber auch Wettstreiterin wurde. Mit der „Gruppe der Acht", einer Vereinigung der acht führenden Industrienationen (Deutschland, Frankreich, Italien, Japan, Kanada, Russland, USA und Vereinigtes Königreich, der so genannten G8) werden regelmäßig Gipfeltreffen abgehalten und mit anderen international anerkannten Staaten wie Indien oder China Handelsabkommen unterzeichnet und politische Dialoge geführt, um die Beziehungen zu verbessern und die wirtschaftliche und außenpolitische Macht zu stärken.

Die EU besitzt eine wirtschaftliche Macht und kann sich mit anderen globalen Mächten (Staaten) einen Wettbewerb leisten. Mit der Aufhebung der Zölle zwischen den einzelnen Mitgliedern wurden Handelshemmnisse abgebaut und vereinheitlicht. Dies trug dazu bei, dass sich die EU nach und nach zu einer Handelsmacht entwickelte (M1, M2).

Internationale Bündnisse mit anderen Staaten bringen aber auch Nachteile mit sich. Auf der einen Seite stehen nationale Interessen und Verhandlungen mit den voneinander abhängigen Akteuren (Russland, USA, China, Japan und Indien) im Vordergrund. Zudem sind dieses Staaten nicht nur Partner, sondern auch Gegner, wenn es um den internationalen Wettbewerb geht. Auf der anderen Seite befindet sich eine regionale Organisation, die auf Rechtsstaatlichkeit und Kompromissfindung zwischen den 28 Mitgliederstaaten plädiert.

Internationale Verflechtungen mit Europa

Als wichtigstes militärisches Bündnis weltweit gilt die **NATO** (North Atlantic Treaty Organization). Nicht alle Staaten der Europäischen Union wie Finnland, Irland und auch Österreich sind Mitglied dieser Allianz, Die Zusammenarbeit für ein friedliches Miteinander umfasst jedoch auch bündnisfreie Staaten. Das Defensivbündnis von insgesamt 28 europäischen und nordamerikanischen Staaten kann im Verteidigungsfall aktiv werden und verpflichtet alle Bündnispartner bei Bedarf auf Beistandshilfe. Dieser Fall ist allerdings bis jetzt nur einmal eingetreten, nämlich bei den Terroranschlägen des 11. September 2001 in den USA (M3). Eine weitere bedeutsame Organisation ist die **WTO** (World Trade Organisation). Sie regelt und erleichtert das wirtschaftliche Handelsabkommen aller 164 Mitgliedstaaten. Das Ziel der WTO ist es, einen weltweiten gemeinsamen Handel aufzubauen, damit Waren, Dienstleistungen und Wissen (geistiges Eigentum) ohne jegliche Einschränkung verkauft werden können. Zu den Gründungsmitgliedern der WTO gehört auch Österreich.

Europa als Global Player

Anlässlich des ersten Irakkrieges im Jahr 1991 wurde die EU vom damaligen belgischen Außenminister Mark Eysken „als wirtschaftlicher Riese, politischer Zwerg und militärischer Wurm" bezeichnet. Diese Einschätzung der EU wurde auch vom damaligen Kommissionspräsidenten Jacques Delors bestätigt. Sie hat sich seither bezüglich der wirtschaftlichen Stärke nicht verändert, sehr wohl aber seit dem Lissabon-Vertrag im Hinblick auf die politische Wahrnehmung in der Welt. (…)

Hinsichtlich des technischen Fortschritts, einem der wichtigsten Wachstumsfaktoren einer modernen Gesellschaft, ist Europa zusammen mit den USA noch führend. China ist im Rückstand, holt aber stetig auf. (…)

Europa und insbesondere die erweiterte EU ist im Welthandel (noch) eine „Supermacht".

Die EU hat über Jahre enge Beziehungen zur UNO aufgebaut und kooperiert in vielen Bereichen: Entwicklungspolitik, Klimaänderung, Friedenserhaltung in Konfliktregionen, humanitäre Hilfe in Krisen, Kampf gegen Korruption und Kriminalität. Die EU nimmt aktiv an globalen Konferenzen der UNO teil. Derzeit ist die EU Partei in über 50 multilateralen Abkommen der UNO. Kooperation bezieht sich nicht nur auf den politischen Dialog, sondern die EU unterstützt auch finanziell UNO-Programme und -projekte. Die Finanzierung ist in finanziellen und administrativen Rahmenabkommen geregelt. *(http://fritz.breuss.wifo.ac.at/Breuss_Europa_als_Global_Player_WIFO_WP_455_Nov_2013.pdf, abgerufen am 7.12.2016)*

M1 *Europas Stellung in der Welt*

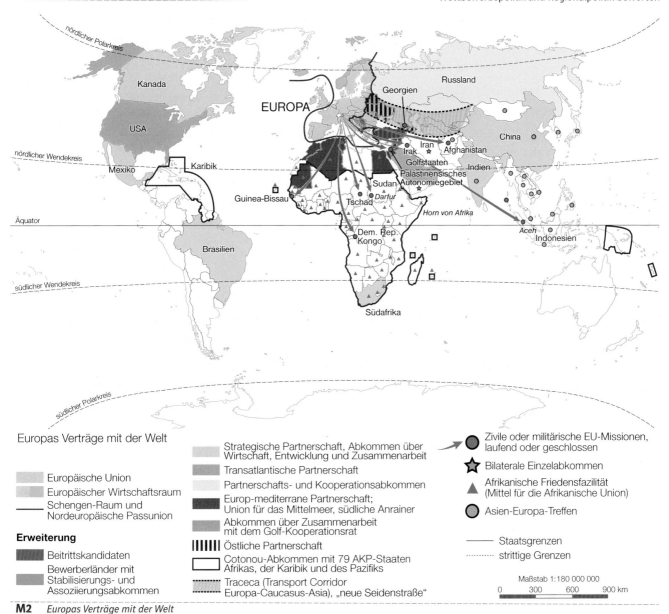

M2 *Europas Verträge mit der Welt*

Polen: NATO und EU müssen enger zusammenarbeiten

Polen pocht auf eine stärkere sicherheitspolitische Ausrichtung der EU. „Wir müssen die strategische Zusammenarbeit zwischen EU und NATO neu definieren", schrieb Außenminister Witold Waszczykowski in einem Gastbeitrag für die „Frankfurter Allgemeine Zeitung" vom Montag. Es fehle ein formaler Rahmen für die Kooperation der beiden Organisationen, das sei „eine Herausforderung für die Sicherheit in Europa".

Während die Sicherheit der EU sowohl in ihrer östlichen Nachbarschaft durch Russland als auch im Süden durch Staatszerfall und Fundamentalismus bedroht sei, könne man „nicht mit der Hand auf dem Herzen sagen, dass die EU über eine gemeinsame Außen- und Sicherheitspolitik verfügt, die diesen Namen verdient", schrieb Waszczykowski. Diese müsse als „Antwort auf die beispiellosen Veränderungen in der geopolitischen Lage der EU" verstärkt werden.

Das Sicherheitsgefühl der EU-Bürger in den Ländern, die an Russland grenzen, dürfe sich nicht von dem der Deutschen, Franzosen oder Belgier unterscheiden, forderte der Minister. (…) Der Konflikt in der Ukraine und die Annexion der ukrainischen Schwarzmeerhalbinsel Krim durch Russland hatten in mehreren osteuropäischen Staaten und in den Balten-Republiken die Sorge vor einer expansiven Außenpolitik Russlands verstärkt.

(http://www.kleinezeitung.at/s/politik/aussenpolitik/499140/Forderung_Polen_NATO-und-EU-mussen-engerzusammenarbeiten, 3.4.2016, abgerufen am 16.10.2016)

M3 *Polens Aufruf für eine verbesserte Zusammenarbeit zwischen NATO und EU*

---

1 Erläutern und analysieren Sie die Bedeutung der EU als [II] Global Player in wirtschaftlicher und politischer Hinsicht (M1, M2).

2 Nehmen Sie Stellung zum Text M3 und diskutieren [III] Sie über die Forderungen des ehemaligen polnischen Außenministers Witold Waszczykowski. Inwieweit stimmen Sie (nicht) zu?

CETA – Chance oder Risiko?

Kompetenzorientierte Lernziele

→ das Freihandelsabkommen CETA erklären

→ die Vor- und Nachteile des Abkommens diskutieren

CETA brachte Schub in EU-Kanada-Beziehungen *(Die Presse, 18. 7. 2019)*

CETA auf der Kippe
(Süddeutsche Zeitung, 16. 2. 2020)

CETA: ein schlechter Deal für Europa
(Die Zeit online, 14. 10. 2016)

M1 *Schlagzeilen zu CETA*

Was ist CETA?

CETA – hinter dieser Abkürzung versteckt sich das bislang fortschrittlichste Handelsabkommen der EU, das jedoch nicht unumstritten ist. CETA steht für „Comprehensive Economic and Trade Agreement" oder zu Deutsch „umfassendes Wirtschafts- und Handelsabkommen" und soll die Wirtschafts- und Handelsbeziehungen zwischen der EU und Kanada verstärken – für Waren, Dienstleistungen, Investitionen und öffentliche Aufträge. Obwohl die Wirtschaftsbeziehungen bereits vorher sehr eng waren, können durch diese Abkommen rund 98 % der Zölle abgebaut werden. Laut EU-Kommission können europäische Unternehmen dadurch mehr als 500 Mio. Euro jährlich einsparen.

CETA – ein Verhandlungsmarathon

Fünf Jahre lang, bis zum Sommer 2014, verhandelten die Europäische Kommission und die kanadische Regierung über CETA. Nach zum Teil mühsamen Verhandlungsrunden konnte schließlich anlässlich des EU-Kanada-Gipfels am 26. 9. 2014 der Abkommenstext der breiten Öffentlichkeit zur Verfügung gestellt werden. Während der Verhandlungen wurden die Details des Abkommens nämlich geheim gehalten. Im Oktober 2016 stimmten schließlich das Europaparlament, der Rat und die kanadische Regierung dem Abkommen zu. Seit 21. September 2017 wird CETA vorläufig angewendet. Damit das Abkommen auch in nationale Belange eingreifen kann, müssen die Parlamente der einzelnen Mitgliedstaaten über eine Annahme oder Ablehnung von CETA abstimmen.

Konkrete Inhalte

Das Abkommen ist etwa 1 600 Seiten lang und umfasst insgesamt 30 Kapitel. Zusammengefasst beinhaltet CETA die folgenden zentralen Bestimmungen:
- Abschaffung/Reduktion von Zöllen und Vereinheitlichung unterschiedlicher Standards
- verbesserte Zusammenarbeit bei nicht-tarifären Handelshemmnissen (Angleichung von Normen und Vorschriften)
- Zugang für europäische und kanadische Firmen zu öffentlichen Aufträgen sowie Dienstleistungen am jeweils anderen Markt
- erleichterte Investitionen durch das Prinzip der Nicht-Diskriminierung

- rechtliche Schutzbestimmungen für bestimmte europäische (auch österreichische) geographische Herkunftsbezeichnungen
- Schutz von geistigem Eigentum und neuen Technologien
- wechselseitige Anerkennung von Qualifikationen, beispielsweise bei Architektinnen, Wirtschaftsprüfern und Ingenieuren
- Erleichterungen für Fachkräfte, um in der jeweils anderen Region arbeiten zu können

Investitionsgerichtssystem – Schutz für Unternehmen

Ein äußerst umstrittener Punkt ist der geplante Schutz für Investorinnen und Investoren und Unternehmen, die im Ausland investieren. Falls Staaten nach Meinung der Unternehmen gegen Bestimmungen eines Investitionsabkommens verstoßen, sollen Rechtsstreitigkeiten nicht in den „Gastländern", sondern vor einem öffentlichen Investitionsgerichtshof ausgetragen werden können. Hintergrund ist, dass eine Investition ins Ausland immer mit einem gewissen Risiko verbunden ist. Beispielsweise besteht die Gefahr einer willkürlichen staatlichen Enteignung oder unfairer diskriminierender Entscheidungen, die ausländische Investorinnen und Investoren benachteiligen könnten. Allerdings haben in den letzten Jahrzehnten vor allem Großkonzerne sehr fragwürdige Klagen gegen Staaten erhoben, da sie sich als benachteiligt oder die Einhaltung eines Abkommens als verletzt ansahen.

Ein prominentes Beispiel ist die Klage des schwedischen Energiekonzerns Vattenfall gegen Deutschland nach dem Atomausstieg des Landes. Vattenfall verlangt mehrere Milliarden an Entschädigung. Da derartige Verfahren die öffentlichen Haushalte (va bei negativem Ausgang) schwer belasten, werden die nationalen Regierungen in Zukunft vermutlich genau überlegen, welche Gesetze sie erlassen. Um genau solche Fälle zu vermeiden, wird das Investitionsgerichtssystem von CETA öffentlich sein und mit professionellen und unabhängigen Richterinnen und Richtern (ernannt von der EU und Kanada) sowie transparent und mit einem strengen Verhaltenskodex arbeiten. Außerdem sollen die Gründe, aus denen eine Investorin oder ein Investor einen Staat verklagen kann, beschränkt und öffentliche Stellen davor geschützt werden, Rechtsvorschriften ändern oder Entschädigungen zahlen zu müssen.

Chancen

- Steigerung der Exporte nach Kanada
- Ankurbelung des Wirtschaftswachstums
- Schaffung neuer Arbeitsplätze
- niedrigere Verbraucherpreise / mehr Auswahl
- weniger Bürokratie / mehr Rechtssicherheit
- Förderung von Investitionen

CETA

Risiken

- Sonderklagerechte kanadischer Großkonzerne gegenüber EU-Staaten (Investorenschutz)
- Gefahr sinkender Standards in den Bereichen Soziales, Arbeitnehmerschutz, Umwelt, Gesundheit und Lebensmittelsicherheit
- steigende Umweltbelastung (zB durch Import von klimaschädlichem Schweröl aus Kanada)
- Einschränkung nationaler Kompetenzen
- Daseinsvorsorge nicht gesichert (öffentliche Dienstleistungen sind nicht eindeutig ausgenommen)
- Bedrohung des Vorsorgeprinzips (Produkte sind in der EU nur erlaubt, wenn sie für Mensch und Umwelt nachweislich unschädlich sind)

M2 *Was bringt uns CETA?*

Zwei Seiten einer Medaille

Bezüglich der Vor- und Nachteile von CETA herrscht sowohl unter Expertinnen und Experten als auch in der Bevölkerung geteilte Meinung. Zahlreiche Studien bescheinigen dem geplanten Abkommen sowohl Chancen als auch Risiken. M2 zeigt eine Gegenüberstellung der am häufigsten genannten Argumente aus Sicht der EU.

Ausblick und weitere geplante Abkommen der EU

Mit Stand Anfang 2020 haben erst 13 EU-Staaten (darunter auch Österreich) CETA unterzeichnet. Wann die restlichen Staaten folgen werden, ist nicht abzusehen. Da Handelsabkommen ihre volle Wirkung nicht mit ihrem Abschluss, sondern in der Regel erst bis zu zehn Jahre nach ihrer vollständigen Umsetzung entfalten, wird es also noch einige Jahre dauern, bis CETA den gesetzten Erwartungen gerecht werden kann. Die EU verfügt schon jetzt über das weitreichendste Netz an Handelsabkommen weltweit. Aus diesem fallen nur noch wenige gewichtige Handelspartner heraus, beispielsweise die USA. Von 2014 bis 2016 wurde intensiv an dem heftig umstrittenen Freihandelsabkommen TTIP (Transatlantische Handels- und Investitionspartnerschaft)

zwischen der EU und den USA gearbeitet. Nach der Wahl Donald Trumps zum US-Präsidenten im Jahr 2016 war das Abkommen jedoch schnell vom Tisch. Seither gelingt es den beiden Handelspartnern nur mühsam und in einzelnen Themenbereichen, zu einer Einigung zu finden. Ein umfassendes Abkommen, wie vor einigen Jahren anvisiert, ist dadurch in weite Ferne gerückt.

M3 *EU stimmt CETA zu*

1 Erklären Sie, was sich hinter der Abkürzung CETA [II] verbirgt.

....

....

....

2 Beschreiben Sie kurz die geplanten Inhalte von CETA. [I]

3 Betrachten Sie die Karikatur. Was will der Zeichner [III] damit vermutlich aussagen?

4 Wie stehen Sie zu CETA? Diskutieren Sie mit Ihrer Sitz- [II] nachbarin bzw. Ihrem Sitznachbarn über diese Frage und beziehen Sie dabei die genannten Argumente mit ein. Bei Bedarf können Sie weitere Fakten recherchieren.

5 Informieren Sie sich, wie viele und welche EU-Staaten [II] CETA mittlerweile ratifiziert haben.

....

....

....

Wettbewerbspolitik und Regionalpolitik bewerten

Basiskonzepte

- **Interessen, Konflikte und Macht**
  S. 82, S. 83, S. 84, S. 85, S. 86, S. 87, S. 88, S. 89, S. 90, S. 91, S. 92, S. 93, S. 94, S. 95, S. 100, S. 101, S. 102, S. 103, S. 104, S. 105, S. 106, S. 107, S. 108, S. 109, S. 110, S. 111, S. 112, S. 113, S. 116, S. 117, S. 118, S. 119

- **Märkte, Regulierung und Deregulierung**
  S. 86, S. 87, S. 90, S. 91, S. 92, S. 93, S. 94, S. 95, S. 98, S. 99, S. 100, S. 101, S. 102, S. 103, S. 104, S. 105, S. 106, S. 107, S. 108, S. 109, S. 110, S. 111, S. 112, S. 113, S. 118, S. 119

- **Wachstum und Krise**
  S. 82, S. 83, S. 88, S. 89, S. 90, S. 91, S. 94, S. 95, S. 106, S. 107, S. 108, S. 109, S. 110, S. 111, S. 114, S. 115

- **Kontingenz**
  S. 82, S. 83, S. 86, S. 87, S. 90, S. 91, S. 106, S. 107, S. 116, S. 117

- **Arbeit, Produktion und Konsum**
  S. 88, S. 89, S. 90, S. 91, S. 92, S. 93, S. 94, S. 95, S. 96, S. 97, S. 102, S. 103, S. 104, S. 105, S. 114, S. 115

- **Maßstäblichkeit**
  S. 94, S. 95, S. 98, S. 99, S. 112, S. 113, S. 114, S. 115

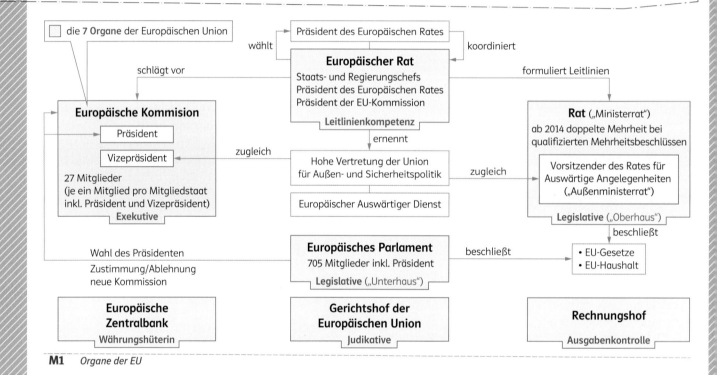

M1 *Organe der EU*

M2 *Zusammenarbeit auf europäischer Ebene*

1 Benennen Sie die Organe der Europäischen Union und [II] erläutern Sie möglichst detailliert deren Befugnisse.

2 Stellen Sie einige Politikfelder der EU dar. [II]

Maturaaufgabe

Die EU als Global Player

Die Europäische Union ist seit ihrem Bestehen in politischer und wirtschaftlicher Hinsicht zu einer globalen Macht aufgestiegen. Sie ist stärker als jeder andere Wirtschaftsraum mit der globalen Ökonomie verflochten. In der Weltwirtschaft spielt die EU eine bedeutende Rolle.

1 Arbeiten Sie aus den Materialien die Rolle der Europäi-
[I] schen Union in der Weltwirtschaft heraus.

2 Vergleichen Sie anhand von M1 und M2 die Europäische
[II] Union mit anderen Wirtschaftsmächten.

3 Stellen Sie anhand von M4 die Positionierung der Euro-
[II] päischen Union und der USA in der Weltwirtschaft dar.
Erklären Sie die angeführten Wirtschaftsfaktoren.

4 Erörtern Sie mögliche Einflüsse, die die bedeutende
[III] Rolle der Europäischen Union in der Weltwirtschaft
gefährden könnten.

Anteil der EU an der Weltwirtschaft (Angaben wenn nicht anders angegeben in Prozent)				
	EU	**USA**	**Japan**	**China**
Bevölkerung in Mio (2019)	513,5	328,2	126,19	1400,17
Bevölkerung (Anteil)	8	5	2	20
BIP in KKP	31	27	9	10
Importe von Gütern und Dienstleistungen	35	14	4	8
Exporte von Gütern und Dienstleistungen	39	12	4	10

M1 *Die EU im Vergleich mit anderen Wirtschaftsräumen (Quellen: Bevölkerung: de.statista.com; Wirtschaftsdaten: https://www.ecb.europa.eu/ecb/tasks/international/globaleconomy/ html/index.de.html, abgerufen am 3.6.2020)*

Die zentrale Position der EU

Die EU ist die größte Volkswirtschaft der Welt. Dank einem BIP von etwa 15 Billionen EUR und der Offenheit des europäischen Marktes, dessen Aus- und Einfuhren von Waren und Dienstleistungen sich auf 2791 Mrd. EUR (Ausfuhren) und 2578 Mrd. EUR (Einfuhren) belaufen, hat die EU bei der Gestaltung des Welthandelssystems eine zentrale Rolle gespielt.
(https://www.europarl.europa.eu/ factsheets/de/sheet/160/die-europaische-union-und-ihre-handelspartner, abgerufen am 3.6.2020)

M2 *Das Europaparlament über die Wirtschaft der EU*

Anteil der Wirtschaftssektoren am BIP 2018 (Angaben in Prozent)			
	LW	**I**	**DL**
EU	1,44	22,54	76,02
USA	1,01	18,88	77,02
Japan	1,19	29,14	69,12
China	7,19	40,65	52,16
Russland	3,15	32,07	54,12
Indien	14,46	36,53	49,01

M3 *Wirtschaftssektoren im Vergleich; LW = Landwirtschaft, I = Industrie, DL = Dienstleistungen (Quelle: de. statista.com, abgerufen am 3.6 2020)*

BIP/Kopf 2019
(in EUR, KKP)

55 135 USA
31 831 EU

Inflationsrate 2018
(in % im Vergleich zum Vorjahr)
2,4
1,9

Abgabenquote 2018
(in % des BIP)
25,0
40,3

Sozialquote 2016
(in % des BIP)
19,2
28,6

BIP 2018
(in Mrd. EUR)
19 141
15 898

Wirtschaftswachstum 2019
(in % im Vergleich zum Vorjahr)
2,3
1,4

Pro-Kopf-Exporte 2015
(Warenexporte in EUR je Einwohner)
4 200
9 600

Pro-Kopf-Importe 2015
(Warenimporte in EUR je Einwohner)
6 300
9 300

Leistungsbilanzsaldo 2016
(in % des BIP)
–2,8
2,2

Öffentliches Defizit 2018
(in % des BIP)
–6,6
–0,7

Öffentliche Verschuldung 2018
(in Mrd. EUR)
108,6
81,9

M4 *Vergleich USA und EU in der Wirtschaft (Quelle: http://wko.at/statistik/eu/wp-eu28.pdf, http://wko.at/statistik/eu/wp-usa.pdf, abgerufen am 3.6.2020)*

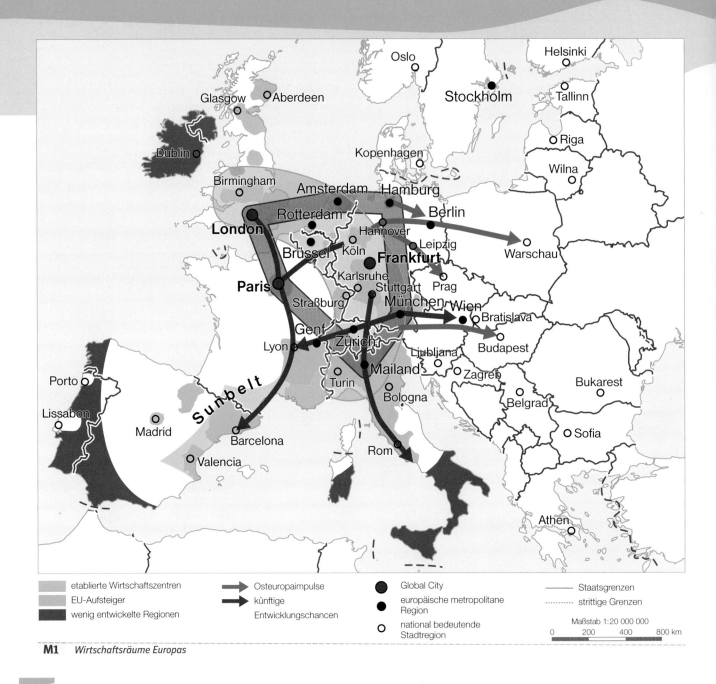

M1 *Wirtschaftsräume Europas*

Legende:
- etablierte Wirtschaftszentren
- EU-Aufsteiger
- wenig entwickelte Regionen
- → Osteuropaimpulse
- → künftige Entwicklungschancen
- ● Global City
- ● europäische metropolitane Region
- ○ national bedeutende Stadtregion
- —— Staatsgrenzen
- ·········· strittige Grenzen

Maßstab 1:20 000 000
0   200   400   800 km

Zentren und Peripherie in Europa

Kompetenzorientierte Lernziele

→ Veränderungen in der Wirtschaft nach dem Beitritt zur Europäischen Union aufzeigen

→ Entwicklungsunterschiede zwischen Regionen erkennen

→ das Zentrum-Peripherie-Modell kritisch hinterfragen

Das Zentrum-Peripherie-Modell

Das Modell beschreibt die Abhängigkeitsbeziehungen zwischen Zentren und Peripherien auf unterschiedlichen Maßstabsebenen und in unterschiedlichen Bereichen. So bestehen diese Abhängigkeiten auf staatlicher Ebene zwischen Städten (= Zentren) und benachbarten ländlichen Regionen. Im europäischen Kontext bestehen große Disparitäten zwischen unterschiedlichen Regionen. Auf internationaler Ebene werden die industrialisierten Nationen der Nordhalbkugel als Zentrum, weniger entwickelte Regionen vor allem auf der Südhalbkugel als Peripherie beschrieben. Die Wirtschaftstheorie spricht von fundamentalen Unterschieden zwischen Zentrum und Peripherie. Demnach verläuft die Entwicklung in den Zentren und in den Peripherien ungleichmäßig. Das Zentrum ist wirtschaftlich aktiver und ein weiter entwickelter Raum. Es gilt im Gegensatz zur Peripherie als innovativ und fortschrittlich.

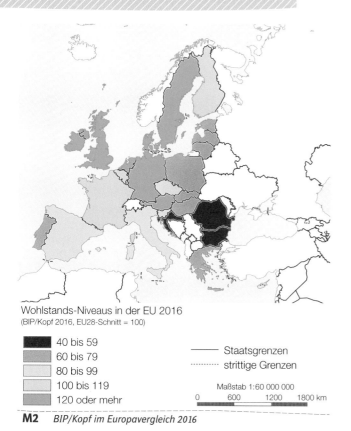

Wohlstands-Niveaus in der EU 2016
(BIP/Kopf 2016, EU28-Schnitt = 100)

- 40 bis 59
- 60 bis 79
- 80 bis 99
- 100 bis 119
- 120 oder mehr

—— Staatsgrenzen
·········· strittige Grenzen

Maßstab 1:60 000 000
0   600   1200   1800 km

M2 *BIP/Kopf im Europavergleich 2016*

M3 *Wachstumszentren in Europa*

Modelle der europäischen Raumstruktur

In Europa bildet die „blaue Banane" (M1) das Zentrum der Wirtschaft und erstreckt sich von Birmingham über London, Brüssel, die Randstad, das Ruhrgebiet, die Rheinachse, Basel und Zürich bis nach Mailand, Turin und Florenz. In diesen Regionen tragen vor allem der sekundäre und tertiäre Wirtschaftssektor zur starken Entwicklung bei. Weitere wirtschaftliche Kernräume sind die „gelbe Banane", die sich von Paris über Brüssel, Amsterdam bis Hamburg und Berlin erstreckt, und der „Sunbelt", der etwa den Technologiepark

Sophia Antipolis bei Nizza oder die Stadt Barcelona umfasst. Das „Pentagon" bilden die Städte London, Hamburg, München, Mailand und Paris.

Die Peripherieregionen in Europa bezeichnen, an EU-Standards gemessen, wirtschaftlich ärmere Gebiete von Portugal über Sardinien, Süditalien bis Griechenland und den europäischen Teil der Türkei sowie weitere Länder wie Bulgarien und Rumänien. Schwache Kaufkraft und ein geringes Bruttoinlandsprodukt prägen diese Regionen (M2).

Ärmere Euro-Länder verpassen den Anschluss bei Wirtschaftskraft und Wohlstand

Zwischen Rom und Brüssel tobt ein Streit über die Haushaltspolitik. Rom will die Sparzügel lockern, damit die notorisch lahmende Wirtschaft besser in Gang kommt. Brüssel beharrt auf Zusagen der vorherigen Regierung, einen nahezu ausgeglichenen Haushalt vorzulegen. Es ist nicht der erste Streit dieser Art.

Das tiefere Problem dahinter ist eine Hoffnung, die sich nicht erfüllt hat: dass sich die Wirtschaftsstrukturen und Wohlstandsniveaus der Mitglieder der Währungsunion annähern würden. Die ärmeren Länder sollten aufholen.

Während die deutsche Volkswirtschaft seit Beginn der Währungsunion 1999 bis 2017 um 27 Prozent und die österreichische sogar um 33 Prozent gewachsen ist, waren es in Italien nur sechs Prozent und in Portugal zwölf Prozent. In Griechenland lag das Bruttoinlandsprodukt 2017 inflationsbereinigt auf dem gleichen Niveau wie 19 Jahre vorher.

(https://www.handelsblatt.com/politik/international/ waehrungsunion-aermere-euro-laender-verpassen-den-anschluss, 18.11.2018, Peter Häring, abgerufen am 24.4.2020)

M4 *Europas südliche Peripherie*

---

1 Beschreiben Sie die Lage von blauer und gelber Banane. Analysieren Sie die Karte. Überlegen Sie, ob es einen Zusammenhang zwischen dem Zeitpunkt zum Beitritt zur EU und zum Stand der wirtschaftlichen Entwicklung geben könnte.
[II]

2 Nennen Sie mögliche Ursachen für die geringe wirtschaftliche Entwicklung der peripheren Regionen in Süd- und Südosteuropa.
[I]

3 Nehmen Sie kritisch Stellung zum Zentrum-Peripherie-Modell.
[III]

4 Vergleichen Sie die Karten M1 und M3. Welche Gemeinsamkeiten, welche Unterschiede fallen Ihnen auf?
[II]

5 Recherchieren Sie die aktuelle wirtschaftliche Lage in Spanien, Portugal und Griechenland.
[II]

Zentren der Macht

Oft liest man in den Medien von der „Supermacht USA", ja sogar von der „Weltmacht". Darüber hinaus gibt es aber auch die Begriffe „Wirtschaftsmacht", „Atommacht" oder „Militärmacht". Aber was ist damit gemeint? In welchen Fällen spricht man davon, dass ein Land oder eine Stadt „Macht hat"?

Wie misst man die Macht von Staaten?

Macht hat immer mit Einfluss, Gestaltungsmöglichkeiten und Abhängigkeiten zu tun. Kann ein Land ein anderes Land (oder mehrere) beeinflussen oder von sich abhängig machen, spricht man im Allgemeinen von Macht. Trotzdem ist die Beurteilung der „Macht" von Staaten subjektiv und von vielen Faktoren abhängig, weswegen es verschiedene Ansätze gibt, „Macht" zu erfassen. Ein Ansatz zur Beurteilung von Macht ist der **National Power Index (NPI)**, der aus fünf Faktoren mit wiederum jeweils mehreren Unterpunkten besteht (M4). Tatsächlich liegen die USA, die häufig als „Supermacht" bezeichnet werden, in allen fünf Kategorien unter den Top 5 der Welt. Wenn von der Macht von Staaten die Rede ist, muss immer bedacht werden, dass auch die Menschen – meist die Führungseliten – in einem Staat eine Rolle bei der Einschätzung der Macht spielen.

Mächtige Staaten und Städte in Europa

M3 zeigt den NPI für die Staaten Europas. Städte als „Zentren der Macht" können aus verschiedenen Gründen große Bedeutung und enormen Einfluss haben:

a) **Wirtschaftlich-technologische Macht**
 - Ist eine Stadt Sitz einer Börse mit hohem Handelsvolumen, ist sie ein wichtiger **Finanzplatz**. London, Zürich und Frankfurt zählen zu solchen Städten.
 - Ist eine Stadt Sitz von großen Unternehmen und internationalen Konzernen, bedeutet das viele Arbeitsplätze und damit Belebung der Wirtschaft.
 - Große Flughäfen bedeuten eine gute Verkehrsinfrastruktur und viele internationale Ankünfte. London, Paris und Frankfurt verfügen über die größten Flughäfen Europas.
 - Internationale Forschungszentren stehen für die Entwicklung von Innovationen. Dazu zählen etwa das Forschungszentrum CERN bei Genf oder die ESA in Paris.

b) **Militärische Macht**
 - Sitz einer Militärorganisation (zB Brüssel als Sitz der NATO)
 - Hauptstadt einer Atommacht (zB Paris)

c) **Politisch-diplomatische Macht**
 - Ist eine Stadt Sitz internationaler Organisationen, ist sie im Zentrum des politischen Interesses. Dazu zählen Brüssel als Sitz der EU-Kommission, Genf als UNO-Sitz sowie auch Wien (ebenfalls Sitz der UNO und der OPEC).
 - Hauptstadt einer Großmacht (zB London)

M1　*Die City of London, der wichtigste Finanzplatz Europas*

Städte mit großem Einfluss liegen oft auch in mächtigen Staaten. Doch es gibt zahlreiche Ausnahmen. Das CERN ist eine weltweit bedeutende Organisation für Nuklearforschung und liegt im unbekannten Ort Meyrin im Kanton Genf in der Schweiz.

M2　*Das Forschungszentrum CERN*

Auch die Stadt Genf selbst wird nicht unmittelbar mit „Macht" verbunden, doch sie ist Sitz vieler internationaler Organisationen und nach Zürich der zweitwichtigste Finanzplatz der Schweiz.

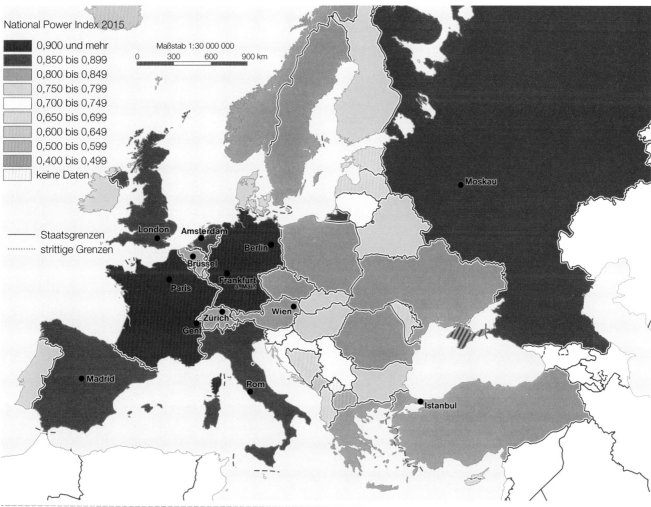

National Power Index 2015

■	0,900 und mehr
■	0,850 bis 0,899
■	0,800 bis 0,849
▨	0,750 bis 0,799
□	0,700 bis 0,749
▨	0,650 bis 0,699
▨	0,600 bis 0,649
▨	0,500 bis 0,599
▨	0,400 bis 0,499
▨	keine Daten

Maßstab 1:30 000 000
0   300   600   900 km

—— Staatsgrenzen
········· strittige Grenzen

M3 *National Power Index 2015*

Economy Index:	Military Index:	Diplomacy Index:	Technology Index:	Popularity Index:
Economic security and power (35 %) • GDP • Current account balance • Public finances • Number of Global 500 corporations	Military security and power (35 %) • Nuclear protection • Manpower fit for military service • Military expenditures • Military power projection	Diplomatic influence (10 %) • Size of diplomatic net-work • UN membership • Permanent UN Security Council membership	Technological power (10 %) • Number of patents and industrial designs	Popularity and influence across the world (10 %) • Official development aid • BBC Attitudes towards Countries poll
1. China 2. USA 3. Germany 4. Japan 5. France	1. USA 2. France 3. UK 4. China 5. Russia	1. USA 2. China 3. France 4. Russia 5. UK	1. USA 2. Japan 3. France 4. South Korea 5. Germany	1. Germany 2. UK 3. France 4. Japan 5. USA

M4 *Die Bestimmungsfaktoren des National Power Index und die fünf Staaten mit den höchsten Werten*

1 Erläutern Sie, welche fünf Faktoren zur Beurteilung der
[II] Macht von Staaten herangezogen werden. Welche der Kriterien für diese fünf Faktoren lassen sich eindeutig messen, welche nicht?

2 Befragen Sie Familienmitglieder und Bekannte, welche
[II] Länder sie aus welchen Gründen als „mächtig" ansehen. Vergleichen Sie Ihre Ergebnisse mit den relevanten Kriterien und „mächtigsten" Ländern im NPI. Welche (ergänzenden) Informationen finden Sie im CIA Factbook (im Internet) zu diesen Ländern?

3 Recherchieren Sie im Internet, auf welchen Rängen
[II] Österreich in den fünf Kategorien des NPI liegt. Finden Sie heraus, wie das CIA Factbook den österreichischen Staat beschreibt.

4 Bewerten Sie unter Verwendung von M3 und M4 die
[III] Aussage: „Die Bevölkerungszahl von Städten ist für die Macht nicht ausschlaggebend."

5 Beurteilen Sie, welche der angegebenen Indices (M4)
[III] für Sie auf der Basis des Textes am ehesten plausibel erscheinen.

Veränderungen durch den EU-Beitritt

Kompetenzorientierte Lernziele

→ anhand ausgewählter Beispiele die Veränderungen in Raum, Wirtschaft und Gesellschaft nach einem Beitritt zur Europäischen Union aufzeigen

→ Vor- und Nachteile einer EU-Mitgliedschaft bewerten

Der Weg in die EU: das Beitrittsverfahren

Laut Artikel 49 des EU-Vertrages steht der Beitritt zur EU prinzipiell jedem europäischen Staat offen, sofern dieser bestimmte Voraussetzungen erfüllt. Dazu zählen die Achtung und die Förderung der im EU-Vertrag genannten Grundwerte, nämlich die der Menschenwürde, Freiheit, Demokratie, Gleichheit und Rechtsstaatlichkeit. Voraussetzung ist auch die Wahrung der Menschenrechte sowie der Rechte von Minderheiten. Ebenso gehören eine funktionierende Marktwirtschaft, eine stabile Demokratie und eine rechtsstaatliche Ordnung zu den Aufnahmekriterien.

Ein beitrittswilliger Staat muss beim Europäischen Rat einen Beitrittsantrag stellen. Der Rat kann dem Staat mit Zustimmung der Europäischen Kommission und des Europäischen Parlaments den Status eines Beitrittskandidaten verleihen. Nun können Beitrittsverhandlungen aufgenommen werden. Seitens der EU werden die Verhandlungen von der Kommission geführt. Auf Beitrittskonferenzen werden 35 Politikfelder, so genannte Verhandlungskapitel, ausgehandelt. Während der Verhandlungen prüft die Kommission in regelmäßigen Abständen, welche Reformen zur Angleichung noch notwendig sind. Werden EU-Grundwerte schwerwiegend verletzt, können die Verhandlungen jederzeit ausgesetzt werden. Sind alle Verhandlungskapitel abgeschlossen, wird ein Beitrittsvertrag ausgearbeitet, dem die Kommission, der Rat (einstimmig) und das Europäische Parlament (mit absoluter Mehrheit) zustimmen müssen. Danach kann der Vertrag unterzeichnet werden. Im Ratifizierungsprozess muss der Beitrittsvertrag vom Beitrittskandidaten und allen EU-Mitgliedstaaten unterzeichnet werden. In einigen Staaten, zB Frankreich, ist dafür eine Volksabstimmung vorgesehen, in anderen Staaten erfolgt die Ratifizierung durch einen Parlamentsbeschluss. Erst nach Abschluss der Ratifizierung in allen Mitgliedstaaten kann die Vollmitgliedschaft des Beitrittslandes in Kraft treten. Die Dauer des Beitrittsverfahrens ist von Land zu Land unterschiedlich.

Vorteile eines EU-Beitritts

Ein EU-Beitritt ermöglicht eine engere politische Zusammenarbeit der Staaten und erleichtert das Verfolgen gemeinsamer Ziele. Ärmere Mitgliedsländer erhalten im Rahmen von EU-Förderungen finanzielle Unterstützung, reichere Länder profitieren vom Verkauf zollfrei gehandelter Produkte in andere EU-Staaten. Ein EU-Beitritt bedeutet für ärmere Staaten mehr Wohlstand, mehr Arbeitsplätze, einen höheren Lebensstandard und mehr gesetzlichen Schutz. Der Handel profitiert, die Wirtschaft wächst. Dadurch lukriert der Staat mehr Steuern. Auch in ärmeren Ländern gelten EU-Standards zB zum Klima- und Umweltschutz.

Nachteile eines EU-Beitritts

Reichere Staaten befürchten, dass ihr Wohlstand durch ärmere Mitgliedsländer, die EU-Fördermittel erhalten, gefährdet ist. Zudem befürchten Bürgerinnen und Bürger wohlhabenderer Staaten die Zuwanderung aus den ärmeren Ländern, die Inanspruchnahme von Sozialleistungen und Konkurrenz auf dem Arbeitsmarkt. Immer wieder werden von der EU Gesetze verabschiedet, die von den Bürgerinnen und Bürgern in den Mitgliedstaaten mehrheitlich abgelehnt werden, zB der Anbau und Verkauf von gentechnisch behandeltem Obst und Gemüse. Die EU hat die Aussaat von Gensaatgut für zulässig erklärt. Ärmere Länder fürchten einen Preisanstieg, höhere Steuern und Nachteile für die Landwirtschaft. Zahlreiche Kleinunternehmerinnen und -unternehmer fürchten um ihre Existenz, da große Konzerne enormen Einfluss in der EU ausüben. Eine Angleichung der EU-Länder auf ein einheitliches Wohlstandsniveau wird durch billige Arbeitskräfte, die in die reicheren Länder wandern, unmöglich gemacht. Die Abwanderung von Betrieben in kostengünstigere Mitgliedstaaten, zB in die mittel- und osteuropäischen Länder, erhöht die Arbeitslosigkeit in den kostenintensiveren Ländern. Von der Flüchtlingsproblematik und von illegaler Einwanderung sind die Länder an den Außengrenzen der EU, in der Regel die ärmeren Länder, deutlich stärker betroffen als die Länder im Zentrum.

25 Jahre EU-Beitritt:
„Mitten im Herzen Europas gelandet"

Dabei sieht die Bilanz durchaus positiv aus: Laut „Wirtschaftsforschungsinstitut" (Wifo) sind vor allem die Exportsteigerungen Österreichs um die Hälfte höher ausgefallen als ohne EU-Mitgliedschaft. Insgesamt haben sich die Exporte Österreichs schon in den ersten zehn Jahren in der EU vervierfacht.

Der EU-Beitritt brachte Österreich bisher knapp 500 000 neue Jobs. Durch billigere Importe – hauptsächlich wegen des Wegfalls von Zöllen – liegt auch das Preisniveau um 2,4 Prozent niedriger.

Ein großer Wachstums-Effekt für Österreich war die 2004 erfolgte Osterweiterung. „Österreich konnte seine geografische Lage zu seinem Vorteil nutzen und somit zu einem der großen ökonomischen Gewinner der EU-Osterweiterung werden", hält das Wifo in seiner Bewertung fest. Die heimischen Unternehmen hätten sehr früh die Marktpotenziale in Osteuropa erkannt.

Österreich stieg – nach Luxemburg und Irland – beim BIP pro Kopf zum drittreichsten Land in der EU auf.
(https://www.profil.at/oesterreich/eu-beitritt-bilanz-11288768, 30. 12. 2019, Otmar Lahodynsky, abgerufen am 30. 4. 2020)

M1 *Österreich und die EU*

Beitrittsland Türkei – Chancen und Risken für die EU bzw. die Türkei

Bereits 1963 wurde ein Assoziierungsabkommen (Ankara-Abkommen) mit der Türkei geschlossen, in dem die Beitrittsperspektive festgelegt wurde. Seit 1995 besteht eine Zollunion mit der EU, 1999 erhielt die Türkei den Status eines Beitrittskandidaten, 2005 wurden die Beitrittsverhandlungen offiziell aufgenommen.

Der Beitritt bleibt jedoch ungewiss. Zum einen erkennt die Türkei das EU-Mitglied Zypern nicht als Staat an. Zypern besitzt wie jedes andere EU-Land ein Veto-Recht und kann somit einen möglichen Beitritt boykottieren. Zum anderen finden immer wieder massive Menschenrechtsverletzungen und Verstöße gegen die Meinungsfreiheit, im Speziellen die Pressefreiheit sowie die Religions- und Versammlungsfreiheit, statt.

Obwohl alle Mitgliedstaaten der EU dem bisherigen Beitrittsprozess zugestimmt haben, lehnt ein großer Teil sowohl der EU-Bürgerinnen und -Bürger als auch der Bürgerinnen und Bürger der Türkei den Beitritt ab! Der Weg zu einer eventuellen Vollmitgliedschaft wird sehr lang und mühsam sein – und in erster Linie davon abhängen, ob beide Partner bereit dazu sind.

M2 Der türkische Ministerpräsident Ahmet Davutoglu mit dem EU-Ratspräsidenten Donald Tusk und dem Kommissionspräsidenten Jean-Claude Juncker beim EU-Gipfel am 18.3.2016 in Brüssel, bei dem ein Pakt zwischen EU und Türkei zur Bewältigung der Flüchtlingskrise beschlossen wurde

Wer hat den Flüchtlingsdeal gebrochen?

Vor fast exakt vier Jahren, am 18. März 2016, präsentierte Angela Merkel nach langen Verhandlungen stolz den EU-Türkei-Flüchtlingsdeal: „Und zwar mit allen 28 Mitgliedstaaten zusammen – gemeinsam auch mit der Türkei – im Geist einer breiten und auch wirklich wichtigen Partnerschaft."

So wichtig wie in diesem Moment war die Türkei noch nie für Europa. Und der ehemalige türkische Ministerpräsident Ahmet Davutoglu unterstrich damals besonders die „humanitäre Dimension" der Vereinbarung.

Heute, vier Jahre später, stehen Tausende Flüchtlinge an der türkisch-griechischen Grenze und versuchen, einen Weg in die Europäische Union zu finden. Die Türkei sieht sich offensichtlich nicht mehr an das Abkommen gebunden – auch wenn bislang niemand von Seiten der Türkei

offiziell eine Beendigung oder Kündigung ausgesprochen hat. Diplomaten der EU betonen deshalb gebetsmühlenartig, dass sie nach wie vor davon ausgehen, dass die Türkei sich ebenso an die Vereinbarung hält wie die EU. Neben dem EU-Ratspräsidenten Charles Michel versuchte jetzt auch der EU-Außenbeauftragte Josep Borell die türkische Regierung aufzufordern, ihren Verpflichtungen nachzukommen – ohne Erfolg.

Wenn auch nicht in offiziellen Statements, so werden doch etwa über den Nachrichtendienst Twitter immer wieder Vorwürfe gestreut, die EU halte sich nicht an die Vereinbarungen, besonders häufig vom türkischen Außenminister Mevlüt Cavusoglu.

(https://www.tagesschau.de/faktenfinder/eu-tuerkei-fluechtlingsabkommen-109.html, 5.3.2020, Gudrun Engel, abgerufen am 5.5.2020)

M3 Flüchtlingsabkommen EU – Türkei

---

1 Stellen Sie das EU-Beitrittsverfahren in geeigneter Form
[Ⅰ] grafisch dar.

2 Unter dem Internet-Link https://oegfe.at/2020/02/19_
[Ⅰ] parlament_25jahre_eu/ finden Sie die Festschrift zu „25 Jahre Österreich in der Europäischen Union". Arbeiten Sie die Kernaussagen heraus. Vergleichen Sie Ihre Ergebnisse in der Klasse.

3 Bewerten Sie je zwei Vor- und Nachteile einer EU-Mit-
[Ⅲ] gliedschaft.

4 Bewerten Sie die Informationen zu einem Türkei-Bei-
[Ⅲ] tritt und zum EU-Abkommen mit der Türkei (M3) und versuchen Sie auch eine geopolitische Einschätzung.

Estland

Kompetenzorientiertes Lernziel

→ anhand ausgewählter Beispiele die Veränderungen in Raum, Wirtschaft und Gesellschaft nach einem Beitritt zur Europäischen Union aufzeigen

Estland im Focus

Die Republik Estland hat eine Fläche von 45 227 km² und ca. 1 450 km Grenzen, davon über 600 km auf dem Festland.

Die Entfernungen von der Hauptstadt Tallinn: nach Helsinki 85 km, nach Riga: 310 km, nach St. Petersburg 350 km und nach Stockholm 375 km.

Es gibt 1521 Inseln, außerdem ist Estland das „Land der tausend Seen". Etwa die Hälfte des Landes ist mit Wald bedeckt, die höchste Erhebung hat 318 m.

Die Durchschnittstemperatur im Winter liegt bei ca. –2 °C, im Sommer bei 19,4 °C.

Gesamteinwohnerzahl: 1,32 Millionen, 29 Einwohner pro km².

Die Stadtbevölkerung (2014) betrug 67,7 %, die Landbevölkerung 32,3 %.

Der Anteil der Esten an der Bevölkerung beträgt rund 69 %, der der Russen 26 %, die Ukrainer machen 2 % aus, die Belarussen 1 % und die Finnen 1 %.

Die Hauptstadt ist Tallinn mit 400 000 Einwohnern bzw. 29,7 % der Gesamtbevölkerung. Zu den weiteren größeren Städten zählen Tartu, Narva, Kohtla-Järve und Pärnu.

Die Amtssprache ist Estnisch. Auch Finnisch, Englisch Russisch und Deutsch werden gesprochen und verstanden.

Estland wurde 1940 zusammen mit Lettland und Litauen von der Sowjetunion annektiert und erlangte 1990 die Unabhängigkeit. Seit 1.5.2004 ist Estland Mitgliedsland der EU, seit dem 1.1.2011 Mitglied der Eurozone.

Wirtschaft und Finanzen	Einheit	2000	2005	2010	2015	2019
BIP laufende Preise	Mrd. USD	5,7	14,0	19,5	23,1	31,0
BIP je Einwohner laufende Preise	USD	4 159	10 407	14 582	23 330	23 524
BIP je Einwohner in KKP	USD	9 709	16 557	21 085	29 397	36 283
Veränderungen des realen BIP	% zum Vorjahr	10,6	9,4	2,5	1,8	4,3
Staatsverschuldung	% des BIP	5,1	4,5	6,5	9,8	8,2
Inflationsrate	% zum Vorjahr	4,0	4,1	2,7	0,1	2,3
Bruttowertschöpfung Primärer Sektor	% des BIP	4,8	3,5	3,2	2,8	2,7
Bruttowertschöpfung Sekundärer Sektor	% des BIP	27,8	29,8	28,0	23,7	24,1
Bruttowertschöpfung Tertiärer Sektor	% des BIP	67,4	66,7	68,8	60,3	60,2
Arbeitsmarkt						
Erwerbspersonen 15+ Jahre	1000	672	676	694	686	699
Anteil Frauen an Erwerbspersonen	%	48,2	49,3	49,7	48,7	48,1
Erwerbstätigenquote 15+ Jahre	% der Gesamtbevölkerung	50,8	54,1	51,0	58,3	60,3
Selbstständigenquote 15+ Jahre	% der Erwerbstätigen	8,1	7,9	8,5	9,4	10,6
Arbeitslosenquote 15+ Jahre	% Erwerbspersonen 15–64 J.	13,1	7,9	16,9	6,2	5,1
Jugendarbeitslosenquote	% Erwerbspersonen 15–24 J.	23,6	15,8	33,3	13,1	12,6

M1 *Strukturdaten Estland*

Estland in der Europäischen Union

Für Estland ist die Mitgliedschaft ein Faktor, der dazu beiträgt, das wirtschaftliche und politische Ansehen Estlands zu vergrößern. Deshalb liegt eine starke und handlungsfähige Union, die politisches Gewicht hat und auf globaler Ebene wettbewerbsfähig agiert, im Interesse Estlands. Aus der Sicht Estlands ist die Wiedervereinigung mit Europa in jeder Hinsicht erfolgreich verlaufen. Stolz ist man, dass Estland seit dem 1.1.2011 die Gemeinschaftswährung Euro besitzt, dass 2010 beschlossen wurde, die neue Agentur für das Betriebssystem von IT-Großsystemen im Bereich Freiheit, Sicherheit und Recht in Tallinn zu errichten, aus estnischer Sicht ein wesentlicher Schritt auf dem Weg zu mehr Integration innerhalb der EU. Estland sieht in der Erweiterungspolitik eine Chance für Staaten, die mit ihnen die gleichen Werte teilen wollen.

„Wir gehören zu Estland"

Steht die große russische Minderheit loyal zu Estland? In der estnischen Armee dienen viele russische Muttersprachler. Was tun für ein gute Integration? „Für Soldaten mit Sprachproblemen bieten wir Kurse an, darüber hinaus ist immer jemand zur Stelle, der zweisprachig ist und helfen kann, militärische Fachausdrücke vom Estnischen ins Russische zu übersetzen."

Wir fragen den Leutnant Nikolai Predbannikov ganz direkt: „Sind die russischen Muttersprachler in der estnischen Armee bereit, für Estland zu sterben – auch in einem Konflikt mit Russland?" Er bekennt sich in seiner Antwort zu Estland: „Was mich betrifft: die Nationalität des Feindes zählt nicht, wer immer uns mit dem Schwert angreift, wird durch das Schwert umkommen." (…)

Wir sind eingeladen bei einer Mittelstandsfamilie mit zwei Kindern. Auch Oleg und Tatjana schauen Moskauer Fernsehen. Doch mit einem kritischen Auge. Oleg ist Elektriker in Narva, Tatjana arbeitet zu Hause, kümmert sich um den siebenjährigen David und das vier Monate alte Töchter-

chen. In der Familie wird Russisch gesprochen. Zur Feier des estnischen Unabhängigkeitstages gibt es Kaffee und Kuchen. In Olegs Bekanntenkreis gibt es kaum jemanden, der unter der Herrschaft des Kreml leben möchte. Das gilt vor allem für die jüngere Generation. Oleg meint: „Ich nicht, ich bin wahrscheinlich schon ein halber Este, denke ich. Ich wurde in Narva geboren und lebe gut hier."

Sohn David ist Este. Doch seine Eltern Tatjana und Oleg wurden kurz vor dem Ausscheiden Estlands aus der Sowjetunion geboren. Heute gelten sie als staatenlos, haben einen grauen Ersatz-Pass. Arbeit und Kinder ließen den Eltern keine Zeit, sich gründlich auf den Staatsbürgerschaftstest vorzubereiten.

„Schade, dass es so schwierig ist", findet Tatjana. „Wenn die estnische Regierung mehr estnische Bürger/innen möchte, dann sollte die Staatsbürgerschaftsprüfung vereinfacht werden, dann würden wir uns auch einen estnischen Ausweis holen."

(nach: http://de.euronews.com/2015/03/06/russische-minderheit, abgerufen am 15.4.2016)

M2 *Russische Minderheit in Estland*

Tallinn 2011 – Europäische Kulturhauptstadt im Zeichen der Ostsee

Unterschiedlicher könnte die Wahrnehmung kaum sein. Während Tallinn in Estland bereits seit Jahrhunderten das urbane Nonplusultra darstellt, ist die mittelalterliche Hafenstadt an der Ostsee im gesamteuropäischen Kontext bislang eher eine Randerscheinung geblieben. Anerkannt sehenswert zwar, dazu reich an Kultur und Geschichte, aber mit gerade einmal 400 000 Einwohnern vermeintlich doch zu klein, um auch außerhalb des Baltikums im Fokus der öffentlichen Wahrnehmung dauerhaft präsent zu sein. Dies dürfte sich 2011 jedoch etwas geändert haben, abrupt und berechtigt zugleich, denn pünktlich zum Jahreswechsel erhob sich Tallinn für zwölf Monate zur Europäischen Kulturhauptstadt.

Der maritimen Lage Estlands und insbesondere Tallinns entsprechend firmierte dabei das Gros der Veranstaltungen unter dem Motto Geschichten von der Küste. Die Gründe hierfür liegen auf der Hand, schließlich ist das Leben an und mit der Ostsee für Tallinn und die gesamte Republik seit jeher bestimmend. Klimatisch und ökonomisch sowieso, aber auch und insbesondere kulturell hat die Ostsee das estnische Volk erheblich geprägt. Es war ein gut gewähltes Motto, unter dem sich das Land nach Lust und Laune der Weltöffentlichkeit präsentieren konnte. Man war quasi in seinem Element.

(http://www.estlandia.de/tourismus/staedte/tallinn/kulturhauptstadt.html, abgerufen am 20.4.2016)

M3 *Kulturhauptstadt Tallinn*

M4 *Küstenlandschaft in Estland*

M5 *Tallinn*

---

1 Werten Sie den Autorentext und M1 aus. Erläutern Sie
[II] wesentliche Kennzeichen und wirtschaftliche Kennzahlen Estlands.

2 Erläutern und bewerten Sie die Probleme der russisch-
[III] sprachigen Minderheit.

3 Recherchieren Sie, welche touristischen Angebote
[II] Estland bietet, und erstellen Sie eine kurze Präsentation.

4 Beurteilen Sie, welchen Einfluss die Ernennung zur
[III] Kulturhauptstadt auf die Wirtschaft einer Region bzw. eines Landes haben kann.

Kroatien

Kompetenzorientiertes Lernziel

→ anhand ausgewählter Beispiele die Veränderungen in
  Raum, Wirtschaft und Gesellschaft nach einem Beitritt
  zur Europäischen Union aufzeigen

Kroatien im Focus

Die Republik Kroatien hat eine Fläche von 56 594 km² und 2197 km Grenzen.

Zu Kroatien gehören 1246 Inseln, von denen 47 dauerhaft bewohnt sind.

Der höchste Berg ist der Dinara mit 1831 m Höhe.

Die Durchschnittstemperatur im Winter liegt bei 5 °C, im Sommer bei 28 °C.

Gesamteinwohnerzahl: 4,2 Millionen, 79 Einwohner pro km².

Die Stadtbevölkerung (2014) betrug 58,7 %, die Landbevölkerung 41,3 %.

Der Anteil der Kroaten an der Bevölkerung beträgt rund 90 %, der der Serben 4,5 %, die restliche Bevölkerung setzt sich aus Bosniaken, Italienern, Ungarn, Albanern ua zusammen.

Die Hauptstadt ist Zagreb mit 790 000 Einwohnern bzw. 19 % der Gesamtbevölkerung. Zu den weiteren größeren Städten zählen Split, Rijeka, Osijek und Zadar.

Die Amtssprache ist Kroatisch, in Istrien wird auch Italienisch gesprochen. Weitere Sprachen sind Ungarisch, Tschechisch, Slowakisch und Slowenisch.

Von 1945 bis 1991 war Kroatien Teilrepublik Jugoslawiens, von 1991 bis 1995 dauerte der Krieg um die Unabhängigkeit. Am 1.7.2013 wurde Kroatien 28. Mitgliedstaat der EU. Die kroatische Währung ist die Kuna.

Wirtschaft und Finanzen	Einheit	2000	2005	2010	2015	2019
BIP laufende Preise	Mrd. USD	21,8	45,4	59,6	49,5	60,7
BIP je Einwohner laufende Preise	USD	4970	10524	13895	11779	14950
BIP je Einwohner in KKP	USD	11057	15535	18969	23014	28024
Veränderungen des realen BIP	% zum Vorjahr	4,2	4,2	−1,7	2,4	2,9
Staatsverschuldung	% des BIP	33,2	38,6	52,8	83,7	71,1
Inflationsrate	% zum Vorjahr	4,6	3,3	1,0	−0,5	0,8
Bruttowertschöpfung Primärer Sektor	% des BIP	6,4	5,0	4,9	3,0	2,9
Bruttowertschöpfung Sekundärer Sektor	% des BIP	29,3	29,0	27,1	20,8	20,4
Bruttowertschöpfung Tertiärer Sektor	% des BIP	64,3	66,0	68,1	58,5	59,0
Arbeitsmarkt						
Erwerbspersonen 15+ Jahre	1000	1961	1999	1945	1888	1780
Anteil Frauen an Erwerbspersonen	%	44,3	45,5	45,9	46,5	46,5
Erwerbstätigenquote 15+ Jahre	% der Gesamtbevölkerung	45,0	46,7	46,0	44,0	47,6
Selbstständigenquote 15+ Jahre	% der Erwerbstätigen	23,9	24,9	22,6	15,7	12,0
Arbeitslosenquote 15+ Jahre	% Erwerbspersonen 15–64 J.	16,1	12,6	11,8	16,2	6,9
Jugendarbeitslosenquote	% Erwerbspersonen 15–24 J.	38,7	32,3	33,5	42,3	17,8

M1 *Strukturdaten*

„Wir haben uns mehr erwartet"

Unternehmer haben sich mehr vom EU-Beitritt erwartet, lautet die Bilanz des kroatischen Managers Sasa Cvetojevic. Geschlafen haben aber nicht nur die Institutionen. Grund dafür sei die mangelhafte Vorbereitung der zuständigen Institutionen und Ministerien, doch auch die Unternehmen selbst hätten Entwicklungen verschlafen. Angefangen bei den kilometerlangen Lkw-Schlangen an den EU-Außengrenzen über versäumte Registrierung von Ursprungsbezeichnungen, die Streit mit Slowenien und Italien provoziert haben, bis hin zu den EU-Fonds, die nicht genügend genutzt wurden.

Insbesondere in Sachen EU-Gelder haben sich die Unternehmer mehr erhofft: „Die Leute haben gedacht, dass sich die Tische biegen werden. Natürlich ist dem nicht so. Die Prozeduren sind sehr kompliziert und die Planung kam dafür zu spät." Leicht habe man es als Unternehmer nicht immer in Kroatien. (…)

(nach: http://wirtschaftsblatt.at/home/nachrichten/europa_cee/386818/Kroatien-ein-Jahr-in-der-EU, abgerufen am 20.4.2016)

M2 *Enttäuschung über den EU-Beitritt*

Kroatien ist ein Ferienland par excellence

Mehr als 1000 Inseln, fast 6000 Kilometer Küstenlinie an der Adria, mediterranes Klima und eine Vielzahl architektonischer und kultureller Höhepunkte. Das Land ist ein Paradies für Wassersportler, Kunst- und Naturliebhaber, das fast vor unserer Haustür liegt. Neben den aus den Winnetou-Filmen bekannten Nationalparks sind es vor allem Städte wie Dubrovnik, die Jahr für Jahr Touristen aus aller Welt locken. (…)

Der Tourismus ist ein sehr wichtiger Wirtschaftsfaktor. Vor dem Krieg (1991–1995) erwirtschaftet Kroatien in diesem Sektor 80 % der Gesamteinnahmen Jugoslawiens. Obwohl nur an wenigen Orten Kroatiens tatsächlich gekämpft wurde, brach die Tourismusbranche komplett ein. Erst im Rekordjahr 2008 kamen 11,3 Millionen Touristen ins Land, 2009 waren es trotz Krise knapp elf Millionen. Im Jahr 2012 wurden 62,74 Millionen Übernachtungen gezählt. Durch den Beitritt zur EU am 1. Juli 2013 hofft die Tourismusbranche auf weitere Zuwächse.

Kroaten würden ihr Land niemals zum Balkan zählen, sondern beschreiben es als mediterranes Land. Sie zählen Kroatien mit der traditionell katholischen Bevölkerung zu Mitteleuropa und nicht als zum Balkangebiet gehörig, das oftmals als Spannungsfeld zwischen den Staaten Österreich, Russland und der Türkei begriffen wird. Zu Recht, denn viele Städte in den Küstenregionen Istrien und Dalmatien profitieren bis heute von ihrem venezianischen und antiken Erbe. Und Kroatien birgt auch viel mitteleuropäische Kultur: sei es Zagreb mit seiner wienerisch-ungarischen Architektur, die von der k.u.k.-Monarchie (kaiserlich und königlich) geprägten Seebäder oder die Schlösser Slawoniens.

Es wäre ein Fehler, in Kroatien nur am Strand liegen zu bleiben, denn zu den Höhepunkten einer Kroatien-Reise zählen die Städte des Landes. Allen voran Dubrovnik im Süden Dalmatiens, die „Perle der Adria". Auch die Hauptstadt Zagreb ist sehenswert, hier wandelt der Besucher zwischen Gründerzeitbauten, die an das alte Wien erinnern.

Von der Habsburger-Monarchie der Österreicher geprägt sind auch so berühmte Seebäder wie Opatija. In Split, der zweitgrößten Stadt Kroatiens, trifft man auf ganz andere, nämlich römische Spuren der Geschichte. Darüber hinaus gibt es jede Menge kleinere Städtchen, wie zum Beispiel Trogir, Korcula oder Sibenik, die mit ihren mittelalterlichen und venezianisch geprägten Stadtkernen den Besucher auf eine Zeitreise schicken.

Viele Küstenorte sind wahre Freilichtmuseen, und das türkisblaue Wasser der Adria lädt in den schier unzähligen kleinen Buchten und auf den Inseln zum Baden ein. Sandstrände allerdings muss man hier lange suchen, in der Regel findet man Kiesstrände. Einer der wenigen Sandstrände ist das „Goldene Horn" Zlatni Rat auf der Insel Brač. Mit den Kornaten besitzt Kroatien eines der anspruchsvollsten Segelgebiete Europas. Auch Taucher kommen in Kroatien voll auf ihre Kosten.

Es sind vor allem Wander- und Naturfreunde, denen man in den vielen Nationalparks des Landes begegnet. Am bekanntesten ist der Nationalpark Plitvitzer Seen, Drehort vieler Karl-May-Verfilmungen. Seit 1979 gehört das Naturschutzgebiet – mit seinen 16 durch Wasserfälle miteinander verbundenen Seen – zum UNESCO-Weltnaturerbe.

Auch der Nationalpark Krka ist ein Publikumsmagnet: Der Fluss Krka ist der schönste Fluss, der sich durch die steinige Karstlandschaft Kroatiens schlängelt. Durch viele imposante Schluchten bahnt die Krka sich ihren Weg von der Quelle bis zur 70 Kilometer entfernten Mündung nahe Sibenik.

Die kroatische Küche ist sehr vielfältig, eine Küche der Regionen. Früher wurden regional oft sehr unterschiedliche Gerichte angeboten, mittlerweile bekommt man die wichtigsten jedoch fast im ganzen Land. Istrien zum Beispiel ist bekannt für seinen rohen Schinken – und für Trüffeln. An der Küste isst man allerlei Meerestiere, die nicht nur wild gefangen, sondern auch gezüchtet werden. Dalmatien ist bekannt für seine Fleischgerichte und im Inland und in Zagreb gibt es viele Speisen, die aus Süddeutschland und Österreich kommen: Knödel, Krautsalat und ähnliches.

(nach: http://www.planet-wissen.de/kultur/suedosteuropa/ reiseland_kroatien, abgerufen am 20.4.2016)

M3 *Wichtige Einnahmequelle: Tourismus*

M4 *Zlatni Rat in Brač*

M5 *Korcula*

M6 *Plitvitzer Seen*

1 Werten Sie den Autorentext und M1 aus. Erläutern Sie [II] wesentliche Kennzeichen und wirtschaftliche Kennzahlen Kroatiens.

2 Vergleichen Sie die Hoffnungen nach dem Beitritt mit [II] der Realität. Was muss noch geändert werden?

3 Beurteilen Sie die Bedeutung des Tourismus für Kroa[III]tien sowie das touristische Potenzial des Landes.

4 Vergleichen Sie Estland und Kroatien hinsichtlich der [II] wirtschaftlichen Kennzahlen. Welche Gemeinsamkeiten, welche Unterschiede fallen Ihnen auf?

Regionen im Wandel

Kompetenzorientierte Lernziele

→ Chancen und Möglichkeiten der interregionalen Zusammenarbeit analysieren

→ (National)Staatlichkeit und Bildung neuer europäischer Regionen hinsichtlich ihrer Zukunftsfähigkeit diskutieren

Grenzen aufbrechen – die EUREGIO-Idee

Die europäischen Staaten haben über den Zusammenschluss zur Europäischen Union einen großen Schritt hin zu einem „gemeinsamen Europa" getan. Innerhalb der EU verlieren die Landesgrenzen der Mitgliedstaaten in Zeiten zunehmender wirtschaftlicher und sozialer Integration immer stärker an Bedeutung. Integrationsbemühungen finden auch auf räumlicher Ebene statt. Im Jahr 1958 wurde die erste grenzüberschreitende EUREGIO (auch Europaregion oder Euroregion bezeichnet) im deutsch-niederländischen Grenzgebiet bei Gronau und Enschede gegründet. Mittlerweile gibt es mehr als 50 dieser Zusammenschlüsse im EU-Raum. Diese haben eine grenzüberschreitende und interregionale Zusammenarbeit zum Ziel, für welche die EU im Rahmen ihrer Kohäsionspolitik Fördermittel investiert. Dabei geht es darum, trotz bestehender Ungleichheiten in den wirtschaftlichen und sozialen Systemen, Strukturen und rechtlichen Bedingungen der Nationalstaaten, in den Bereichen Wirtschaft, Verkehr, Bildung, Tourismus und Umweltschutz zusammenzuarbeiten und den wirtschaftlichen, sozialen und territorialen Zusammenhalt zu stärken.

Region

Region bezeichnet in der Geographie ein Gebiet, das geographisch, politisch, ökonomisch und/oder administrativ eine Einheit bildet. Gängig zur Abgrenzung von Regionen sind zwei Kriterien, das Homogenitätskriterium und das Funktionalitätskriterium.
Bei ersterem werden Gebietseinheiten zu homogenen Regionen zusammengefasst, welche einander in bestimmten Indikatoren sehr ähnlich sind. Beispiele für solche Indikatoren sind das Einkommensniveau, eine gleiche Geologie, ein ähnliches Klima.
Nach dem Funktionalitätsprinzip werden Gebietseinheiten zusammengefasst, welche miteinander nach bestimmten Indikatoren in besonders enger Verbindung bzw. wechselseitiger Abhängigkeit stehen. Beispiele für die Abgrenzung solch einer Region sind Verflechtungen wirtschaftlicher Faktoren, ökologischer Systeme oder der Hydrographie.
Beide Abgrenzungsprinzipien unterliegen in der Praxis teilweise aber den Einschränkungen genereller Verfügbarkeit entsprechender Daten, wie amtlicher Statistik oder der Ökologie. Aus diesem Grunde stellt die Gliederung nach dem Verwaltungsprinzip eine weitere Möglichkeit dar. Hierbei sind die Regionen administrative Einheiten wie zB Länder oder Gemeinden, welche durch spezifische sozi-institutionelle Strukturen geprägt sind. Dadurch können auch Planungsregionen entstehen, deren Abgrenzung sich aus Planzielen ergibt.
(https://de.wikipedia.org/wiki/Region, abgerufen am 7.12.2016)

M1 *Regionsbegriff*

Integration der Westbalkan-Staaten

Die regionale Zusammenarbeit der EU findet auch auf Makroebene mit den Staaten des Westbalkans statt. Dazu zählen als einziges EU-Mitgliedsland Kroatien sowie die Bewerberländer Montenegro, Serbien, Mazedonien, Bosnien und Herzegowina, Kosovo und Albanien. Diese Zusammenarbeit hat zum Ziel, Frieden, Stabilität und wirtschaftliche Entwicklung in den Westbalkan-Staaten zu fördern, um eine künftige Integration in die EU zu ermöglichen. Die Zusammenarbeit erfolgt etwa in den Bereichen wirtschaftliche und soziale Entwicklung, Energie und Infrastruktur. So beteiligen sich die Westbalkan-Staaten an regionalen Rahmenstrukturen wie der Energiegemeinschaft oder der südosteuropäischen Verkehrsbeobachtungsstelle.

Westbalkan – eine entscheidende Partnerschaft

Die Integration Südosteuropas in die Europäische Union ist zentral für die EU und die Region auf dem Balkan. Die Länder des westlichen Balkans, die eine klare europäische Perspektive haben, sind der Europäischen Union am nächsten – nicht nur in Bezug auf ihre geographische Lage, sondern auch mit Blick auf ihre Werte und Ziele. Die Bürger in dieser Region streben bessere sozioökonomische Bedingungen in ihren Ländern, einen stärkeren Rechtsstaat und bessere Verbindungen in ihren Ländern sowie zu Nachbarstaaten und EU im Allgemeinen an. Gerade junge Leute suchen nach neuen Perspektiven und möchten ihre Hoffnungen auf Ausbildung, Jobs und eine sichere Basis für eine Familie verwirklichen.
(http://derstandard.at/2000214 1415/Westbalkan-eineentscheidende-Partnerschaft, abgerufen am 7.12.2016)

M2 *Westbalkan*

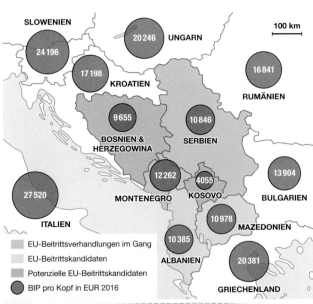

M3 *Westbalkan – Integration in die EU?*

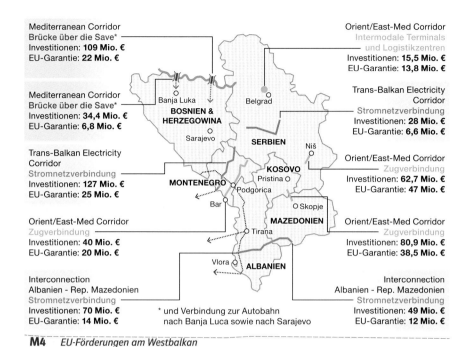

Mediterranean Corridor
Brücke über die Save*
Investitionen: **109 Mio. €**
EU-Garantie: **22 Mio. €**

Mediterranean Corridor
Brücke über die Save*
Investitionen: **34,4 Mio. €**
EU-Garantie: **6,8 Mio. €**

Trans-Balkan Electricity
Corridor
Stromnetzverbindung
Investitionen: **127 Mio. €**
EU-Garantie: **25 Mio. €**

Orient/East-Med Corridor
Zugverbindung
Investitionen: **40 Mio. €**
EU-Garantie: **20 Mio. €**

Interconnection
Albanien - Rep. Mazedonien
Stromnetzverbindung
Investitionen: **70 Mio. €**
EU-Garantie: **14 Mio. €**

Orient/East-Med Corridor
Intermodale Terminals
und Logistikzentren
Investitionen: **15,5 Mio. €**
EU-Garantie: **13,8 Mio. €**

Trans-Balkan Electricity
Corridor
Stromnetzverbindung
Investitionen: **28 Mio. €**
EU-Garantie: **6,6 Mio. €**

Orient/East-Med Corridor
Zugverbindung
Investitionen: **62,7 Mio. €**
EU-Garantie: **47 Mio. €**

Orient/East-Med Corridor
Zugverbindung
Investitionen: **80,9 Mio. €**
EU-Garantie: **38,5 Mio. €**

Interconnection
Albanien - Rep. Mazedonien
Stromnetzverbindung
Investitionen: **49 Mio. €**
EU-Garantie: **12 Mio. €**

* und Verbindung zur Autobahn
nach Banja Luka sowie nach Sarajevo

Banja Luka
BOSNIEN & HERZEGOWINA
Sarajevo
Belgrad
SERBIEN
Niš
KOSOVO
Pristina
MONTENEGRO
Podgorica
Bar
Skopje
MAZEDONIEN
Tirana
Vlora
ALBANIEN

M4 *EU-Förderungen am Westbalkan*

Der Westbalkan verbindet sich

„Der Bau und die Verbindung von Transport- und Energieinfrastruktur ist eine treibende Kraft bei der Schaffung von Arbeitsplätzen und Wachstum. Zudem hilft es, Investoren für die Region anzuwerben", sagte der EU-Kommissar für Erweiterungsverhandlungen Johannes Hahn. Die Projekte richten sich an jene Westbalkan-Staaten, die noch nicht Mitglied der EU sind: an Albanien, Bosnien und Herzegowina, Mazedonien, Montenegro, Serbien und den Kosovo.
(http://wirtschaftsblatt.at/home/ nachrichten/europa_cee/481663/ Der-Westbalkan-verbindet-sich, abgerufen am 10.10.2016)

M5 *Der Westbalkan verbindet sich*

Methode

Projektarbeit:

Bei der Projektarbeit steht das selbstständige Arbeiten an einer Aufgabe oder einer Problemstellung innerhalb einer Gruppe im Mittelpunkt. Die Planung, Durchführung und die Präsentation der Ergebnisse werden im Unterricht gemeinsam in der Gruppe erarbeitet und realisiert. Diese Methode fördert vor allem demokratisches und handlungsorientiertes Lernen und bietet einen Freiraum für Selbstorganisation und Teamarbeit.

Schritt für Schritt:

☐ Auseinandersetzung mit der Aufgabe bzw. mit der vorgegebenen Problemstellung

☐ Einteilung der Aufgaben – Wer beschäftigt sich womit?

☐ Zeitmanagement einteilen und beachten

☐ Bearbeitung der zur Verfügung stehenden Texte und Materialien (selbstständiges oder gemeinsames Erarbeiten)

☐ Dokumentation über den Lösungsvorgang

☐ Zusammenführung der einzelnen Ergebnisse

☐ Erstellung eines Endproduktes mit Hilfe von unterschiedlichen Präsentationsmethoden (Flipchart, Computer, Plakaten usw.)

☐ Präsentation des Endergebnisses

1 Diskutieren Sie Chancen und Möglichkeiten der Zusammenarbeit der EU mit dem Westbalkan. [III]

2 Erklären Sie, aus welchen Gründen die grenzüberschreitende Zusammenarbeit der Europaregionen ins Leben gerufen wurde. [II]

3 Gestalten Sie in Kleingruppen ein Projekt zum Thema „Der Westbalkan auf dem Weg in die EU?". Präsentieren Sie Ihre Ergebnisse in der Klasse. [III]

Grenzübergreifende Zusammenarbeit

Kompetenzorientierte Lernziele

→ Möglichkeiten der grenzüberschreitenden Zusammenarbeit analysieren

→ EUREGIOs und Regionalkooperationen in Österreich lokalisieren

EUREGIOs und grenzüberschreitende Regionalkooperationen in Österreich

In Österreich gibt es aktuell zehn EUREGIOs und drei Regionalkooperationen (M2, M3, M4), die in Wirtschaft, Verkehr, Arbeitsmarkt, Tourismus und Kultur grenzüberschreitend zusammenarbeiten.

Regionalmanagements und grenzüberschreitende Kooperationen verfolgen folgende Zielsetzungen: eine Verbesserung der Entwicklungszusammenarbeit auf regionaler Ebene sowie die Entwicklung und Umsetzung regionaler Schlüsselprojekte. Die Zusammenarbeit über nationale Grenzen hinweg trägt wesentlich zur europäischen Integration bei.

Die EUREGIO Bayerischer Wald – Böhmerwald – Unterer Inn

- ist ein grenzüberschreitender Zusammenschluss von Städten, Gemeinden und Landkreisen und Verbänden/Vereinen in der bayerisch-tschechisch-oberösterreichischen Grenzregion
- befasst sich mit grenzüberschreitender gemeinsamer Planung und Entwicklung in den Bereichen Tourismus, Umweltschutz, Verkehr, Wirtschaftsbeziehungen, Bildung, Kultur usw. zwischen Bayern, Tschechien und Österreich

- hilft bei der Planung, Koordination und Durchführung wichtiger grenzüberschreitender Maßnahmen
- berät bei der Beschaffung von nationalen und europäischen Fördermitteln (EU, Bund, Land)
- vertritt die Grenzregion auf europäischer Ebene in der Arbeitsgemeinschaft Europäischer Grenzregionen (AGEG)
- informiert die Bürgerinnen und Bürger zu allen Themen der Europäischen Union
- wirkt aktiv am Aufbau der Europaregion Donau-Moldau mit.

(http://www.euregio.bayern/wir-ueber-uns/euregio-idee-und-ziele/, abgerufen am 14.10.2016)

M1 *Beispiel der Ziele einer EUREGIO*

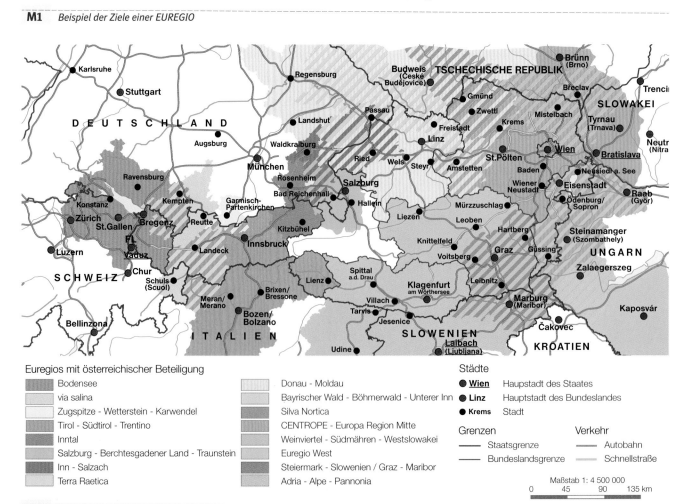

Euregios mit österreichischer Beteiligung

- Bodensee
- via salina
- Zugspitze - Wetterstein - Karwendel
- Tirol - Südtirol - Trentino
- Inntal
- Salzburg - Berchtesgadener Land - Traunstein
- Inn - Salzach
- Terra Raetica

- Donau - Moldau
- Bayrischer Wald - Böhmerwald - Unterer Inn
- Silva Nortica
- CENTROPE - Europa Region Mitte
- Weinviertel - Südmähren - Westslowakei
- Euregio West
- Steiermark - Slowenien / Graz - Maribor
- Adria - Alpe - Pannonia

Städte

- ● **Wien** Haupstadt des Staates
- ● **Linz** Hauptstadt des Bundeslandes
- ● **Krems** Stadt

Grenzen
- Staatsgrenze
- Bundeslandsgrenze

Verkehr
- Autobahn
- Schnellstraße

Maßstab 1: 4 500 000
0   45   90   135 km

M2 *Grenzüberschreitende Zusammenarbeit: EUREGIOs und Regionalkooperationen in Österreich*

Gründungsjahr	EUREGIOs
1994	EUREGIO Bayerischer Wald-Böhmerwald-Sumava
1994	EUREGIO Inn-Salzach
1995	EUREGIO Salzburg-Berchtesgadener Land-Traunstein
1997	EUREGIO Via Salina
1997	EUREGIO Weinviertel/Südmähren/Westslowakei
1998	EUREGIO Inntal
1998	EUREGIO West/Nyugat Pannonia
1998	EUREGIO Zugspitze-Wetterstein-Karwendel
2001	EUREGIO Steiermark/Slowenien
2002	EUREGIO Silva Nortica

M3 *EUREGIOs in Österreich*

Gründungsjahr	Regionalkooperationen
1972	Internationale Bodenseekonferenz
2002	Arge Kärnten/Slowenien
2005	Europaregion Bratislava – Brünn – Györ – Sopron – Eisenstadt – Wien – St. Pölten

M4 *Regionalkooperationen in Österreich*

Erlebnisreiche Sagenwelt

Projektlaufzeit: 2009 bis 2012
Leadpartner: Ferienland Kufstein
Projektpartner: Gemeinde Oberaudorf
Projektinhalt: Im Rahmen dieses Projektes wurden ca. 15 Rundwanderwege mit den jeweiligen Sagenstationen ausgewiesen. An den Sagenplätzen werden Geschichten erzählt, die von der bekannten Kinderbuchautorin Frau Brigitte Weninger geschrieben und von Herrn Kirchmayr illustriert wurden. Die Kinder werden eingeladen im Rahmen der jeweiligen Sage eine Aufgabe zu erfüllen. Die Konzeption wurde von der Firma Entertaining Architecture, DI Thomas Adamer erarbeitet. Zusätzlich wurden eine gemeinsame Wanderkarte und ein Kinderbüchlein (begleitend zum Weg) herausgegeben. Der Sagenweg soll auch in Zukunft ein fixer Bestandteil des gemeinsamen Wochen- und Kinderprogrammes sein.
(http://euregio-inntal.com/erlebnisreiche-sagenwelt-projektlaufzeit-2009–2012/, abgerufen am 7.12.2016)

M5 *Beispiel eines EUREGIO-Projekts der EUREGIO Inntal*

„99 Sachen, die wir im Mühlviertel machen"

Die Aktion setzt sich zum Ziel, das typisch Mühlviertlerische in allen Lebensbereichen zu entdecken und ins Licht zu rücken. Was ist besonders liebenswert, traditionell, originell, lustig oder bewundernswert am Mühlviertel und an den Mühlviertler/innen?
Wir stellen Menschen vor, die mit dem, was sie tun, können oder wissen, das Bild des Mühlviertels prägen – frei nach dem Motto: „Ja, so san's d' Mühlviertler!"
Die Idee
Wie sind wir Mühlviertler? Was machen wir anders als andere? Was ist denn für das Mühlviertel typisch? Antworten auf all diese Fragen erhoffen sich die Initiatoren der Aktion „99 Sachen, die wir im Mühlviertel machen". Alle Menschen in der Region nördlich der Donau sind eingeladen mitzumachen und das typisch Mühlviertlerische ans Licht zu holen – unsere Bräuche, Marotten und Talente oder besonders charakteristische Platzerl.
Auf der Aktionswebseite www.99sachen-mühlviertel.at können sich Menschen als Teilnehmer/innen anmelden, die selber etwas typisch Mühlviertlerisches tun oder etwas typisch Mühlviertlerisches vorstellen möchten. Ziel ist es, den Lebensraum Mühlviertel in seiner ganzen Vielfalt, Qualität und Originalität sichtbar zu machen. Dabei sollen alle Lebensbereiche abgebildet werden – egal ob Sport, Wirtschaft, Soziales oder Kultur und Vereinswesen.
Über die interressantesten, originellsten, typischsten Beiträge wird in den Mühlviertler Medien berichtet.
(http://99sachen-muehlviertel.at/darum-gehts/, abgerufen am 7.12.2016)

M6 *Projekt der EUREGIO Bayerischer Wald-Böhmerwald-Sumava*

1 Recherchieren Sie im Internet, ob und in welcher
[I] EUREGIO sich Ihr Wohnort oder Ihr Schulstandort befindet.

2 Analysieren Sie die Texte M5 und M6: Welche Zielset-
[II] zungen haben die Projekte? An wen richten sich die Projekte?

3 Projektarbeit: Arbeiten Sie in Gruppen zu drei Personen:
[III] Wählen Sie eine EUREGIO aus der Liste M3 und gestalten Sie ein Plakat oder eine PowerPoint-Präsentation mit folgenden Inhaltspunkten:
Kurzbeschreibung und Lage der EUREGIO
Ziele und Aufgaben der EUREGIO-Fördermöglichkeiten
Vorstellung von drei ausgewählten Projekten

Die Region CENTROPE

Kompetenzorientierte Lernziele

→ Chancen und Perspektiven der CENTROPE-Region bewerten

→ die Bedeutung grenzüberschreitender Zusammenarbeit für die wirtschaftliche, soziale und kulturelle Entwicklung der Regionen analysieren

CENTROPE-Region

CENTROPE (zusammengesetzt aus den Worten Central und Europe) ist ein grenzüberschreitender regionaler Zusammenschluss zwischen Ungarn, der Slowakei, Tschechien und Österreich. Die CENTROPE-Region umfasst rund 54 500 Quadratkilometer, die sich über Westungarn, die slowakischen Landesverbände Bratislava und Trnava, Südmähren sowie Wien, Niederösterreich und das Burgenland erstrecken. Rund sieben Millionen Menschen leben in dieser Region, die 2003 gegründet wurde und als entwicklungsfähigste Region Europas gilt.

Die regionale Zusammenarbeit findet vor allem in den Bereichen Infrastruktur, Wirtschaft, Kultur, Bildung und Tourismus statt. Ziele sind neben der Stärkung einer gemeinsamen Interessensvertretung innerhalb der EU und der Entwicklung zu einem leistungsfähigen Wirtschaftsraum auch die Annäherung der Menschen in der Region, die durch den Eisernen Vorhang jahrzehntelang voneinander getrennt waren.

Zahlreiche EU-Projekte (M1) werden zu diesem Zweck im Rahmen der CENTROPE-Partnerschaft durchgeführt. Das enorme wirtschaftliche Potenzial dieser Region hängt stark mit der infrastrukturell günstigen Lage in Zentraleuropa zusammen. Wichtige europäische Verkehrskorridore kreuzen sich in CENTROPE. Zudem gibt es internationale Flughäfen. Der expandierende Markt bietet vielen Unternehmen einen attraktiven Standort für Investitionen. 25 öffentliche Universitäten und Kunsthochschulen, viele außeruniversitäre Forschungseinrichtungen, Innovationszentren und Fachhochschulen, die verschiedene Kooperationen betreiben, machen die Region zu einem bedeutenden Bildungs- und Forschungsstandort. Zudem ist eine hohe Lebensqualität durch Naherholungsgebiete wie die Donauauen oder den Neusiedler See, Nationalparks sowie viele Kultur-, Unterhaltungs- und Sportangebote in den Großstädten gegeben.

Präsidentin der „Kulturplattform internationale Donauphilharmonie" im Wiener Rathaus geehrt

Der mit 10.000 Euro dotierte Centrope-Stiftungspreis geht heuer an Agnes Katona. Die Präsidentin des Vereins „Kulturplattform Internationale Donauphilharmonie" ist heute, Freitag, im Wiener Rathaus geehrt worden. Katona habe mit dem „mitteleuropäischen, multinationalen Orchester ein geistiges und kulturelles Netzwerk in der Region" geschaffen, hieß es in der Begründung. Übergeben wurde der Stiftungspreis von Gemeinderätin und der Vorsitzenden der Europakommission des Wiener Gemeinderates Elisabeth Vitouch sowie von Reinhard Karl, Direktor der Raiffeisen-Landesbank NÖ-Wien. Kammersängerin Ildiko Raimondi hielt die Laudatio: Nicht zufällig trage das Orchester den Namen „Donauphilharmonie". Denn so „wie zur Donau hin viele kleine und große Wasseradern fließen, bis ein großer Strom daraus wird", so sammle auch das Orchester aus vielen Ländern seine Musikerinnen und Musiker.

(https://www.wien.gv.at/rk/msg/2014/11/07015.html, Archivmeldung der Rathauskorrespondenz vom 7. 11. 2014, abgerufen am 7. 12. 2016)

M1 *Centrope-Preis 2014 an Agnes Katona*

Projektname	Branche	Ziele
Infrastructure Needs Assessment Tool	Verkehr und Infrastruktur	• CENTROPE Mobilitätsmanagement • Verkehrs- und Infrastrukturentwicklung • Maßnahmen zur Verbesserung der grenzüberschreitenden öffentlichen Verkehrsverbindungen
Regional Development Monitoring	Wirtschaftsentwicklung	• Wirtschaftliche Entwicklung der Region • Verbesserung der arbeitspolitischen Maßnahmen
Twin Entrepreneurs	Wirtschaftsentwicklung	• Förderung von grenzüberschreitenden Firmengründungen
Agrotourismus in der Westslowakei	Tourismus	• Entwicklung der Region und des Charakters der Landschaft
Tourcentrope	Tourismus	• Entwicklung eines innovativen Online-Tools mit Tipps für Kurzurlaube und Ausflüge

M2 *CENTROPE-Projekte*

Die centrope Vision: die gemeinsame Region als ...

... eine Drehscheibe für Zentraleuropa, die die Mittlere Donau mit den Wirtschafts- und Bevölkerungszentren des Kontinents verbindet, und eine Region schneller und effizienter Verkehrskorridore, die Europa enger zusammenrücken lässt.

... ein Tor der Welt zu Zentraleuropa, von dem aus Märkte, Menschen und Destinationen leicht erreichbar sind und in dem eine Fülle von Kompetenzen und interkulturellem Wissen über die Region und ihr internationales Umfeld zur Verfügung steht.

... eine internationale und aufgeschlossene Region mit hoher Lebensqualität, in der Menschen aus der ganzen Welt willkommen sind und Möglichkeiten zum Arbeiten, Lernen, Forschen und Erfinden vorfinden.

... ein Treffpunkt für Menschen, Unternehmen und Organisationen sowie ein Marktplatz für Ideen und Innovationen, gut gerüstet für die Ausrichtung von internationalen Konferenzen, Messen, Verhandlungen und Großevents.

(https://www.wien.gv.at/stadtentwicklung/studien/pdf/ b008393ao.pdf, abgerufen am 7.12.2016)

Staatsgrenzen
NUTS 2/3 Grenzen

Maßstab 1:3 500 000
0   35   70   105 km

M4   *CENTROPE Strategie 2013*

M3   *Die CENTROPE-Region*

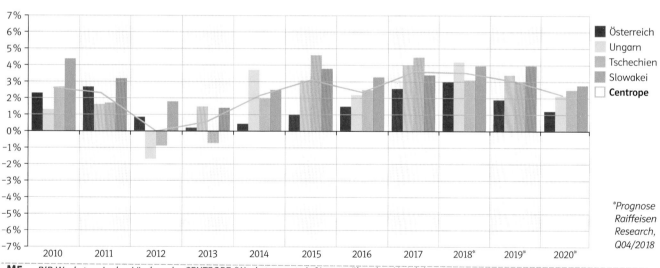

*Prognose Raiffeisen Research, Q04/2018

M5   *BIP-Wachstum in den Ländern der CENTROPE (Wachstumsrate in % gegenüber dem Vorjahr)*

1 Erläutern Sie die Vorteile der CENTROPE-Region anhand der Materialien aus Sicht eines Schülers oder einer Schülerin oder einer bzw. eines Studierenden.

2 Informieren Sie sich mittels Internetrecherche über ein CENTROPE-Projekt aus der Liste M2 und stellen Sie es Ihren Klassenkolleginnen und -kollegen vor.

3 Diskutieren Sie das wirtschaftliche Entwicklungspotenzial der CENTROPE-Region unter Berücksichtigung folgender Aussage: „In CENTROPE treffen Regionen mit hohem Entwicklungsniveau auf rasch wachsende Regionen mit geringem Einkommensniveau."

Beitrittskandidaten am Westbalkan

Kompetenzorientierte Lernziele

→ Herausforderungen und Chancen des EU-Beitritts der Westbalkan-Staaten analysieren

→ (National)Staatlichkeit und Bildung neuer europäischer Regionen hinsichtlich ihrer Zukunftsfähigkeit diskutieren

Westbalkan – ein langer Weg zur EU-Integration?

Zu den Westbalkan-Staaten gehören Albanien, Bosnien-Herzegowina, Kosovo, Mazedonien, Montenegro, Serbien sowie Kroatien, das als einziger dieser Staaten seit 2013 Mitglied der Europäischen Union ist. Die EU strebt eine Integration aller Westbalkanstaaten an und hat bereits Beitrittsverhandlungen mit Montenegro und Serbien eröffnet. Bosnien und Herzegowina sowie das Kosovo sind ebenfalls potenzielle Kandidatenländer für den Eintritt in die EU. Geplant ist eine Schritt-für-Schritt-Integration aller Westbalkan-Staaten. Allerdings gibt es zahlreiche strukturelle, politische und sozioökonomische Probleme und Instabilitäten sowie ethnische Konflikte, die die Integration erschweren.

Der Westbalkan – eine heterogene Region mit zahlreichen Problemen

Die Region auf dem westlichen Balkan zeichnet sich durch politische, rechtliche, wirtschaftliche und ethnische Heterogenität aus und rückt zunehmend in das Interesse der Europäischen Union. Nicht zuletzt aufgrund seiner Lage spielt der Westbalkan eine Schlüsselrolle als Transitregion für Migrantinnen und Migranten und Flüchtlinge aus außereuropäischen Ländern wie Syrien, Afghanistan und Pakistan (M2), die oftmals illegal über Griechenland oder die Türkei nach Westeuropa gelangen wollen. Zudem stellt auch der durch die schlechte wirtschaftliche und politische Situation verursachte Migrationsdruck ein europäisches Problem dar. Die Westbalkanstaaten sind seit den 1960-er Jahren traditionelle Herkunftsländer von Arbeitsmigrantinnen und -migranten in Europa (vor allem Italien, Schweiz, Griechenland, Deutschland). Die Jugoslawienkriege Anfang der 1990-er Jahre setzten auch zahlreiche Emigrationsprozesse in Gang. Zudem sind viele westliche EU-Mitgliedstaaten seit Jahren von einer steigenden Zahl von Asylsuchenden aus dem Westbalkan konfrontiert. In den letzten Jahren sind die Asylanträge vor allem in Deutschland stark angestiegen, weil die Visapflicht für Staatsangehörige von Mazedonien, Montenegro, Serbien (2009), Albanien und Bosnien und Herzegowina aufgehoben wurde. Im Jahr 2014 fanden sich unter den zehn Hauptherkunftsländern von Asylsuchenden fünf Westbalkanstaaten (M3). Allerdings bekommen unterdurchschnittlich wenige Antragstellerinnen und Antragsteller Asyl gewährt. Gründe für ihre Abwanderung sind meist der niedrige Lebensstandard und die gesellschaftliche Marginalisierung – Menschen werden an den Rand der Gesellschaft gedrängt und sind im gesellschaftlichen und wirtschaftlichen Leben benachteiligt. Weitere Push-Faktoren sind ungenügende Bildungssysteme, mangelhafte Gesundheitsversorgung, hohe Arbeitslosigkeit und soziale Ungleichheit.

Serbien auf dem Weg zum EU-Beitritt

Mit über sieben Millionen Einwohnern ist Serbien das bevölkerungsreichste und größte EU-Erweiterungsland auf dem Westbalkan. Die Annäherung zur EU war lange Zeit insbesondere durch den Konflikt zwischen Serbien und Kosovo als Folge der Jugoslawienkriege und der einseitigen Unabhängigkeitserklärung Pristinas 2008 erschwert. Im April 2013 wurde unter EU-Vermittlung eine Normalisierungsvereinbarung zwischen Belgrad und Pristina geschlossen und dadurch ein großer Meilenstein für den Beitrittsprozess gelegt. Anfang 2014 begannen die ersten Beitrittsverhandlungen. Eine Voraussetzung für den Beitritt ist ein funktionierendes Asylsystem. Zwar hat Serbien 2007 ein Asylgesetz eingeführt, das Asylsystem ist aber nach wie vor stark reformbedürftig. Zudem könnte die politische Verbindung Serbiens zu Russland ein weiterer Stolperstein sein (M1).

Putin beliebter als Vučić

„Das ist für uns ein großer und bedeutender Tag, einer jener Tage, an denen Geschichte geschrieben wird und wir nicht länger von der Europäischen Union träumen, sondern von nun an hart arbeiten müssen, bis wir Teil der europäischen Völkerfamilie werden.", sagte Alexander Vučić als Serbien das erste Kapitel der Beitrittsverhandlungen öffnete. (…) Laut jüngsten Umfragen des Portals NSPM sind 46,8 Prozent der Serben für und 41,5 Prozent gegen einen EU-Beitritt; für einen Bund mit Russland sind 68,2 Prozent, während von allen ausländischen Politikern der russische Präsident Wladimir Putin mit 36,1 Prozent das größte Vertrauen genießt. Die von Regierungschef Vučić so hoch gepriesene Angela Merkel landete mit nur 7,3 Prozent an zweiter Stelle. Vučić selbst hat eine Unterstützung von mehr als 45 Prozent. Neben den üblichen Schwierigkeiten bei der Eröffnung und Schließung einzelner Kapitel lasten auf Serbien zusätzlich die engen politischen und wirtschaftlichen Beziehungen mit Russland. Vučić zufolge sollte Serbien bis 2017 seine Außenpolitik in Einklang mit der EU bringen. Bisher weigerte sich Serbien trotz Drucks aus Brüssel, sich dem Wirtschaftsembargo gegen Russland anzuschließen.

(derstandard.at/2000275814/Serbien-will-2019-bereit-fuer-die-EU-sein, Andrej Ivanji, 15.12.2015, abgerufen am 7.12.2016)

M1 *Serbien-Verbindung zu Russland?*

Über den Balkan in die EU

Die Balkan-Route, auch „Black Route" genannt, gilt für einen Großteil der Flüchtlinge als Einfallstor nach Mittel- und Westeuropa. Sie führt von Griechenland über Mazedonien, Serbien, Ungarn, Österreich bis kurz hinter die deutsche Grenze bei Freilassing. Für viele ist aber auch schon in Wien oder viel früher Schluss. Die Zahl der Menschen, die auf diesem Weg flüchten, hat sich seit Jahresbeginn dramatisch erhöht. Nach Angaben der österreichischen Bundespolizei kommen derzeit täglich bis zu 1 000 Flüchtlinge über diese Route bis an die ungarische Grenze. Fast immer werden die Menschen unter qualvollen Umständen von skrupellosen Schleppern in Lastwagen geschmuggelt. (…) Die Fahrt in einem Lkw oder ähnlichen Transportmitteln macht aber nur einen geringen Teil der Flucht aus. Den Großteil legen die Flüchtlinge zu Fuß zurück. Dabei seien sie besonders in Mazedonien schweren Verkehrsunfällen und Naturgewalten ebenso schutzlos ausgeliefert wie Kriminellen, erklärt ein Sprecher des Flüchtlingshilfswerks der Vereinten Nationen. Mit Kriminellen sind nicht immer die Schlepper gemeint, sondern auch andere Banden des organisierten Verbrechens, die gezielt Flüchtlinge überfallen und ausrauben – und dabei auch den Tod ihrer Opfer in Kauf nehmen. (…) Auch Nahrungsmittel und medizinische Hilfe gibt es kaum. In Serbien sieht es nicht viel besser aus. Dort drohen den Flüchtlingen Verhaftung und Abschiebung. Wer es durch Serbien geschafft hat, ist aber noch längst nicht am Ende der Tortur. Die Behörden um die nationalkonservative Regierung von Viktor Orbán gehen besonders brutal mit Flüchtlingen um. Die Zustände in den Auffanglagern seien miserabel, berichten lokale Medien. In Ungarn befinden sich die Flüchtlinge aber in der EU, in der mitteleuropäischen Schengen-Zone! (…) Trotz aller Gefahren und Risiken ist die Balkan-Route bei Flüchtlingen nicht unbeliebt – der Landweg gilt als sicherer als die Flucht übers Mittelmeer. Die Menschen, die so nach Westeuropa wollen, kommen vor allem aus Syrien, Afghanistan, dem Irak und Pakistan. *(http://www.rp-online.de/panorama/ausland/die-gefaehrliche-flucht-in-den-westen-aid-1.539519, abgerufen am 7.12.2016)*

M2 *Flucht über die Balkanroute*

Warum flüchten Menschen vom Balkan?

Bosnien, Mazedonien und Serbien gelten seit Ende 2014 als „sichere Herkunftsstaaten". Dennoch hat sich die Zahl der Asylbewerber von dort nicht verringert. Die Aussichten in diesen Ländern sind zu schlecht, der Weg nach Deutschland zu einfach.

Im November 2014 war Mazedonien zum „sicheren Herkunftsstaat" erklärt worden. Das soll Asylverfahren beschleunigen und damit auch den Flüchtlingsstrom verringern. Dennoch kamen in den ersten sechs Monaten dieses Jahres 4 200 Menschen aus Mazedonien nach Deutschland und beantragten hier Asyl. Mazedonien liegt damit auf Platz sieben der Herkunftsstaaten von Asylbewerbern. Auch aus anderen Balkanländern wie Kosovo, Albanien und Serbien kommen viele Menschen.

Viele von den Balkan-Flüchtlingen sind Roma. Deren Lage habe sich in den letzten Jahren „dramatisch verschlechtert", sagt Ljatife Shikovska von der mazedonischen Roma-Hilfe „Ambrela". In dem kleinen Balkanland seien etwa 5 000 von ihnen ohne Personalpapiere und damit ohne Sozial- und Krankenversicherung. Sie haben keinen Zutritt zum Bildungssystem und zum Arbeitsmarkt. (…)

Nicht nur Roma strömen aus Südosteuropa nach Deutschland. Im Frühjahr machten sich Zehntausende Albaner aus dem Kosovo auf den Weg. Sie waren nach Parlamentswahlen maßlos enttäuscht, dass sich die beiden eigentlich tief verfeindeten größten Parteien zu einer Regierungskoalition zusammengeschlossen hatten. Das wurde als Zeichen gewertet, dass keine Besserung des miserablen tagtäglichen Lebens zu erwarten ist. „Die bis ins Mark korrupten Politiker wollen das Land nur noch mehr ausrauben", begründeten viele Flüchtlinge ihre Motive.

Auch aus dem kleinen Montenegro, ebenfalls EU-Beitrittskandidat, kommen Tausende Migranten nach Deutschland. Zählungen in bitterarmen Städten wie Rozaje und Bijelo Polje brachen in den ersten sechs Monaten des Jahres 6 200 Menschen Richtung Deutschland auf. (…) *(http://www.n-tv.de/politik/Warum-fluechten-Menschen-vom-Balkan-article15665001.html, Thomas Brey, 6.8.2015, abgerufen am 7.12.2016)*

M3 *Abwehrversuch bleibt wirkungslos*

---

1 Nennen Sie Gründe, warum die Europäische Union den
[I] Beitritt der Westbalkanstaaten anstrebt.

....

....

2 Erläutern Sie mittels Internetrecherche und unter Berücksichtigung von M1, warum Serbien größeres Interesse an einem Bündnis mit Russland als am Beitritt zur EU zeigt.
[II]

3 Begründen Sie, warum so viele Menschen aus dem
[II] Westbalkan ihre Heimat verlassen.

....

....

4 Beurteilen Sie die Attraktivität Deutschlands als Einwanderungsland (M3) für Menschen aus dem Westbalkan.
[III]

Umstrittener Beitrittskandidat Türkei

Kompetenzorientierte Lernziele

→ Herausforderungen und Chancen des EU-Beitritts der Türkei analysieren

→ die geopolitische Rolle der Türkei in Europa unter Berücksichtigung aktueller Problematiken bewerten

Die Türkei – ein ewiger Beitrittskandidat?

Schon seit Jahrzehnten strebt die Türkei den Beitritt zur Europäischen Union an (siehe auch S. 127). Aktuell ist die Türkei aber immer noch kein Mitglied der EU. Seit Jahren wird ein möglicher Beitritt kontrovers diskutiert. Das Land hat eine bedeutsame geographische und geopolitische Lage in Europa. Mit seinem asiatischen Anteil grenzt die Türkei an Länder wie Syrien, den Irak und den Iran und spielt damit eine entscheidende Rolle in der Friedenssicherung im Nahen Osten. Mit der Türkei als Mitgliedstaat könnte die EU ihren Einfluss bei der Vorbeugung und Verhinderung von Krisen im Mittleren Osten vergrößern und zur Stabilisierung der Kaukasusregion beitragen. Zudem ist die Türkei als fünftgrößter Import- und Exportmarkt der EU trotz ihrer wirtschaftlichen Probleme ein wichtiger Wirtschaftspartner für zahlreiche europäische Staaten und ein wichtiges Zuwanderungsland.

Warum ist der Beitritt der Türkei zur EU derart umstritten?

Kritikerinnen und Kritiker sehen die Menschenrechte in der Türkei noch sehr weit entfernt von europäischen Standards. Die Meinungs- und Religionsfreiheit sind zwar theoretisch gewährleistet, in der Praxis aber stark eingeschränkt. Verhaftungen von Journalistinnen und Journalisten und Kontrollen regierungskritischer Zeitungen sind ebenso alltäglich wie die Diskriminierung religiöser Minderheiten und Homosexueller. Viele Menschen, vor allem Migrantinnen und Migranten, sind von Menschenhandel und Zwangsarbeit betroffen. Korruption, Geldwäsche und Bestechungen gehören zum politischen Alltag in der Türkei. Die Menschenrechte sind in der EU ein fundamentaler Wert und nicht verhandelbar, weshalb dieser Punkt das wohl größte Hindernis für den EU-Beitritt darstellt. Die türkische Militäroffensive in Syrien sowie der Umgang mit dem Thema Migration stellen weitere Gründe für die Verschlechterung des Verhältnisses zwischen der EU und der Türkei dar.

M1 *Türkei und die EU*

Flüchtlingskrise als Chance für die Türkei?

Die durch den Bürgerkrieg in Syrien ausgelösten Flüchtlingsströme nach Europa und die damit verbundenen Unterbringungsprobleme haben das Thema EU-Beitritt der Türkei neu aufgerollt. Um die Flüchtlingsströme besser kontrollieren zu können, ist die EU auf eine enge Zusammenarbeit mit der Türkei angewiesen. Dazu wurde 2016 ein Abkommen zwischen der Türkei und der EU geschlossen, welches die Türkei zur Rücknahme illegal nach Griechenland gelangter Flüchtlinge verpflichtet. Im Gegenzug erhält die Türkei nicht nur finanzielle Unterstützung für die Versorgung der Flüchtlinge und Visa-Liberalisierungen (die Einreise türkischer Bürgerinnen und Bürger in EU-Mitgliedstaaten wird dadurch erleichtert), sondern auch große Zugeständnisse in den zeitweise eingefrorenen Beitrittsverhandlungen mit der EU, die dadurch weiter vorangetrieben werden. Trotz dieser Annäherungen scheint der EU-Beitritt der Türkei noch in weiter Ferne.

Der zerbrochene Traum der EU-Mitgliedschaft

(…) Erdoğans Reformphase in den ersten Jahren nach seinem Machtantritt im Jahr 2003 ermöglichte zwar die Aufnahme von Beitrittsgesprächen mit der EU. Doch das Zypern-Problem, der erlahmende Reformschwung in Ankara und vor allem die Abneigung vieler EU-Staaten gegenüber der Türkei brachten den Prozess zum Stillstand.

(…) Wenn Erdoğan heute über die Europäische Union redet, schimpft er meistens über die Europäer, die nach dem Putsch seinen Gegnern politisches Asyl gewährten und im Streit um Gas und Grenzen im östlichen Mittelmeer immer nur zu den Griechen halten.

Türkische EU-Anhänger richten sich auf eine lange Eiszeit ein. „Mein Herz schlägt eigentlich für einen türkischen EU-Beitritt", sagt die Politologin Ebru Turhan, die an der Türkisch-Deutschen Universität in Istanbul unterrichtet. „Das wäre die beste Option, aber unter den jetzigen Bedingungen sieht es sehr schwierig aus."

Die Ausrichtung auf Europa ist einem neuen Selbstverständnis gewichen, das die Türkei als eigenes Machtzentrum definiert. Ab sofort zählten West und Ost nicht mehr – es gebe nur noch die Türkei, sagte Erdoğans Schwiegersohn und Finanzminister, Berat Albayrak, Ende August nach der Entdeckung reicher Erdgasvorräte vor der türkischen Schwarzmeerküste. Erdoğans Regierung sieht die Türkei als Regionalmacht, die eigene Interessen auch da verfolgt, wo sie mit denen der EU kollidieren. Im März schockte Ankara die EU, indem sie Flüchtlinge zur Landgrenze mit Griechenland schickte.

(https://www.diepresse.com/5858662/der-zerbrochene-traum-der-eu-mitgliedschaft, 27.8.2020, Susanne Güsten, abgerufen am 14.10.2020)

M2 *Die Türkei als Machtzentrum*

Chancen der Türkei auf EU-Beitritt schwinden

Die EU-Kommission macht der Türkei kaum noch Hoffnungen auf einen Beitritt zur Europäischen Union. Die Situation der Justiz und in den Gefängnissen sowie die Wirtschaftslage hätten sich verschlechtert, erklärte die Brüsseler Behörde in ihrem am Mittwoch veröffentlichten jährlichen Fortschrittsbericht zu den Beitrittsgesprächen. Diese seien wegen „weiterer schwerwiegender Rückschritte" auch bei den Menschenrechten eingefroren. All diese Themen sind für die EU zentral.

„Die Türkei hat sich weiter von der Europäischen Union wegbewegt", erklärte die Kommission. Die Verhandlungen seien „praktisch zum Stillstand gekommen." Die Türkei, die ein wichtiger Nato-Partner ist, reagierte verärgert. Der EU-Bericht spiegele nicht die tatsächliche Lage im Land wider, sagte Vize-Außenminister Faruk Kaymakci. Er sprach von einer unfairen Kritik, die nicht hinnehmbar sei. Die EU-Kommission hat der Türkei, mit der sie 2005 Beitrittsverhandlungen aufgenommen hatte, bereits mehrfach mangelnde Fortschritte attestiert. So harsch wie dieses Mal war ihre Bewertung aber bisher nicht ausgefallen. Die freie Meinungsäußerung und die Demonstrationsfreiheit würden beschnitten, heißt es in dem Papier. Die Demokratie sei in Gefahr, und das Regierungshandeln habe sich negativ auf die Finanzmärkte ausgewirkt.

M3   *Keine Chancen mehr auf EU-Beitritt?*

Der Spitzenkandidat der Europäischen Volkspartei Manfred Weber hat wiederholt ein Ende der Beitrittsverhandlungen gefordert und erklärt, sollte er neuer Kommissionspräsident werde, wolle er sich dafür einsetzen. Andere EU-Politiker argumentieren dagegen; ein formeller Abbruch der Gespräche würde die Türkei noch weiter von Europa entfernen und die pro-europäischen Kräfte in dem Land schwächen.

(https://www.wienerzeitung.at/nachrichten/politik/ europa/2011666-Chancen-der-Tuerkei-auf-EU-Beitritt-schwinden.html, 29.5.2019, abgerufen am 23.4.2020)

M4   *Karikatur*

---

1 Führen Sie eine Pro- und Contra-Diskussion durch. Dazu [III] teilen Sie Ihre Klasse in zwei Gruppen und ernennen eine Diskussionsleiterin oder einen Diskussionsleiter sowie zwei Beobachterinnen und Beobachter. Die Pro-Gruppe erarbeitet gemeinsam Argumente, die für einen Beitritt der Türkei zur EU sprechen, die Contra-Gruppe erarbeitet Argumente, die dagegensprechen. (Sie können auch die Materialien dieser Doppelseite sowie die Argumente aus Arbeitsaufgabe 4 verwenden). Im Anschluss setzen Sie sich in Ihren Gruppen gegenüber und die Diskussionsleiterin bzw. der Diskussionsleiter eröffnet die Diskussion, in der beide Parteien ihre Standpunkte darbringen. Im Anschluss fassen die Beobachterinnen bzw. Beobachter die Argumentationen zusammen und wägen ab, welche Argumente stärker waren, sodass am Ende eine Lösung feststeht.

2 Nehmen Sie Stellung zu folgendem Zitat des türkischen [III] Außenministers: „Heute erkennen wir, dass die Türkei und die EU dasselbe Schicksal, dieselben Herausforderungen, dieselbe Zukunft haben. Es gibt keine Zukunft der Türkei ohne die EU, und keine Zukunft der EU ohne die Türkei."

3 Interpretieren Sie die Karikatur M4.
[II]

4 Ordnen Sie folgende Argumente für (P) oder gegen (C) [II] einen Beitritt der Türkei zur EU zu. Begründen Sie Ihre Entscheidung.

	P	C
Der Binnenmarkt vergrößert sich.		
Die Chancen auf Frieden im Nahen Osten verbessern sich.		
Durch Einwanderung vieler türkischer Bürgerinnen und Bürger in andere EU-Länder steigt der Anteil der Musliminnen und Muslime.		
Junge Türkinnen und Türken im arbeitsfähigen Alter wandern in EU-Länder und leisten Beiträge für die Finanzierung der Pensionskassen.		
Eine Eingliederung der Türkei bedeutet neue Außengrenzen zu Syrien, dem Iran und den Kaukasusstaaten.		
Die Türkei wäre ein weiterer Nettoempfänger in der EU.		
Aufgrund der hohen Bevölkerungszahl hätte die Türkei großen Einfluss in den EU-Organen.		
Es könnte zur Verwicklung der EU in Nahost-Konflikte kommen.		
Das türkische BIP pro Kopf entspricht nur einem Viertel des EU-Durchschnitts.		

Ukraine

Ukraine – ein gespaltenes Land

Die Ukraine gehört zu den größten Staaten Europas und ist ein möglicher Beitrittskandidat zur Europäischen Union. Das Land, das sich schon seit Jahren mit innenpolitischen Konflikten auseinandersetzen muss und dadurch tief gespalten ist, bemüht sich um eine Einheit und die Wahrung des Friedens.

Dies stellt sich allerdings als eine große Herausforderung dar, schließlich ist der Osten aufgrund seiner geographischen, sprachlichen und wirtschaftlichen Lage der Gegenpol zum Westen des Landes. Im Osten der Ukraine befinden sich Betriebe der Schwerindustrie, die diesen Teil zu einem der wirtschaftlich stärksten Gebiete der Ukraine machen. Im Gegensatz dazu findet man im Westen des Landes zahlreiche hochtechnologische Unternehmen, die sich beispielsweise auf Maschinenbau oder auf die Raumfahrt spezialisiert haben. In den Regionen hinter der EU-Außengrenze und des ehemaligen Habsburgerreiches liegt der Schwerpunkt auf der Landwirtschaft und dem Tourismus.

Annäherungen an die Europäische Union

Seit dem Ende der 1990-er Jahre ist die Ukraine immer wieder bemüht, den Vorraussetzungen für eine EU-Mitgliedschaft gerecht zu werden. Jedoch verhindern zahlreiche Verstöße gegen demokratische Prinzipien eine Annäherung an die EU (M1). Lediglich Partnerschafts- und Kooperationsabkommen zwischen der EU und der Ukraine konnten bislang ausverhandelt werden.

Das Land ist für die Europäische Union ein wichtiger Handelspartner und exportiert neben den bereits erwähnten Gütern auch Metallprodukte, Energie und Chemikalien. Des Weiteren ist die Ukraine aufgrund ihrer Lage ein wesentlicher Knotenpunkt für die Erdgasversorgung Europas (M3). Die Beziehung zwischen der EU und der Ukraine kippte im Jahr 2013, als der damalige Präsident Viktor Janukowitsch ein Assoziierungsabkommen mit der Europäischen Union, offenbar auf Druck von Russland, ausschlug. Das Abkommen sollte die Ukraine stärker an die EU binden und enthielt Reformen zur Stärkung der Rechtsstaatlichkeit, Demokratie und Menschenrechte, eine Schaffung einer Freihandelszone zwischen beiden Maximen sowie die Bekämpfung von Korruption.

Daraufhin stürzte das Land in eine tiefe Krise. Der Westen des Landes forderte die Annäherung an die EU, während der Osten sich an Russland wandte. Heftige Proteste, Gewalt und blutige Zusammenstöße waren die Antwort des ukrainischen Volkes. Während der heiklen politischen Umstände im ganzen Land kam es besonders im Osten und Süden zu bewaffneten Auseinandersetzungen zwischen pro-russischen Separatisten und dem westlich orientierten Bevölkerungsteil.

Der Höhepunkt dieses Konfliktes war die von den Separatisten initiierte Abspaltungsentwicklung der ukrainischen Halbinsel Krim. Das international höchst umstrittene Referendum fiel zu Gunsten Russlands aus und Russland erklärte 2014 die Krim als russisches Staatsgebiet. Die Annexion der Halbinsel wurde von vielen westlichen Ländern als illegal und völkerrechtswidrig angesehen. In der Folge wurden über Russland Sanktionen verhängt. Für die Europäische Union stand viel auf dem Spiel, schließlich war man politisch und wirtschaftlich eng mit der Russischen Föderation verbunden. Der Verlust eines der wichtigsten Handelspartner der EU hätte vor allem eine Einschränkung der Lieferung von Rohöl, Ölprodukten und Gas mit sich geführt.

Optimistische Perspektiven für die Ukraine?

Mit dem Abkommen Minsk II, das 2015 geschlossen wurde, erklärte man den Frieden zwischen der Ukraine und Russland zumindest auf dem Papier. Jedoch kam es in den Krisengebieten weder zu einer Waffenruhe noch zu einem Waffenstillstand. Im Gegenteil, politischer Frieden ist derzeit (Oktober 2020) nicht in Sicht. Die Lage im Osten der ukrainischen Regionen Donezk und Lugansk ist und bleibt vorerst angespannt.

Reformprozesse in der Ukraine

Die Führungsspitzen würdigten die substanziellen Fortschritte, die die Ukraine in ihrem Reformprozess erzielt hat. „Wir waren uns einig, dass die Bemühungen beschleunigt werden müssen, insbesondere bei der Bekämpfung der Korruption", erklärten sie.

Beide Seiten stimmten darin überein, dass die Reform des Gas- und Elektrizitätsmarkts im Hinblick auf eine schrittweise Integration in den EU-Energiemarkt abgeschlossen werden muss. Am Rande des Gipfels hat die Kommission ein neues Maßnahmenpaket mit einem Umfang von 109 Mio. € angenommen, um den Reformprozess der Ukraine weiter zu unterstützen. (…)

(https://www.consilium.europa.eu/de/meetings/international-summit/2019/07/08/, abgerufen am 21.4.2020)

Die EU hat wiederholt zum Ausdruck gebracht, dass sie für die Unabhängigkeit, Souveränität und territoriale Unversehrtheit der Ukraine eintritt.

Die EU hat nach den Handlungen gegen die territoriale Unversehrtheit der Ukraine Sanktionen verschiedener Art verhängt:

diplomatische Maßnahmen; gegen einzelne Personen und Einrichtungen gerichtete restriktive Maßnahmen (Einfrieren von Vermögenswerten und Reisebeschränkungen); Beschränkungen der Wirtschaftsbeziehungen zur Krim und zu Sewastopol; Wirtschaftssanktionen; Beschränkungen der wirtschaftlichen Zusammenarbeit.

M1 *Forderungen im Rahmen des Assoziierungsabkommens zwischen EU und Ukraine*

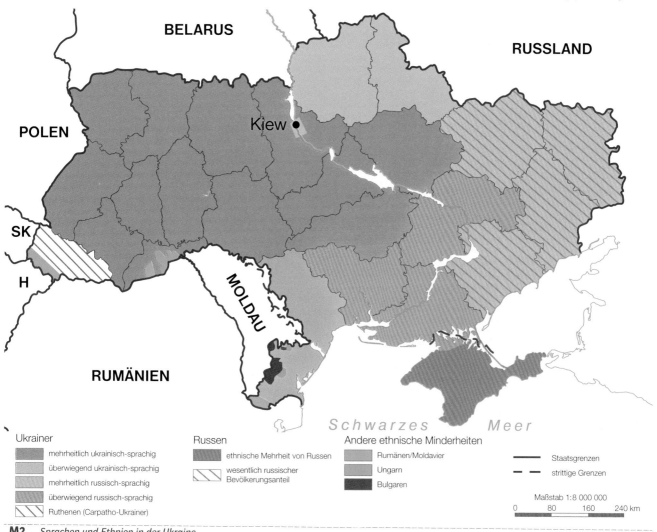

M2 *Sprachen und Ethnien in der Ukraine*

Ukrainer
- mehrheitlich ukrainisch-sprachig
- überwiegend ukrainisch-sprachig
- mehrheitlich russisch-sprachig
- überwiegend russisch-sprachig
- Ruthenen (Carpatho-Ukrainer)

Russen
- ethnische Mehrheit von Russen
- wesentlich russischer Bevölkerungsanteil

Andere ethnische Minderheiten
- Rumänen/Moldavier
- Ungarn
- Bulgaren

— Staatsgrenzen
- - - strittige Grenzen

Maßstab 1:8 000 000
0   80   160   240 km

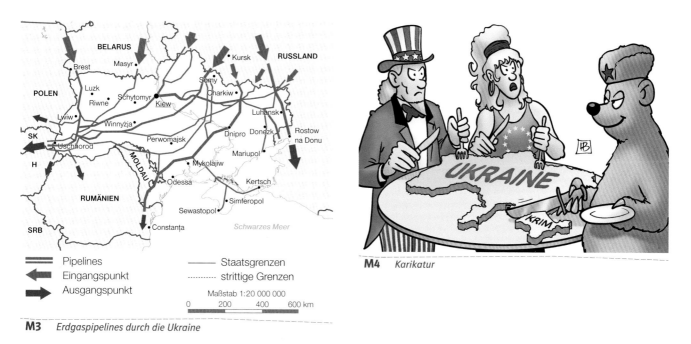

M3 *Erdgaspipelines durch die Ukraine*

Pipelines
Eingangspunkt
Ausgangspunkt
Staatsgrenzen
strittige Grenzen
Maßstab 1:20 000 000
0   200   400   600 km

M4 *Karikatur*

1 Erklären Sie, warum der Konflikt zwischen Ukraine und
[II] Russland außer Kontrolle geriet.

2 Diskutieren Sie darüber, welche Folgen ein Zerfall des
[III] Landes in Ost- und Westukraine mit sich bringen würde.

3 Recherchieren Sie die aktuelle politische Lage in der
[III] Ukraine.

4 Entwerfen Sie anhand der Materialien und Ihrer
[III] Recherche eine Zukunftsperspektive für die Ukraine.

Regionale Entwicklungspfade vergleichen

Basiskonzepte

- Disparitäten
S. 122, S. 123, S. 126, S. 127,
S. 128, S. 129, S. 130, S. 131,
S. 138, S. 139, S. 140, S. 141,
S. 142, S. 143

- Regionalisierung und
Zonierung
S. 122, S. 123, S. 124, S. 125,
S. 132, S. 133, S. 134, S. 135,
S. 136, S. 137

- Maßstäblichkeit
S. 124, S. 125, S. 136, S. 137
- Nachhaltigkeit und
Lebensqualität
S. 126, S. 127, S. 128, S. 129,
S. 130, S. 131, S. 136, S. 137

Raumordnung

In einem Raum mit – je nach Abgrenzung –
995 bis 700 Millionen Einwohnern auf einer
Fläche von 4 bis 10,5 Millionen km² bestehen
zum Teil enorme regionale Disparitäten.
Die europäische Raumordnungspolitik verfolgt
mit gezielten Strukturfördermitteln das Ziel
einer ausgeglichenen Entwicklung der Regionen.

EU: Integration und Erweiterung

Die Europäische Union als politischer Staatenbund basiert auf drei Säulen: den Europäischen
Gemeinschaften, der gemeinsamen Außen- und
Sicherheitspolitik sowie der polizeilichen und
justiziellen Zusammenarbeit in Strafsachen.
Die Erweiterung der EU konfrontiert sowohl die
bestehenden als auch die neuen Mitglieder mit
entsprechenden Herausforderungen, die auch
mit Emotionen wie Hoffnung und Angst besetzt
sind.

M1

1 Ergänzen Sie in den beiden leeren Kästen zwei Aspekte
[II] aus diesem Kapitel, die Sie für wesentlich erachten, und
erklären Sie diese.

2 Erweitern Sie die beiden bereits begonnenen Kästchen
[II] mit relevanten Informationen aus diesem Kapitel.

Irland – Erfolgsmodell der Europäischen Strukturpolitik?

Durch die Strukturpolitik der EU wurde aus dem wirtschaftsschwachen Staat am Rande Europas eine Boom-Region. Nach 1990 entwickelten sich Wirtschaft und Lebensqualität rasant. Als durch den wirtschaftlichen Erfolg die Gehälter stiegen und Arbeitskräfte rar waren, zogen sich Investorinnen und Investoren aus Irland zurück. Die weltweite Wirtschaftskrise beschleunigte die Talfahrt. Wie steht Irland heute da?

1 Beschreiben Sie, wie sich Irland vom „Armenhaus Europas" zum „Keltischen Tiger" entwickeln konnte (M1).
[I]

2 Beurteilen Sie mit Hilfe von M2 und M3, ob Irland den Weg aus der Krise geschafft hat.
[II]

3 Nehmen Sie Stellung zu dieser Aussage: „Europa bringt die Verlagerung der Produktion aus globaler Sicht keinen Mehrwert. Eine höhere Arbeitslosenquote in Irland und eine geringere in Polen bedeutet so viel wie keinen Schritt nach vorn und keinen zurück." (M4)
[III]

Irland und die Europäische Union
Bevor Irland 1973 der EU beitrat, galt das Land als ein Armenhaus Europas. Die Arbeitslosigkeit war hoch, das Einkommen der Menschen gering, und viele Iren wanderten aus.

Die Mitgliedschaft sorgte für einen beispiellosen Wirtschaftsboom und machte die grüne Insel zum Land mit dem zweithöchsten Pro-Kopf-Einkommen der EU. Das Bruttosozialprodukt pro Kopf hat sich seit 1973 verdreifacht. Zudem wurde der Export beflügelt.

Unternehmen wie IBM, Intel, Hewlett Packard, Pfizer, Dell und Microsoft siedelten sich dank niedriger Steuern und gut ausgebildeter Arbeitskräfte in Irland an. Mit Hilfe von EU-Geldern wurde in Straßen, Telekommunikation, Hoch-

schulen und das Sozialsystem investiert. Die Differenz von dem, was Irland seit dem Beitritt in die EU einzahlte, und dem, was die EU an das Land zahlte, beträgt nach Angaben der EU-Kommission 55 Milliarden Euro.

Zuletzt verflog die EU-Euphorie jedoch. Die weltweite Wirtschaftskrise stoppte die Erfolgsgeschichte des „Keltischen Tigers". Der Immobilienmarkt brach ein, der Konsum sank, die Arbeitslosigkeit stieg, Investoren zogen sich zurück. Als erstes EU-Mitglied rutschte Irland im September 2008 in die Rezession, der ersten seit 25 Jahren. Außerdem weitete sich die Schere zwischen Arm und Reich.
(http://www.focus.de/politik/deutschland/eu-hintergrund-irland-und-die-europaeische-union_aid_44109.html, 2.10.2009, abgerufen am 10.4.2016)

M1   *Irlands Aufstieg und Fall*

Erstes Krisenland verlässt den EU-Rettungsschirm
Als erste rein, als erste raus – worauf EU-Politiker so inständig gehofft hatten, machte Irlands Regierungschef mit seiner Ankündigung vor vier Wochen wahr: „Wir verlassen den Rettungsschirm in einer starken Position", sagte Enda Kenny. „Das Wachstum ist zurückgekehrt, weil

wir wieder wettbewerbsfähig sind. Die Exporte boomen, unsere Zahlungsbilanz ist im Plus, wir schaffen 3000 Jobs im Monat, unsere Haushaltssanierung ist im Plan."
(https://www.tagesschau.de/wirtschaft/irland442.html, 13.12.2013, abgerufen am 10.4.2016)

M2   *Irlands harter Weg zur Souveränität*

	2013	2014	2015	2016	2017	2018	2019
Haushaltsdefizit in % des BIP	−5,7	−3,9	−2,2	−1,5	−1,5	0,1	0,3
Gesamtschulden in % des BIP	120,0	107,5	99,8	95,4	93,7	63,7	60,9
Wirtschaftswachstum in % im Vorjahresvergleich	+1,4	+5,2	+6,0	+4,5	+3,5	+8,3	+5,5

M3   *Irland: Haushaltsdefizit, Gesamtschulden, Wirtschaftswachstum*
(Quelle: Eurostat/EU-Kommission, https://www.tagesschau.de/wirtschaft/wirtschaftsdaten104.html; https://wko.at/statistik/laenderprofile/lp-irland.pdf, abgerufen am 3.6.2020)

„Der Brexit ist eine Katastrophe für Irland"
Nach den schweren Jahren der Finanzkrise ab 2010 geht es erstmals wieder richtig bergauf. Der keltische Tiger ist mit hohen Wachstumsraten wieder zurück im Spiel. Doch ohne eigenes Verschulden könnte es damit schon bald wieder vorbei sein. Wenn Großbritannien aus der EU austritt, wird kein anderes EU-Mitgliedsland so darunter leiden wie die Irische Republik. „Der Brexit ist eine Katastrophe für uns, es geht nur noch um den möglichst geringen Schaden", sagt Dan O'Brien, Wirtschaftsexperte am Institute of International and European Affairs.

Irlands Wirtschaft ist stark mit jener Großbritanniens ver-

knüpft. Die Briten sind nach den USA der zweitwichtigste Handelspartner für die irische Exportwirtschaft. Da bei einem Hard Brexit keine Zollunion mit dem Königreich bestehen wird, geht das irische Finanzministerium von umgehenden Wachstumseinbrüchen aus: Die Prognose für 2020 müsste von 3,9 Prozent BIP-Plus auf nur noch 0,9 Prozent reduziert werden. Die Zahl der Arbeitslosen würde steigen. Hauptbetroffen wären kleine und mittlere Unternehmen sowie die Landwirtschaft.
(https://www.diepresse.com/5699960/der-brexit-ist-eine-katastrophe-fur-irland, 3.10.2019, Wolfgang Böhm, abgerufen am 3.6.2020)

M4   *Irland und der Brexit*

2. Semester

1 Stellen Sie dar, vor welchen Herausforderungen und
[II] Problemen die EU derzeit steht.

....

....

....

....

....

....

....

....

2 Erläutern Sie die Aufgabenbereiche der folgenden
[II] Institutionen der EU.

Europäischer Rat

....

....

....

Ministerrat

....

....

....

Europäische Kommission

....

....

....

Europäisches Parlament

....

....

....

Europäischer Gerichtshof

....

....

3 Nennen Sie drei Politikfelder der Europäischen Union
[II] und erklären Sie die jeweiligen Ziele und Maßnahmen
zur Umsetzung.

....

....

....

....

....

....

....

....

....

....

....

....

4 Beurteilen Sie die Europa-2020-Strategie.
[III]

....

....

....

....

....

....

....

....

....

....

5 Erläutern Sie, woher die EU ihre Einnahmen bezieht und
[II] wofür das Geld ausgegeben wird.

....

....

....

....

....

....

....

6 Beschreiben Sie, wer über das EU-Budget entscheidet.
[I]

....

....

....

7 Werten Sie die Grafik M1 aus. Erklären Sie die unter-
[II] schiedlichen Bezugsgrößen.

Apple erhebt künftig Standardpreise für iTunes in Europa

Die Preise im Online-Shop für Musik von Apple waren bislang von Land zu Land verschieden. Je nach Kreditkartendaten des Kunden entschied iTunes, was der jeweilige Kunde zu welchem Preis kaufen konnte. Nach Untersuchungen der Kommission infolge einer Beschwerde eines Verbraucherverbands hat Apple dieses diskriminierende Preissystem abgeschafft und plant nun, einen einheitlichen europäischen iTunes-Service anzubieten.

Kartellverbotverfahren gegen Microsoft

Gegen den Softwareriesen Microsoft hat die Kommission eine Reihe von Verfahren eingeleitet, beispielsweise aufgrund der Praktik, mit dem Betriebssystem Windows Anwendungen zu liefern (Windows Media Player und Internet Explorer). Auf diese Weise wird der Markteintritt von Konkurrenten im Zusammenhang mit diesen Anwendungen verhindert, da für Windows-Nutzer keine Notwendigkeit besteht, Anwendungen anderer Anbieter zu verwenden. Darüber hinaus hat Microsoft abgelehnt, konkurrierenden Anbietern Informationen zur Verfügung zu stellen, die eine Interaktion ihrer Produkte mit den Produkten von Microsoft ermöglichen würden.
(http://ec.europa.eu/competition/consumers/how/index_de.html, abgerufen am 22.4.2016)

M2 *Wettbewerbspolitik*

8 Beurteilen Sie anhand des Textes, in welcher Weise Sie
[III] persönlich von der Anwendung der Wettbewerbspolitik betroffen sind. Recherchieren Sie weitere Lebensbereiche, die für Sie von der Wettbewerbspolitik beeinflusst sind.

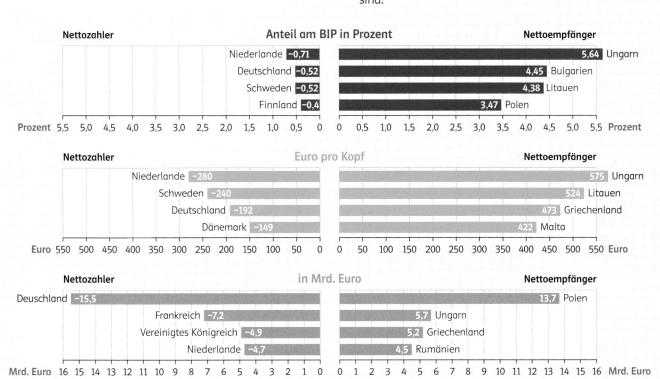

M1 *Nettozahler und Nettoempfänger in der EU 2014, verschiedene Bezugsgrößen*

9 Schildern Sie die Entwicklung der GAP von 1962 bis
[I] heute.

....

....

....

....

....

10 Erläutern Sie die Ziele der Europäischen Verkehrs-
[II] politik.

....

....

....

....

11 Erörtern Sie, aus welchen Gründen sich die EU trotz
[III] der nuklearen Katastrophen in Tschernobyl oder in
Fukushima bisher nicht gegen die Atomenergie aus-
gesprochen hat.

....

....

....

....

12 Diskutieren Sie die Vor- und Nachteile erneuerbarer
[III] Energieträger.

....

....

....

....

....

13 Erklären Sie, aus welchen Gründen die Europäische
[II] Wirtschafts- und Währungsunion ins Leben gerufen
wurde.

....

....

....

....

....

....

14 Nennen Sie die Kriterien, nach denen ein Land Mitglied
[I] der Eurozone werden kann.

....

....

....

....

....

15 Erläutern Sie die Rolle der Europäischen Zentralbank
[II] für die Umsetzung der europäischen Währungspolitik.

....

....

....

....

....

16 Nennen Sie Aufgaben und Ziele der europäischen
[III] Regionalpolitik. Beurteilen Sie die Wirksamkeit von
Regionalförderungen.

....

....

....

17 Gestalten Sie einen Leserbrief, in dem Sie die Rolle
[III] der EU als Global Player darstellen.

18 Erläutern Sie die Merkmale, nach denen Regionen oder
[II] Länder in Zentren und Peripherien eingeteilt werden.

....

....

....

....

....

....

....

....

....

....

....

....

19 Nennen Sie fünf europäische Städte, die Sie als
[II] Machtzentren ansehen. Begründen Sie Ihre Angaben.

....

....

....

....

....

....

....

....

....

....

....

20 Erläutern Sie den Ablauf eines EU-Beitrittsverfahrens.
[II]

....

....

....

....

....

....

21 Bewerten Sie die Vorteile, die sich durch eine grenz-
[III] übergreifende Zusammenarbeit von Regionen ergeben
können.

....

....

....

....

....

....

....

22 Nehmen Sie Stellung: In welchen Bereichen hat Öster-
[III] reich, in welchen Sie persönlich vom EU-Beitritt profitiert?

....

....

....

....

....

....

....

Vorwissenschaftliche Arbeit

Die vorwissenschaftliche Arbeit

Sie sind jetzt in der 6. Klasse, bis zur Matura dauert es nicht mehr allzu lange. Die erste Säule des „Drei-Säulen-Modells" der (teil)standardisierten kompetenzorientierten Reifeprüfung stellt die **vorwissenschaftliche Arbeit** dar. Die vorwissenschaftliche Arbeit besteht aus der schriftlichen Arbeit sowie der Präsentation und Diskussion. Im Rahmen der Arbeit können verschiedenste thematische Schwerpunkte gesetzt werden. Die vorwissenschaftliche Arbeit dient der Vorbereitung auf die Herausforderungen einer weiteren Ausbildung sowie des Berufslebens und soll von Ihnen eigenständig und eigenverantwortlich geplant und verfasst werden. Sie sind dazu aufgefordert, ein Thema, eine Betreuerin oder einen Betreuer zu finden, einen Zeitplan zu erstellen und einzuhalten sowie außerhalb der Unterrichtszeiten einen längeren Text zu verfassen, der bestimmten Kriterien entsprechen muss.

Bevor Sie mit der Arbeit beginnen, sollten Sie sich mit den gesetzlichen Bestimmungen vertraut machen. Die derzeit (Dezember 2016) letztgültige Handreichung dazu finden Sie unter: https://www.bmb.gv.at/schulen/unterricht/ba/reifepruefung_ahs_lfvwa_22700.pdf

Zeitrahmen

Überlegen Sie bereits in der 6. Klasse, welche Themen Sie besonders interessieren. Im 1. Semester der 7. Klasse müssen Sie Ihr Thema formulieren und eine Betreuerin oder einen Betreuer finden. Bis Ende März des 2. Semesters der 7. Klasse muss Ihre Betreuerin bzw. Ihr Betreuer Ihr Thema einschließlich des Erwartungshorizontes bei der zuständigen Schulbehörde (Landesschulrat, Stadtschulrat) einreichen. Die Zustimmung zum Thema erfolgt im Laufe des 2. Semesters. Sollte Ihr Thema abgelehnt werden, haben Sie die Möglichkeit, innerhalb einer von der Schulbehörde bestimmten Frist ein Thema nachzureichen. Im 1. Semester der 8. Klasse (oder auch gleich nach Genehmigung Ihres Themas) verfassen Sie Ihre Arbeit. Dabei steht Ihnen Ihre Betreuerin oder Ihr Betreuer hilfreich zur Seite. Am Beginn des 2. Semesters (Ende der ersten Unterrichtswoche) geben Sie Ihre Arbeit gemeinsam mit einem Begleitprotokoll und einem Abstract in zweifach gedruckter Form ab. Die Arbeit muss außerdem in die VWA-Genehmigungs-Datenbank hochgeladen oder in anderer digitaler Form (zB USB-Stick) abgegeben werden. Für Schulleitung und Klassenvorstand besteht die Möglichkeit, die Arbeiten einzusehen. Die Schulleitung leitet die Arbeiten an die oder den Vorsitzenden der Prüfungskommission weiter. Diese bzw. dieser kann in besonderen Fällen eine Rückmeldung zur Arbeit geben. Vor der Präsentation und der Diskussion der Arbeit findet eine Besprechung zwischen der Betreuerin bzw. dem Betreuer und der Kandidatin bzw. dem Kandidaten statt. Der Präsentationstermin wird von der zuständigen Schulbehörde festgelegt.

Im Idealfall sieht Ihr Zeitplan so aus:

7. Klasse:

1. Semester: Themenfindung, Recherche, Wahl der Betreuerin bzw. des Betreuers, Festlegung der Themenstellung
2. Semester: im März Vorlage der Themenstellung mit Erwartungshorizont und Literaturangaben, Einreichung bei der Schulbehörde, danach Zustimmung der Schulbehörde bzw. im Falle der Ablehnung Festlegung eines neuen Themas

8. Klasse:

1. Semester: Verfassen der Arbeit, Betreuung durch die gewählte Lehrperson
2. Semester: in der ersten Woche Abgabe in gedruckter und digitaler Form bei der Betreuerin bzw. beim Betreuer, innerhalb von drei Wochen „Beschreibung" der Arbeit durch die Betreuerin oder den Betreuer, Weiterleitung an die Vorsitzende bzw. den Vorsitzenden der Prüfungskommission, Vorbereitung der Präsentation, abschließend Präsentation und Diskussion

Anforderungen

Bei der vorwissenschaftlichen Arbeit werden nicht nur fachliche Kenntnisse und Methodenkompetenz beurteilt, relevant sind auch sämtliche Vorzüge und/oder Schwächen. Grundsätzlich müssen Sie bei der Arbeit die Verfahrensweisen wissenschaftlichen Arbeitens beachten. Dazu gehören:
- Formulierung einer Fragestellung
- Literaturrecherche
- Gliederung und Zeitplan
- Form und Formatierung
- Forschung
- Analyse der Ergebnisse
- Präsentation

Betreuerin oder Betreuer

Die Wahl der richtigen Betreuerin bzw. des richtigen Betreuers ist von entscheidender Bedeutung für das Gelingen Ihrer Arbeit. Beachten Sie, dass jede Lehrerin bzw. jeder Lehrer maximal fünf Kandidatinnen bzw. Kandidaten betreuen kann. Während der Arbeit werden Sie kontinuierlich betreut, das heißt, Sie werden bei der konkreten Themenfindung beraten und bekommen Rückmeldungen zu Inhalt, Darstellung, Argumentationsweise sowie sprachlicher und formaler Gestaltung. Ihre Betreuerin oder Ihr Betreuer übernimmt jedoch keine Korrekturarbeiten für Sie. Die Richtlinien des Bundesministeriums für Bildung sehen mindestens zwei Gesprächstermine zwischen Betreuerin oder Betreuer und Kandidatin oder Kandidat vor, achten Sie jedoch darauf, dass Sie in regelmäßigem Kontakt bleiben.

Thema, Fragestellung und Titel

Das von Ihnen gewählte Thema muss es zulassen, dass Sie selbstständig forschen. Eine Wiedergabe und Zusammenfassung von Literatur aus verschiedenen Quellen reicht für wissenschaftliches Arbeiten nicht aus. Sie sind gefordert, einen eigenständigen Forschungszugang zur Fragestellung zu finden. Meiden Sie forschungsintensive Themen, Ihr

Thema soll in Hinblick auf die Ausarbeitung bewältigbar bleiben. Bedenken Sie, dass Sie Ihre Arbeit neben dem laufenden Schul- und Prüfungsbetrieb schreiben müssen. Halten Sie Ihr Thema so konkret und überschaubar wie möglich.

Ihre Themenstellung muss eine konkrete Fragestellung enthalten. Wählen Sie diese Fragestellung so, dass Sie sie mit Hilfe Ihrer Forschungsmöglichkeiten beantworten können. Fragestellungen müssen nicht unbedingt in Form von Fragesätzen formuliert sein. Unterschiedliche Wissensgebiete werfen unterschiedliche Fragestellungen auf. Überlegen Sie also zuerst, welche wissenschaftlich relevanten Fragen Sie interessieren. Je präziser Sie Ihre Fragestellung formulieren, desto leichter und überschaubarer wird es für Sie, für Ihre Arbeit zu forschen und diese dann zu verfassen. Der Titel Ihrer Arbeit muss Hinweise auf Ihr Forschungsgebiet und die Ziele Ihrer Arbeit enthalten.

Formale Kriterien

Der Umfang einer vorwissenschaftlichen Arbeit beträgt höchstens 60 000 Zeichen. Vorwort und Quellen- bzw. Literaturangaben werden nicht mitgerechnet. Achten Sie beim Formatieren Ihrer Arbeit auf Lesbarkeit, Übersichtlichkeit und Einheitlichkeit. Verwenden Sie nicht mehrere Schriften. Ihre Arbeit muss ein Inhaltsverzeichnis, einen Literatur- bzw. Quellennachweis bzw. ein Abbildungsverzeichnis enthalten. Ebenso muss der Arbeit ein Abstract in deutscher oder englischer Sprache sowie ein Begleitprotokoll beigelegt werden.

Ihre vorwissenschaftliche Arbeit muss nachvollziehbar und überprüfbar sein. Dies erhöht die Glaubwürdigkeit und sichert Ihre Argumentation ab. Dazu ist es notwendig, wörtlich oder inhaltlich übernommene Passagen aus Informationsquellen zu belegen. Verwenden Sie dafür die unter diesem Link angeführten Zitierregeln: http://www.ahs-vwa.at/mod/data/view.php?d=2&perpage=100&search=&sort=29&order=ASC&advanced=1&f_39=Recherchieren,+Exzerpieren,+Zitieren.

Inhaltliche Kriterien

Sie sollen mit der vorwissenschaftlichen Arbeit neben umfangreichen fachspezifischen Kenntnissen zeigen, dass Sie über folgende nicht-fachliche Kompetenzen verfügen:

- Lern- und Arbeitstechniken (Recherche, zielgerichtete Informationsentnahme, Zitieren, Exzerpieren, Strukturieren, Datenverarbeitung, Textproduktion)
- Fähigkeit zu relevanter Fragestellung
- kritische Nutzung von Informationsquellen/Grundlagenmaterial
- Eigenständigkeit und Exaktheit im Denken und Arbeiten
- klare Begriffsbildung
- Erfassen von Sachverhalten und Zusammenhängen
- Objektivität in der Analyse
- logisch-kritisches, vernetztes Denken
- basierend auf differenzierten Aussagen eigene Schlussfolgerungen ziehen

- stringente, nachvollziehbare Argumentation
- Fähigkeit zu differenziertem, korrektem schriftlichen Ausdruck
- Überarbeitung von Texten nach inhaltlichen und formalen Kriterien

Der Schwerpunkt liegt deutlich auf der Selbstständigkeit sowie auf den (umfangreichen) Kenntnissen. Die betreuende Lehrkraft wird Ihnen von an Anfang an klar machen, dass die kontinuierliche Betreuung nur im Sinn eines Coachings verstanden werden darf, um die geforderte Selbstständigkeit nicht zu beeinträchtigen. Denn neben der Methodenkompetenz und den fachlichen Kenntnissen bildet die Eigenständigkeit im Denken und Arbeiten ein wesentliches Kriterium der Beurteilung, in die nicht nur das Produkt, sondern auch der Prozess Eingang finden wird.

Ziel der vorwissenschaftlichen Arbeit ist es nicht, neue Erkenntnisse zu gewinnen, sondern in eigenständiger Arbeit Antworten auf die Ihrem Thema impliziten Fragestellungen zu finden und in sprachlich angemessener Form darzulegen, auch wenn es sich um keine neuen Antworten handelt.

Ausgestattet mit jener Methodenkompetenz, die Sie sich im Laufe der gesamten Schulzeit aneignen konnten, soll es Ihnen möglich sein, die Fähigkeit zu eigenverantwortlichem Arbeiten und zu eigenständigem Denken im Rahmen einer angemessenen Themenstellung unter Beweis zu stellen.

Hier noch eine kurze Übersicht:

Arbeitsschritt
Anlegen einer VWA-Mappe zum Notieren von Ideen, Hinweisen, Anmerkungen, Notizen, Gesprächsnotizen usw. und zum Abheften von Unterlagen, Arbeitsblättern usw. In der VWA-Mappe sollte auch das Protokoll geführt werden.
Überlegung, welches Thema passen würde
Betreuungsperson finden
Erwartungshorizont erstellen und Thema einreichen
Forschungsfrage/Fragestellung entwickeln
Recherche und Literatur, Literaturanbindung
Methode zur Beantwortung der Forschunsfrage finden und wählen
Schreiben der Arbeit
Überarbeitung (Struktur, Stil, Rechtschreibung)
Fertigstellen (Ausdrucken, Binden, Abgabe)
Präsentation und Diskussion

Verwendete Literatur:
Donhauser, Gerhard/Jaretz, Thomas: Vorwissenschaftliche Arbeit. Maturatraining. Wien: Österreichischer Bundesverlag Schulbuch GmbH & Co, 7. Auflage 2014, S. 4 ff.
http://www.vorwissenschaftlichearbeit.info/vwa-vorwissenschaftliche-arbeit-ablauf/, abgerufen am 12.12.2016
https://www.bmb.gv.at/schulen/unterricht/ba/reifepruefung_ahs_lfvwa_22700.pdf, abgerufen am 12.12.2016
http://www.ahs-vwa.at/, abgerufen am 17.3.2017

Methodenüberblick

aus global 5:

Methode

Kartenauswertung

Topographische Karten eignen sich zur Darstellung von Geländeformen, Gewässern, Siedlungen, Verkehrsnetz oder Bodenbedeckung. Thematische Karten dienen der Darstellung eines bestimmten Sachverhalts, etwa Bevölkerungsdichte, Tourismus etc..

Schritt für Schritt:

☐ Orientierung: Welches Thema, welches Gebiet ist dargestellt? Welcher Maßstab wurde verwendet?

☐ Erschließung: Mit Hilfe der Legende kann das dargestellte Thema genauer erfasst werden.

☐ Beschreibung: Der Karteninhalt wird mit eigenen Worten beschrieben.

☐ Erklärung: Stellen Sie die Ursachen für die in der Karte dargestellten Erscheinungen und deren räumliche Verteilung dar.

☐ Bewertung: Bewerten Sie den Informationsgehalt und den Aussagewert der Karte. Beachten Sie dabei angegebene Datenquellen, Aktualität, verwendete Farben, Signaturen und Symbole.

Methode

Klimadiagramme interpretieren

Mit Klimadiagrammen wird die Beschreibung und Interpretation von klimatischen Verhältnissen eines Ortes ermöglicht. Daher sind Klimadiagramme auch im täglichen Leben hilfreich – etwa bei der Auswahl der Ausrüstung für den Urlaubsort, für die Festlegung des persönlich idealen Reisemonats etc. Zu beachten ist, dass im Klimadiagramm nur langjährige Mittelwerte eingetragen sind, weswegen das Wetter vor Ort erheblich abweichen kann.

Schritt für Schritt:

☐ Vergleichen Sie die mittlere Jahrestemperatur mit jener von Wien und ordnen Sie den Ort in eine Klimazone ein. Beachten Sie, dass eine größere Meereshöhe eine niedrigere Temperatur bewirkt.

☐ Analysieren Sie den Temperaturverlauf auf jahreszeitliche Verläufe oder gleichbleibende Tendenzen.

☐ Ermitteln Sie die Unterschiede der Temperatur zwischen dem höchsten und dem niedrigsten Wert (Amplitude). Meeresferne Orte weisen prinzipiell eine größere Temperaturamplitude auf.

☐ Finden Sie die Monate mit Frost heraus.

☐ Ordnen Sie den Wert des mittleren Jahresniederschlags ein. Orte gelten bis 500 mm als trocken, bis 1000 mm als feucht, über 1000 mm als sehr feucht.

☐ Analysieren Sie den Verlauf der Niederschläge über das Jahr hinweg auf (starke) Unterschiede. Werte über 100 mm Monatsniederschlag gelten als hoch und daher als besonders feuchte Zeiten.

☐ Beachten Sie die Lage der Temperaturkurve im Vergleich zur Niederschlagskurve. Befindet sich die Temperaturkurve unter der der Niederschlagskurve, sind diese Monate vereinfacht ausgedrückt humid (feucht). Liegt hingegen die Temperaturkurve über der Niederschlagskurve, können diese Monate als arid (trocken) bezeichnet werden.

☐ Ermitteln Sie die Monate, in denen die mittlere Monatstemperatur über 10 °C beträgt und die gleichzeitig humid sind. Das ist die Wachstumszeit für Kulturpflanzen wie etwa Feldfrüchte.

Methode

Ursache-Wirkungs-Schema erstellen und interpretieren

Die Texte und Grafiken über die Bevölkerungsentwicklung enthalten viele Informationen. Es handelt sich dabei auch um Informationen, die zusammenhängen und nicht für sich alleine stehen. Mit Hilfe eines Ursache-Wirkungs-Schemas kann man die komplexen Zusammenhänge einfach graphisch darstellen.
Gäbe es nur eine Ursache für die Bevölkerungsentwicklung, dann ließe sich das ganz einfach darstellen: Ursache ⟶ Folge.
In Wirklichkeit gibt es jedoch sehr viele Ursachen und Folgen daraus, sodass ein Ursache-Wirkungs-Schema meist deutlich komplizierter ist.

Schritt für Schritt:

☐ Problem bzw. Fragestellung formulieren, Stichwörter sammeln.

☐ Bearbeitung der zur Verfügung stehenden Texte und Materialien. Daraus
  a) Hauptursachen und Nebenursachen sowie
  b) Folgen erarbeiten.

☐ Ein Grundschema skizzieren.

☐ Ursachen und Folgen (Wirkung) gruppieren und eintragen.

☐ Linien und Pfeile entsprechend ergänzen. Falls für die Übersichtlichkeit erforderlich, mit unterschiedlichen Farben arbeiten.

Methode

Diagramme auswerten und bewerten

Diagramme veranschaulichen Zahlen und bringen sie in Beziehung zueinander. Dazu können verschiedene Arten von Diagrammen verwendet werden. Die Wahl der Diagrammart hängt davon ab, was mit dem Diagramm verdeutlicht werden soll. Zeitliche Entwicklungen lassen sich gut in Kurvendiagrammen darstellen. Um verschiedene Werte miteinander vergleichen zu können, werden meist Säulendiagramme verwendet. Kreisdiagramme oder Streifendiagramme eignen sich zur Darstellung von Anteilen. Bei allen Diagrammformen ist eine genaue Beschriftung notwendig, bei Säulen- und Kurvendiagrammen müssen die x- und die y-Achse sinnvoll eingeteilt sein.

Schritt für Schritt:

☐ Einorden: Welche Diagrammart wurde gewählt? Welche Fragestellung steht hinter dem Diagramm? Aus welcher Quelle stammt es? Von wann sind die Zahlen? Welcher Zeitraum bzw. welcher Zeitpunkt wird dargestellt? Für welchen Raum, für welche Räume gilt die Darstellung?

☐ Beschreiben: Welche Entwicklungen sind feststellbar? Welche Werte sind auffällig?

☐ Erklären: Was kann mit Hilfe des Diagramms ausgesagt werden? Welche Ergebnisse lassen sich ableiten? Wie können die Ergebnisse erklärt werden?

☐ Bewerten: Aussagen von Diagrammen können durch die Einteilung der x- und der y-Achse verfälscht sein. Prüfen Sie genau: Wie ist das Diagramm aufgebaut? Sind die Abstände zwischen den Werten angemessen oder zu klein bzw. zu groß? Wie sind die Achsen beschriftet?

Methode

Diskussion

Die Aspekte der Nutzungskonflikte hängen stark von der Perspektive der Betrachterinnen und Betrachter ab. Viele Argumente können gänzlich unterschiedlich dargestellt werden. Zur konstruktiven Diskussion müssen daher Gegenargumente zugelassen und durchgedacht werden. Trotz aller Unterschiede werden sich Gemeinsamkeiten und hoffentlich auch Lösungsansätze finden lassen.

Schritt für Schritt:

☐ Informationsbeschaffung (auch für Gegenargumente)

☐ Themenabgrenzung

☐ Gegenargumente zulassen, bewusst durchdenken und mit eigenem Standpunkt vergleichen

☐ Gemeinsamkeiten trotz unterschiedlicher Positionen erkennen

☐ Lösungsansätze suchen

Methode

Karikaturen erschließen

Karikaturen sind ein subjektiver Kommentar, der voreingenommen versucht, etwas in Frage zu stellen. Um anschaulich oder schockierend zu wirken, überzeichnen, übertreiben und deformieren Karikaturen die Wirklichkeit. Die meisten haben einen sozialen oder politischen Hintergrund. Sie sollen Probleme offenlegen, ohne dafür Lösungen anzubieten. Mängel und Fehler von Personen, von Objekten oder Ereignissen werden aufgedeckt und durch die Zeichnung der Lächerlichkeit preisgegeben.

Schritt für Schritt:

☐ Was?: Was sieht man? Was fällt besonders auf?

☐ Wie?: Welche Mittel werden verwendet?

☐ Wer?: Wer hat sie erstellt? In wessen Auftrag? Welche Ziele werden verfolgt?

☐ Wann?: Wann ist sie entstanden?

☐ Wo?: Wo ist sie entstanden? Was wissen wir über diese Zeit/diesen Ort?

Methode

Ein Satellitenbild auswerten

Satelliten erfassen rund um die Uhr Daten über die Erde, zB über die Vegetation, über Meeresströmungen oder über das Wettergeschehen. Mit elektronischen Sensoren und Kameras wird die Erdoberfläche so genau aufgezeichnet, dass Details gut erkennbar sind. Die aufgezeichneten Daten werden zu Bildern verarbeitet. Für diese Bilder werden natürliche Farben oder Falschfarben verwendet, je nachdem, welche Inhalte dargestellt werden sollen.

Schritt für Schritt:

☐ Verorten: Mit Hilfe der Bildunterschrift oder des Atlas wird ermittelt, welches Gebiet dargestellt ist.

☐ Gliedern: Große Strukturen wie Land- oder Wasserflächen, bebaute Gebiete etc. und gleichfarbige Bereiche abgrenzen, sie bieten Hinweise auf ähnliche Vegetation oder ähnliche Oberflächenbeschaffenheit.

☐ Beschreiben: Merkmale wie zB Städte, Küstenlinien, landwirtschaftlich genutzte Flächen oder Eis- und Schneeflächen stichwortartig festhalten

☐ Deuten: Beziehungen zwischen den einzelnen Bildelementen herstellen und nach Zusammenhängen suchen

☐ Auswerten und interpretieren: Mit Hilfe weiterer Informationsquellen die Richtigkeit der Schritte 2, 3 und 4 überprüfen.

Methode

Entscheidungen treffen

Entscheidungen zu treffen fällt oft schwer. Verschiedene Hilfsmittel erleichtern eine Entscheidungsfindung.

Schritt für Schritt:

☐ Fakten sammeln: Notieren Sie alle Argumente, die für eine Entscheidung relevant sein können, dann sortieren Sie diese nach ihrer Bedeutung, wobei die wesentlichen Einflussfaktoren oben gereiht werden.

☐ Pro- und Contra-Liste: Legen Sie eine Tabelle mit drei Spalten an. In der ersten Spalte listen Sie auf, was für eine Entscheidung spricht, in die zweite Spalte werden die Gegenargumente eingetragen, die dritte Spalte dient Fragen und Ideen.

☐ Entscheidungsbaum: Mit einem Entscheidungsbaum können Sie Ergebnisse unterschiedlicher Wahlmöglichkeiten durchspielen. Die Grundfrage ist immer: „Was passiert, wenn …?"

☐ Mindmap: Diese Methode ist besonders dann gut geeignet, wenn für eine Entscheidung mehrere Möglichkeiten und Wege offenstehen.

Methode

Bilder analysieren

Bilder präsentieren Sachverhalte, wie sie in einem Ausschnitt der visuellen Realität dargestellt werden. Die Analyse von Bildern ist oft komplex und erfordert genaues Arbeiten.

Schritt für Schritt:

☐ Bild beschreiben: Bildtyp, Bildinhalte wie Landschaften, Pflanzen, Böden, Gebäude oder Strukturen benennen und einzeichnen; Bild verorten; Zusatzinformationen heranziehen

☐ Bild erklären: einzelne Bildelemente verknüpfen, Zusammenhänge herstellen, Vorwissen einbringen, Manipulationen erkennen

☐ Bild bewerten: Bewertung, Schlussfolgerung, Hypothesenbildung, Medienkritik

Statistiken auswerten

Statistische Angaben sind wesentliche Grundlagen für die Informationsbeschaffung im GW-Unterricht. Sie beruhen immer auf Zahlen, die unterschiedlich, etwa als Tabellen, Diagramme oder Schaubilder, dargestellt werden. Amtliche Statistiken zB von Statistik Austria oder Eurostat können als sehr verlässlich eingestuft werden.

Schritt für Schritt:

☐ Beschreiben: Welcher Sachverhalt ist dargestellt? Wie ist die Statistik dargestellt? Welcher Zeitpunkt oder Zeitraum ist abgebildet? Ist eine Entwicklung erkennbar?

☐ Informationen sammeln: Ist eine Datenquelle angegeben? Wer ermittelte die Daten und stellt sie der Öffentlichkeit zur Verfügung? Sind die Daten verlässlich oder könnten sie auch manipuliert sein?

☐ Material analysieren: Welche Angaben sind miteinander vergleichbar? Können Sie Besonderheiten feststellen? Können Sie diese Besonderheiten erklären? Können Sie aus der Statistik Prognosen ableiten?

Methode

Projektarbeit

Bei der Projektarbeit steht das selbstständige Arbeiten an einer Aufgabe oder einer Problemstellung innerhalb einer Gruppe im Mittelpunkt. Die Planung, Durchführung und die Präsentation der Ergebnisse werden im Unterricht gemeinsam in der Gruppe erarbeitet und realisiert. Diese Methode fördert vor allem demokratisches und handlungsorientiertes Lernen und bietet einen Freiraum für Selbstorganisation und Teamarbeit.

Schritt für Schritt:

☐ Auseinandersetzung mit der Aufgabe bzw. der vorgegebenen Problemstellung

☐ Einteilung der Aufgaben: Wer beschäftigt sich womit?

☐ Zeitmanagement einteilen und beachten

☐ Bearbeitung der zur Verfügung stehenden Texte und Materialien (selbstständiges und gemeinsames Erarbeiten)

☐ Dokumentation über den Lösungsvorgang

☐ Zusammenführung der einzelnen Ergebnisse

☐ Erstellen eines Endproduktes mit Hilfe von unterschiedlichen Präsentationsmethoden (Flipchart, Computer, Plakate, …)

☐ Präsentation des Ergebnisses

global 7

Methode

Sachtexte analysieren

Sachtexte bilden einen wesentlichen Bestandteil im GW-Unterricht. Sie liefern Fakten und oft auch weiterführende Informationen zu einem bestimmten Sachverhalt. Sachtexte können aus einschlägiger Fachliteratur oder aus Zeitungen, Zeitschriften oder Nachrichten stammen.

Schritt für Schritt:

☐ Text lesen: den Text mindestens zweimal genau lesen, wichtige Aussagen und Schlüsselwörter unterstreichen oder markieren (eventuell in unterschiedlichen Farben), unbekannte Wörter nachschlagen

☐ Markante Stellen beachten: Überschriften berücksichtigen; Gibt es Tabellen, Grafiken, Illustrationen oder Fotos, die den Text veranschaulichen?

☐ Fragen an den Text stellen: Um welche Art von Text handelt es sich (zB Zeitungsbericht, Reportage, Artikel in Fachzeitschrift, Auszug aus Fachbuch, …)? Wer hat den Text geschrieben? Wann wurde der Text verfasst? Was ist die Intention der Autorin oder des Autors? Worin besteht die Kernaussage? Mit welchem Vorwissen kann der Text in Beziehung gesetzt werden?

Expertinnen und Experten befragen

Bei einer Expertenbefragung können Fachleute aus verschiedensten Bereichen Schülerinnen und Schülern Auskünfte erteilen. Dadurch können Praxiswissen und Praxiserfahrung für den Unterricht genutzt, erworbene Kenntnisse angewendet und erweitert werden. Bei der Befragung von mehreren Expertinnen und Experten können unterschiedliche Sichtweisen zu einem bestimmten Thema kennengelernt werden.

Schritt für Schritt:

☐ Einarbeitung: Das Thema der Expertenbefragung muss gut vorbereitet werden.

☐ Organisation: Expertinnen und Experten kontaktieren, Zeit, Ort und Dauer der Befragung festlegen

☐ Fragenkatalog: vor der Befragung einen Fragenkatalog erstellen, entweder Fragenbereiche und/oder Detailfragen vorbereiten

☐ Befragung: Während der Befragung muss ein detailliertes Protokoll geführt oder das Gespräch in Absprache mit der Expertin oder dem Experten aufgenommen werden. Das Gespräch muss inhaltlich strukturiert ablaufen.

☐ Auswertung: Eine wesentliche Aufgabe bei der Auswertung einer Expertenbefragung ist eine kritische Distanz zu den Ergebnissen. Interessengebundenheiten der oder des Befragten müssen berücksichtigt und eventuell Gegenpositionen formuliert werden. Der Verlauf des Gesprächs soll reflektiert werden.

Texte verfassen

Schreiben dient der Erarbeitung, der Darstellung, der Speicherung und der Kommunikation von Wissen. Autorinnen und Autoren sind bemüht, in geschriebenen Texten Gedanken festzuhalten, Zusammenhänge herzustellen und Gedankengänge nachvollziehbar zu machen.

Schritt für Schritt:

☐ Thema festlegen: Welches Thema wähle ich? Wie weit vertiefe ich Themenaspekte? Wie lauten die Leitfragen meines Textes?

☐ Materialien und Quellen finden und bearbeiten: Welche Materialien und Quellen (Texte, Statistiken etc.) verwende ich? Materialien und Quellen auf ihre Relevanz und Authentizität prüfen!

☐ Umfang und Zeitrahmen festlegen: Wie umfangreich soll oder darf mein Text werden? Wie viel Zeit steht mir zum Recherchieren und Verfassen meines Textes zur Verfügung?

☐ Text schreiben: Welche Textsorte wähle ich? Welchen Blickwinkel nehme ich ein? Wie ist meine Sichtweise zum Thema? Beim Verfassen des Textes achte ich auf fachliche Genauigkeit, geschlechtergerechte Formulierungen und korrektes Zitieren von Quellen.

☐ Text überarbeiten: Es ist empfehlenswert, einen geschriebenen Text mit einigem zeitlichem Abstand noch einmal zu lesen und dabei auf Rechtschreibung, Grammatik, Zeichensetzung, Textaufbau, Wortwahl, Satzbau etc. genau zu überprüfen. Neben diesen formalen sollen auch inhaltliche Kriterien wie Verständlichkeit, Schlüssigkeit der Argumentation oder Stimmigkeit genau geprüft werden.

Betriebserkundung

Eine Betriebserkundung bietet die Möglichkeit, Merkmale und Probleme eines Landwirtschafts-, Handwerks-, Industrie- oder Dienstleistungsbetriebes kennenzulernen. Dafür ist eine sorgfältige Planung sowie eine gründliche Nachbereitung notwendig.

Schritt für Schritt:

☐ Vorbereitung: Betrieb auswählen (Welche Betriebe in der Umgebung des Schulstandortes eignen sich für eine Erkundung?), Kontakt mit dem oder den ausgewählten Unternehmen aufnehmen, Termin vereinbaren; Fakten und Hintergründe zum Unternehmen recherchieren; Fragenkatalog für die Betriebserkundung erstellen (zB Standort(e), Geschichte des Betriebes, Belegschaft, Umgang mit der Umwelt, Bedeutung des Betriebes für den Standort oder die Region, …)

☐ Besuch des Betriebes: beobachten, fragen, wenn erlaubt fotografieren oder filmen; Abschlussgespräch mit der Ansprechpartnerin oder dem Ansprechpartner im Betrieb, Klärung offener Fragen

☐ Nachbereitung: Zusammenführen aller gesammelten Informationen, Vergleich der Ergebnisse mit den Zielsetzungen aus dem Fragenkatalog, Zusammenstellung der Erkundungsergebnisse, Präsentation entweder in der Klasse, der Schule oder auch außerhalb der Schule bzw. im besuchten Betrieb

Register

Quellennachweis

S. 7: nach: https://www.bmbf.gv.at/schulen/unterricht/ba/reifepruefung_ahs_lfgw_22201.pdf?4k21fx, abgerufen am 5.12.2016; **S. 8, M2:** https://www.ecb.europa.eu/euro/intro/html/map.de.html, abgerufen am 7.12.2016; **S. 9, M4:** http://www.europarl.at/de/aktuell-presse/meldungen/schwerpnktthemen/der_neue_eu_vertrag.html, abgerufen am 2.4.2016; **S. 11, M6:** http://www.swp-berlin.org/de/swp-themendossiers/europaeische-integration-in-der-krise.html, abgerufen am 17.3.2017; **S. 12, M1:** http://www.oe24.at/news/Die-europaeische-Identitaet/177521138, 19.2.2015, abgerufen am 30.11.2016; **S. 12, M2:** nach: Metzeltin, Michael: Europäische Integration/Europäische Identität? 20.3.2014, ÖAW, Forschung und Gesellschaft 8; **S. 12, M3:** https://ec.europa.eu/commfrontoffice/publicopinion/index.cfm/Survey/getSurveyDetail/instruments/STANDARD/surveyKy/2255, abgerufen am 3.6.2020, Standard Eurobarometer 92, Herbst 2019, S. 16; **S. 13, M4:** https://ec.europa.eu/commfrontoffice/publicopinion/index.cfm/Survey/getSurveyDetail/instruments/STANDARD/surveyKy/2255, abgerufen am 3.6.2020, Standard Eurobarometer 92, Herbst 2019, S. 13; **S. 13, M5:** https://europarl.europa.eu/election-results-2019/de/wahlbeteiligung/, abgerufen am 29.7.2020; **S. 14, M1:** http://www.politischebildung.com/pdfs/th1a_19.pdf, abgerufen am 15.2.2016; **S. 14, M2:** Charta der Grundrechte der Europäischen Union, http://www.europarl.europa.eu/charter/pdf/text_de.pdf, abgerufen am 7.12.2016; **S. 14, M3:** nach: http://www.wissen.de/lexikon/europa-geographie, abgerufen am 15.2.2016; **S. 15, M4:** nach: Fischer Weltalmanach 2015; **S. 15, M5:** https://de.wikipedia.org/wiki/Europarat, abgerufen am 15.2.2016; **S. 15, M6:** nach: Faßmann, Heinz: Wo endet Europa? Anmerkungen zur Territorialität Europas und der EU. Mitteilungen der Österreichischen Geographischen Gesellschaft, Band 144. Wien 2002, S. 34 f.; **S. 18, M1:** https://de.wikipedia.org/wiki/Datei:Klimadiagramm-deutsch-Palermo_(Sizilien)-Italien.png, https://commons.wikimedia.org/wiki/File:Klimadiagramm-metrisch-deutsch-Belfast_(Nordirland)-GB.png, http://de.climate-data.org/location/479/, http://www.klimadiagramme.de/Europa/nyalesund.html, abgerufen am 13.10.2016; **S. 20, M1:** https://www.transparency.de/cpi/, abgerufen am 3.6.2020; **S. 20, M2:** http://www.csr-wegweiser.at/bertelsmann-vergleichender-gerechtigkeitsindex-fuer-alle-28-eu-staaten-2014/, abgerufen am 13.10.2016; **S. 20, M3:** http://wko.at/statistik/eu/europa-bevoelkerung.pdf, abgerufen am 3.6.2020; **S. 26, M1:** https://de.wikipedia.org/wiki/Liste_der_europ%C3%A4ischen_Regionen_nach_Bruttoinlandsprodukt, abgerufen am 3.6.2020; **S. 27, M2:** https://de.wikipedia.org/wiki/Liste_der_europ%C3%A4ischen_Regionen_nach_Bruttoinlandsprodukt, abgerufen am 29.7.2020; **S. 27, M3:** https://de.wikipedia.org/wiki/Liste_der_europ%C3%A4ischen_Regionen_nach_Bruttoinlandsprodukt, abgerufen am 29.7.2020; **S. 27, M4:** https://de.statista.com/statistik/daten/studie/160142/umfrage/arbeitslosenquote-in-den-eu-laendern/, abgerufen am 29.7.2020; **S. 29, M3:** Korby Wilfried: Grenzen der Europäischen Union? In: Fundamente. Geographie Oberstufe. Stuttgart und Leipzig: Klett 2008, S. 394; **S. 29, M4:** Bub-Kalb, Simone u. a.: GWG Gemeinschaftskunde Wirtschaft 3, Gymnasium Baden-Württemberg. Stuttgart und Leipzig: Klett 2009, S. 174; **S. 31, M4:** https://de.statista.com/statistik/daten/studie/164004/umfrage/prognostizierte-bevoelkerungsentwicklung-in-den-laendern-der-eu/, abgerufen am 3.6.2020; **S. 31, M5:** https://populationpyramid.net/de/europa/2016/, abgerufen am 16.10.2020; **S. 31, M6:** http://populationpyramid.net/de/europa/2050/, abgerufen am 16.10.2020; **S. 33, M2:** https://ec.europa.eu/eurostat/documents/2995521/10246898/3-22112019-AP-DE.PDF/526c1e4d-9f19-06b2-090d-9515b4001cca, abgerufen am 3.6.2020; **S. 33, M4:** https://ec.europa.eu/eurostat/documents/2995521/10246898/3-22112019-AP-DE.PDF/526c1e4d-9f19-06b2-090d-9515b4001cca, abgerufen am 3.6.2020; **S. 35, M1:** http://www.shell.de/aboutshell/our-commitment/shell-youth-study-2015/family-education-employment-future.html, abgerufen am 12.10.2016; **S. 37, M4:** gekürzt und bearbeitet aus: http://www.aerzteblatt.de/archiv/156739, abgerufen am 13.10.2016; **S. 38, M1:** Christian Fridrich; **S. 39, M3:** Christian Fridrich; **S. 40, M1:** nach: http://www.bpb.de/gesellschaft/migration/dossier-migration/56517/migration-in-der-eu, abgerufen am 24.4.2016; **S. 41, M2:** nach: BMBF: Flüchtlingskinder und -jugendliche an österreichischen Schulen, Beilage zum Rundschreiben 21/2015; **S. 41, M8:** nach: Vobruba, Georg. Europäische Integration: Die nächste Phase startet. Der Standard, 12.2.2016; **S. 42, M1:** http://www.bpb.de/gesellschaft/migration/dossier-migration/56576/binnenmigration?p=all, abgerufen am 10.4.2016; **S. 42, M3:** https://kurier.at/wirtschaft/pflege-missstaende-bei-24-stunden-betreuung/48.200.464, 26.1.2014, Anita Staudacher, abgerufen am 18.10.2016, https://www.euro.centre.org/downloads/detail/3186, abgerufen am 3.6.2020; **S. 42, M4:** https://kurier.at/wirtschaft/pflege-missstaende-bei-24-stunden-betreuung/48.200.464, 26.1.2014, Anita Staudacher, abgerufen am 14.10.2020; **S. 43, M5:** derstandard.at/1256255762524/Deutsche-Kellnerin-in-Tirol-Durch-die-Gaeste-bin-ich-in-der-Heimat, Verena Langegger, 23.10.2009, abgerufen am 10.4.2016; **S. 43, M6:** http://diepresse.com/home/sport/fussball/international/1510034/David-Alaba_Die-Karriere-des-rotweissroten-Fussballstars, abgerufen am 10.4.2016; **S. 44, M1:** https://www.hss.de/news/detail/braindrain-weiter-ungebremst-news5118/, 6.9.2019, abgerufen am 3.6.2020; **S. 45, M2:** https://www.dw.com/de/polen-der-hohe-preis-der-auswanderung/a-44107658, 7.6.2018, Monika Sieradzka, abgerufen am 3.6.2020; **S. 45, M3:** https://www.diepresse.com/5586488/einfacherer-zugang-zur-rot-weiss-rot-karte-soll-kommen, 27.2.2019, abgerufen am 3.6.2020; **S. 46, M1:** http://orf.at/stories/2292457/2292454/, David Tiefenthaler, 5.8.2015, abgerufen am 4.4.2016; **S. 46, M2:** https://www.faz.net/aktuell/politik/ausland/fluechtlinge-aus-syrien-die-tragoedie-des-21-jahrhunderts-16661310.html?printPagedArticle=true#pageIndex_2, 3.3.2020, Rainer Hermann, abgerufen am 3.6.2020; **S. 47, M3:** http://www1.wdr.de/archiv/integration/integration240.html, Junge Migranten im Porträt – Ahmed erforscht seine Familiengeschichte, Archiv, WDR; **S. 47, M4:** Klement, Robert: 70 Meilen zum Paradies. Wien: Verlag Jungbrunnen. 3. Auflage 2011; **S. 48, M2:** https://www.europarl.europa.eu/european-youth-event/de/home.html, abgerufen am 3.6.2020; **S. 48, M3:** nach: https://www.frauen-familien-jugend.bka.gv.at/jugend/internationale-jugendpolitik/eu-jugendstrategie.html, abgerufen am 2.6.2020; **S. 49, M4:** http://www.erasmusplus.at, abgerufen am 3.6.2020; **S. 49, M5:** https://www.zdf.de/nachrichten/heute/statistik-jugendarbeitslosigkeit-in-der-eu-zdfcheck-100.html, 19.5.2019, abgerufen am 3.6.2020; **S. 49, M6:** https://de.statista.com/statistik/daten/studie/74795/umfrage/jugendarbeitslosigkeit-in europa/, abgerufen am 3.6.2020; **S. 51, M1:** http://ec.europa.eu/youth/programme/index_de.htm, abgerufen am 9.4.2016; **S. 51, M2:** http://ec.europa.eu/youth/programme/mobility/european-voluntary-service_de.htm, abgerufen am 9.4.2016; **S. 51, M3:** http://wcms.itz.uni-halle.de/download.php?down=40992&elem=2932950, abgerufen am 9.4.2016; **S. 51, M4:** http://www.jugendinfo.be/downloads/ausland/JIZ-EFD-Erfahrungsberichte.pdf, abgerufen am 9.4.2016; **S. 53, M5:** https://www.nachhaltigkeit.info/artikel/nachhaltige_landwirtschaft_1753.htm, abgerufen am 7.12.2016; **S. 54, M2:** https://www.boell.de/de/2014/12/16/intensivfeldbau-industrielle-landwirtschaft-mit-zukunftsproblemen, abgerufen am 7.12.2016; **S. 55, M3:** http://www.klimaretter.info/mobilitaet/nachricht/18435-agrodiesel-nachfrage-bricht-ein, abgerufen am 7.12.2016; **S. 56, M2:** https://www.fian.de/fileadmin/user_upload/bilder_allgemein/Publikationen/FF_Magazin/ff2016-S.4-5.pdf, abgerufen am 23.10.2016; **S. 57, M4:** http://www.agrarfinance.ch/angebot_27, abgerufen am 23.10.2016; **S. 57, M5:** https://orf.at/stories/3141576/, 22.10.2019; abgerufen am 21.4.2020; **S. 59, M4:** http://www.nzz.ch/eine-welt-unter-folie-1.18081276, abgerufen am 23.10.2016; **S. 59, M5:** http://www.klima-diagramme.de/Europa/almeria.html, abgerufen am 18.10.2016; **S. 60, M1:** http://wirtschaftslexikon.gabler.de/Definition/unternehmenskonzentration.html, abgerufen am 7.12.2016; **S. 61, M2:** http://www.handelsblatt.com/unternehmen/banken-versicherungen/standortverlagerung-nimm-die-zentrale-und-wande-re/8952156.html, abgerufen am 20.10.2016; **S. 61, M3:** http://www.boeckler.de/pdf/p_wsi_diskp_162.pdf, abgerufen am 18.10.2016; **S. 62, M2:** http://derstandard.at/2000045143801/In-Oesterreich-kommen-auf-10-000-Beschaeftigte-128-Industrie-Roboter, 29.9.2016, abgerufen am 7.12.2016; **S. 63, M3:** http://www.sueddeutsche.de/wirtschaft/automatisierung-die-roboter-kommen-1.2360577, abgerufen am 7.12.2016; **S. 64, M2:** http://www.polen-pl.eu/gliwice-von-der-braunkohle-zu-start-ups-eine-stadt-im-wandel/, Katharina Lindt, 4.5.2015, abgerufen am 7.12.2016; **S. 65, M4:** http://invest-ksse.de/uber-uns-2114, abgerufen am 3.6.2020; **S. 65, M5:** http://invest-ksse.de/uber-uns-2114, abgerufen am 3.6.2020; **S. 65, M6:** http://invest-ksse.de/uber-uns-2114, abgerufen am 3.6.2020; **S. 67, M3:** http://www.diercke.de/content/rhein-main-wirtschaft-100750-32-1-0, abgerufen am 18.10.2016; **S. 71, M4:** Handelsblatt, 21.4.2016; **S. 75, M1:** https://www.wien.gv.at/statistik/pdf/wieninzahlen.pdf, abgerufen am 9.4.2016; **S. 75, M2:** Hauptverband der Sozialversicherungsträger, https://www.wien.gv.at/statistik/arbeitsmarkt/tabellen/ub-zr.html, abgerufen am 9.4.2016; https://www.wien.gv.at/statistik/arbeitsmarkt/tabellen/ub-sektor-zr.html, abgerufen am 3.6.2020; **S. 75, M3:** https://www.wien.gv.at/statistik/wirtschaft/volkswirtschaft/, abgerufen am 9.4.2016; Statistik Austria, Volkswirtschaftliche Gesamtrechnung; https://de.statista.com/statistik/daten/studie/317867/umfrage/prognose-zur-bevoelkerungsentwicklung-in-wien/; https://de.statista.com/statistik/daten/studie/19292/umfrage/gesamtbevoelkerung-in-oesterreich/, abgerufen am 3.6.2020; **S. 77, M2:** http://www.klimadiagramme.de/Europa/valentia.html, abgerufen am 20.10.2016; **S. 77, M3:** https://de.wikipedia.org/wiki/Bad_Tölz#/media/File:Klimadiagramm-metrisch-deutsch-BadToelz-Deutschland-1961-1990.png, abgerufen am 20.10.2016; **S. 77, M4:** https://de.wikipedia.org/wiki/Klimadia-gramm#/media/File:Klimadiagramm-Valencia-Spanien-metrisch-deutsch.png, abgerufen am 20.10.2016; **S. 78, M5:** http://ec.europa.eu/eurostat/statistics-explained/index.php/Population_and_population_change_statistics/de, Quelle: Eurostat (demo_gind), abgerufen am 20.10.2016; https://wko.at/statistik/eu/, abgerufen am 24.5.2020; **S. 78, M6:** http://ec.europa. eu/eurostat/statistics-explained/index.php/Population_and_population_change_statistics/de, Quelle: Eurostat (demo_gind), abgerufen am 20.10.2016; https://wko.at/statistik/eu/, abgerufen am 24.5.2020; **S. 78, M7:** https://de.statista.com/statistik/daten/studie/199596/umfrage/lebenserwartung-in--europa-nach-geschlecht-und-region/, abgerufen am 24.5.2020; **S. 78, M8:** https://de.statista.com/statistudie/810933 dersterblichkeit-in-den-eu-laendern/, https://www.indexmundi.com/map/?t=0&v=29&r=xx&l=en, abgerufen am 29.7.2020; **S. 78, M9:** http://www.euractiv.de/section/innovation/news/ngo-bericht-die-niederlande-haben-das-beste-gesundheitswesen-in-europa/, abgerufen am 20.4.2016; **S. 79, M11:** http://www.news.at/a/traiskirchen-erfahrungsbericht, Thomas Reitmayer, 20.8.2015, abgerufen am 20.4.2016; **S. 80, M14:** https://www.export-app.de/uploads/auslandsinvestitionen-19.pdf, S. 9, abgerufen am 24.5.2020; **S. 80, M15:** https://de.statista.com/statistik/daten/studie/190739/umfrage/groesste-boersennotierte-unternehmen-europas/, abgerufen am 24.5.2020; **S. 81, M16:** https://de.statista.com/statistik/daten/studie/202750/umfrage/wertvollste-unternehmen-in-europa/, abgerufen am 24.5.2020; **S. 81, M17:** https://www.austriatourism.com/tourismusforschung/tourismus-in-zahlen/tourismus-international-statistik/europatourismus-quartal-4-und-jahr-2015/, abgerufen am 7.12.2016; **S. 81, M18:** https://de.statista.com/statistik/daten/studie/487541/umfrage/beliebsteste-reiseziele-weltweit-nach-anzahl-der-uebernachtungsgaeste/, abgerufen am

24.5.2020; **S.87, M2:** https://europa.eu/european-union/topics/single-market_de, abgerufen am 23.4.2020; **S.87, M3:** https://www.europawahl-bw.de/fileadmin/europawahl-bw/pdf/binnenmarkt.pdf, abgerufen am 3.6.2020; **S.87, M4:** https://op.europa.eu/de/publication-detail/-/publication/6ee5fa6b-95fd-11e8-8bc1-01aa75ed71a1, S.2, abgerufen am 3.6.2020; **S.88, M1:** http://ec.europa.eu/budget/figures/interactive/index_de.cfm, abgerufen am 23.4.2020; **S.89, M2:** https://www.consilium.europa.eu/de/infographics/2020-eu-budget-areas/, abgerufen am 23.4.2020; **S.89, M3:** Europäische Kommission: EU-Haushalt 2018 - Finanzbericht; Eurostat: Online-Datenbank; S.91, M1: https://www.sn.at/wirtschaft/oesterreich/hofer-spar-rewe-dominieren-lebensmittelhandel-noch-staerker-40208356, 18.9.2018, abgerufen am 20.4.2020, gekürzt; **S.91, M3:** https://de.statista.com/statistik/daten/studie/36336/umfrage/preisniveau-fuer-nahrungsmittel-und-alkoholfreie-getraenke-in-europa/, abgerufen am 23.4.2020; **S.93, M2:** https://de.wikipedia.org/wiki/Liste_der_h%C3%B6chsten_Strafen_wegen_Wettbewerbsverst%C3%B6%C3%9Fen_in_der_EU, abgerufen am 3.6.2020; **S.93, M3:** http://derstandard.at/2000044646182/ARASechs-Millionen-Euro-Kartellstrafe-fuer, 20.9.2016, abgerufen am 23.10.2016; **S.94, M1:** https://gruenerbericht.at/cm4/jdownload/send/2-gr-bericht-terreich/1650-gb2016, abgerufen am 20.10.2016; **S.95, M2:** https://www.tagesschau.de/inland/containern-lebensmittel-verschwendung-101.html, 5.6.2019, abgerufen am 22.4.2020, gekürzt und leicht abgeändert; **S.95, M3:** https://www.europarl.europa.eu/news/de/headlines/society/20170505STO73528/lebensmittelverschwendung-in-der-eu-infografik, 12.5.2017, abgerufen am 22.4.2020, gekürzt und leicht geändert; **S.97, M3:** http://www.spiegel.de/wirtschaft/service/schweine-schlachten-zum-zuschauen-fleischproduktion-in-daenemark-a-965922.html, abgerufen am 12.10.2016; **S.97, M4:** http://www.heise.de/tp/artikel/41/41808/1.html, abgerufen am 12.10.2016; **S.98, M1:** https://www.bmvit.gv.at/verkehr/international_eu/downloads/zusammenfassung_tenv_cef.pdf, abgerufen am 20.10.2016; **S.99, M2:** https://stromissimo.de/verkehrsmittel-im-co2-vergleich/, abgerufen am 20.10.2016; **S.99, M3:** http://www.bernd-nebel.de/bruecken/index.html?/bruecken/3_bedeutend/oeresund/oeresund.html, abgerufen am 7.12.2016; **S.100, M1:** http://derstandard.at/2000015948494/Bahngueterverkehr-stagniert-in-Oesterreich-und-waechst-vor-allem-in-der, Quelle: Eidgenössisches Departement für Umwelt, Verkehr, Energie und Kommunikation, abgerufen am 23.10.2016; http://www.bahnonline.ch/bo/50304/gueterverkehr-im-jahr-2017-schienengueterverkehr-geht-2017-um-7-prozent-zurueck.htm, abgerufen am 3.6.2020; **S.101, M2:** https://www.auto-medienportal.net/artikel/tags/Maut, Quelle: ADAC, abgerufen am 23.10.2016; eigene Recherchen; **S.101, M3:** https://www.sueddeutsche.de/auto/verkehr-eu-kommission-plant-einheitliche-maut-fuer-ganz-europa-1.3529514, 31.5.2017, Markus Palser und Pia Ratzesberger, abgerufen am 21.4.2020; **S.102, M1:** https://www.destatis.de/Europa/DE/Thema/Umwelt-Energie/_inhalt.html?nn=478170, abgerufen am 24.4.2020; **S.103, M3:** https://de.statista.com/infografik/18785/anteil-erneuerbarer-energien-am-bruttoendenergieverbrauch-in-der-eu/, abgerufen am 24.4.2020; **S.104, M1:** https://www.igwindkraft.at/fakten/?xmlval_ID_KEY%5B0%5D=1234, abgerufen am 8.6.2020; **S.105, M5:** www.salzburg-ag.at, stark gekürzt, abgerufen am 7.12.2016; **S.110, M1:** http://wko.at/statistik/Extranet/Langzeit/lang-inflation.pdf, abgerufen am 23.10.2016; http://wko.at/statistik/prognose/inflation.pdf, abgerufen am 4.6.2020; **S.110, M3:** https://ec.europa.eu/eurostat/documents/2995521/10568623/2-17092020-AP-DE.pdf/ebea9cb0-0e6a-c627-c5eb-ed38c85024ce, abgerufen am 14.10.2020; **S.112, M1:** https://de.wikipedia.org/wiki/Liste_der_europ%C3%A4ischen_Regionen_nach_Bruttoinlandsprodukt, abgerufen am 29.7.2020; **S.116, M1:** http://fritz.breuss.wifo.ac.at/Breuss_Europa_als_Global_Player_WIFO_WP_455_Nov_2013.pdf, abgerufen am 7.12.2016; **S.117, M2:** Atlas der Globalisierung, http://eur-lex.europa.eu/browse/directories/inter-agree.html, abgerufen am 23.10.2016; **S.117, M3:** http://www.kleinezeitung.at/s/politik/aussenpolitik/4959140/Forderung_Polen_NATO-und-EU-mussen-enger-zusammenarbeiten, 3.4.2016, abgerufen am 16.10.2016; **S.121, M1:** Bevölkerung: de.statista.com; Wirtschaftsdaten: https://www.ecb.europa.eu/ecb/tasks/international/globaleconomy/html/index.de.html, abgerufen am 3.6.2020; **S.121, M2:** https://www.europarl.europa.eu/factsheets/de/sheet/160/die-europaische-union-und-ihre-handelspartner, abgerufen am 3.6.2020; **S.121, M3:** de.statista.com, abgerufen am 3.6.2020; **S.121, M4:** http://wko.at/statistik/eu/wp-eu28.pdf, http://wko.at/statis-tik/eu/wp-usa.pdf, abgerufen am 3.6.2020; **S.122, M1:** https://www.klett.de/alias/1019091, abgerufen am 23.10.2016; **S.123, M2:** http://wko.at/statistik/eu/europa-BIPjeEinwohner.pdf, abgerufen am 23.10.2016; **S.123, M3:** http://www.diercke.de/content/europa-wirtschaftliche-raummodelle-978-3-14-100700-8-85-2-0, abgerufen am 23.10.2016; **S.123, M4:** https://www.handelsblatt.com/politik/international/waehrungsunion-aermere-euro-laender-verpassen-den-anschluss, 18.11.2018, Peter Häring, abgerufen am 24.4.2020; **S.125, M3:** http://www.nationalpower.info/ladder-of-national-power-and-other-rankings/, abgerufen am 23.10.2016; https://nationranking.word-press.com/2011/03/06/2011-npi/, abgerufen am 23.10.2016; **S.126, M1:** https://www.profil.at/oesterreich/eu-beitritt-bilanz-11288768, 30.12.2019, Otmar Lahodynsky , abgerufen am 30.4.2020; **S.127, M3:** https://www.tagesschau.de/faktenfinder/eu-tuerkei-fluechtlingsabkommen-109.html, 5.3.2020, Gudrun Engel, abgerufen am 5.5.2020; **S.128, M1:** http://wko.at/statistik/laenderprofile/lp-estland.pdf, abgerufen am 20.4.2016; http://wko.at/statistik/laenderprofile/lp-estland.pdf, abgerufen am 3.6.2016; **S.129, M2:** nach: http://de.euro-news.com/2015/03/06/russische-minderheit, abgerufen am 15.4.2016; **S.129, M3:** http://www.estlandia.de/tourismus/staedte/tallinn/kulturhauptstadt.html, abgerufen am 20.4.2016; **S.130, M1:** http://wko.at/statistik/laenderprofile/lp-kroatien.pdf, abgerufen am 20.4.2016; https://wko.at/statistik/laenderprofile/lp-kroatien.pdf, abgerufen am 3.6.2016; **S.130, M2:** nach: http://wirtschaftsblatt.at/home/nachrichten/europa_cee/3826818/Kroatien-ein-Jahr-in-der-EU, abgerufen am 20.4.2016; **S.131, M3:** nach: http://www.planet-wissen.de/kultur/suedosteuropa/reiseland_kroatien, abgerufen am 20.4.2016; **S.132, M1:** https://de.wikipedia.org/wiki/Region, abgerufen am 7.12.2016; **S.132, M2:** http://derstandard.at/2000021491415/Westbalkan-eine-entscheidende-Partnerschaft, abgerufen am 7.12.2016; **S.132, M3:** http://www.css.ethz.ch/publikationen/css-analysen-zur-sicherheitspolitik/css-analysen-nach-thema/details.html?id=/n/o/1/7/no_170_the_western_balkans_between_europ, https://www.wko.at/Content.Node/Interessenvertretung/ZahlenDatenFakten/Laenderprofile_weltweit.html, abgerufen am 23.10.2016; **S.133, M4:** http://wirtschaftsblatt.at/home/nachrichten/europa_cee/4811663/Der-Westbalkan-verbindet-sich, abgerufen am 23.10.2016; **S.133, M5:** http://wirtschaftsblatt.at/home/nachrichten/europa_cee/4811663/Der-Westbalkan-verbindet-sich, abgerufen am 10.10.2016; **S.134, M1:** http://www.euregio.bayern/wir-ueber-uns/euregio-idee-und-ziele/, abgerufen am 14.10.2016; **S.134, M2:** https://www.bka.gv.at/regionalmanagements-und-euregios, abgerufen am 7.12.2016; **S.135, M5:** http://euregio-inntal.com/erlebnisreiche-sagenwelt-projektlauf-zeit-2009-2012, abgerufen am 7.12.2016; **S.135, M6:** http://99sachen-muehlviertel.at/darum-gehts/, abgerufen am 7.12.2016; **S.136, M1:** https://www.wien.gv.at/rk/msg/2014/11/07015.html, Archivmeldung der Rathauskorrespondenz vom 7.11.2014, abgerufen am 7.12.2016; **S.137, M3:** http://diepresse.com/home/politik/eu/758993/Centrope_Sprachbarrieren-mussen-abgebaut-werden, abgerufen am 23.10.2016; **S.137, M4:** https://www.wien.gv.at/stadtentwicklung/studien/pdf/b008393ao.pdf, abgerufen am 7.12.2016; **S.137, M5:** https://www.raiffeisen.at/eBusiness/services/resources/media/1019697915483-NA-935372491214256144-1-30-NA.pdf, abgerufen am 3.6.2020; **S.138, M1:** http://derstandard.at/2000027578414/Serbien-will-2019-bereit-fuer-die-EU-sein, Andrej Ivanji, 15.12.2015, abgerufen am 7.12.2016; **S.139, M2:** http://www.rp-online.de/panorama/ausland/die-gefaehrliche-flucht-in-den-westen-aid-1.5349519, abgerufen am 7.12.2016; **S.139, M3:** http://www.n-tv.de/politik/Warum-fluechten-Menschen-vom-Balkan-article15665001.html, Thomas Brey, 6.8.2015, abgerufen am 7.12.2016; **S.140, M2:** https://www.diepresse.com/5858662/der-zerbrochene-traum-der-eu-mitgliedschaft, 27.8.2020, Susanne Güsten, abgerufen am 14.10.2020, gekürzt; **S.141, M3:** https://www.wienerzeitung.at/nachrichten/politik/europa/2011666-Chancen-der-Tuerkei-auf-EU-Beitritt-schwinden.html, 29.5.2019, abgerufen am 23.4.2020; **S.142, M1:** https://www.consilium.europa.eu/de/meetings/international-summit/2019/07/08/, abgerufen am 21.4.2020; **S.143, M2:** http://euro-ethnien.blogspot.co.at/2014/05/232-ukrainer-ukrainisch-ukraine.html, abgerufen am 23.10.2016; **S.143, M3:** http://uaposition.com/latest-news/pro-russian-terrorists-in-donbas-want-to-turn-off-russian-gas-for-europe/, abgerufen am 23.10.2016; **S.145, M1:** http://www.focus.de/politik/deutschland/eu-hintergrund-irland-und-die-europaeische-union_aid_441109.html, 2.10.2009, abgerufen am 10.4.2016; **S.145, M2:** https://www.tagesschau.de/wirtschaft/irland442.html, 13.12.2013, abgerufen am 10.4.2016; **S.145, M3:** Eurostat/EU-Kommission, https://www.tagesschau.de/wirtschaft/wirtschaftsdaten104.html; https://wko.at/statistik/laenderprofile/lp-irland.pdf, abgerufen am 3.6.2020; **S.145, M4:** https://www.diepresse.com/5699960/der-brexit-ist-eine-katastrophe-fur-irland, 3.10.2019, Wolfgang Böhm, abgerufen am 3.6.2020; **S.147, M1:** http://www.bpb.de/nachschlagen/zahlen-und-fakten/europa/70580/nettozahler-und-netto-empfaenger, abgerufen am 23.10.2016; **S.147, M2:** http://ec.europa.eu/competition/consumers/how/index_de.html, abgerufen am 22.4.2016; **S.151:** Donhauser, Gerhard/Jaretz, Thomas: Vorwissenschaftliche Arbeit. Maturatraining. Wien: Österreichischer Bundesverlag Schulbuch GmbH & Co, 7. Auflage 2014, S.4ff.; http://www.vorwissenschaftlichearbeit.info/vwa-vorwissenschaftliche-arbeit-ablauf/, abgerufen am 12.12.2016; https://www.bmb.gv.at/schulen/unterricht/ba/reifeprue-fung_ahs_lfvwa_22700.pdf, abgerufen am 12.12.2016; http://www.ahs-vwa.at/, abgerufen am 17.3.2017

Bildnachweis: